Franz Furger

Ethik der Lebensbereiche

Franz Furger

Ethik der Lebensbereiche

Entscheidungshilfen

Herder Freiburg · Basel · Wien

Imprimatur. – Freiburg im Breisgau, den 21. 12. 1984
Der Generalvikar: Dr. Schlund
Herstellung: Freiburger Graphische Betriebe 1985
ISBN 3-451-20308-1

Vorwort

Wie jede Ethik möchte auch die christliche Moraltheologie, die dazu in besonderer Weise durch die frohe Botschaft vom Heil für alle Menschen motiviert ist, dem Menschen helfen, zu seiner vollen Selbstverwirklichung zu gelangen. Denn als der von Christus erlöste und in seiner Nachfolge im Zeichen des Liebesgebotes Gerufene antwortet der Christ im Glauben auf diesen An-spruch Gottes in seinem konkreten Lebensvollzug, d. h. in den von seinem Gewissen verantworteten Entscheiden und Taten. So persönlich aber diese Entscheide auch sind, so stehen zu ihrer Findung dem Menschen aus der Menschheitserfahrung, aus Fachkenntnis und reiflicher Überlegung doch auch normative Richtlinien zur Verfügung, die als leitende Weisungen Selbstentfaltung in Mitmenschlichkeit sichern und leichter verwirklichen helfen: Welt- und Lebensgestaltung in selbstverantwortetem Entscheid aus dem Impuls der von Christus verkündigten Ordnung umfassender Nächstenliebe ermöglichen zu helfen ist damit Sinn und Ziel jeder christlichen Moraltheologie.

Diese Zusammenhänge im allgemeinen zu klären ist Aufgabe der sogenannten fundamentalen oder prinzipiellen Ethik, deren wesentlichste Elemente hier in einigen grundsätzlichen Vorüberlegungen skizziert werden sollen. Dabei soll vor allem deutlich werden, wie eine christliche Ethik einerseits und entgegen einem noch immer verbreiteten Vorurteil vor allem klärende Reflexion darüber ist, wie dem Menschen für sein sittliches Tun und darin für seine ganze Lebensgestaltung eine eigene Verantwortung zugemutet ist bzw. wie er diese in den sein Leben grundlegend bestimmenden Gewissensentscheiden wahrnehmen kann und soll. Anderseits aber hat sie auch zu zeigen, wie dieses Gewissen als sittliches, obwohl von überheblichem Stolz und eigennützigem Egoismus immer noch gefährdet, im Rahmen der Mitmenschlichkeit zu bleiben aufgefordert ist bzw. wie dazu Normen als Menschenrechte, wie als Gesetze und Weisungen eine Hilfe sein können. Da damit aber nur sehr allgemein die Strukturelemente einer Ethik skizziert sind, gilt es in weiteren Überlegungen solche normierende Hilfen zu präzisieren und sie auf Grund der vom christlichen Glauben geprägten Prinzipien, aber auch von humanwissenschaftlicher Erkenntnis und Erfahrung auf die konkreten Lebenssituationen anzuwenden. Dies ist die Aufgabe einer speziellen oder angewandten Ethik, wie sie im folgenden, und zwar ebenfalls unter den Vorzeichen des christlichen Anspruchs, näher dargelegt werden soll.

Dazu bieten sich verschiedene Möglichkeiten zur Systematisierung an: Man kann von bestimmten sachbezogenen Lebensproblemen, also z. B. Leben, Eigentum, Familie usw., ausgehen, so wie es etwa das wohl bedeutendste ethische Denkschema aller Zeit, nämlich die alttestamentliche Zehn-Gebote-Liste, der Dekalog, aber auch die moderne Menschenrechtscharta tun. Man kann jedoch ebensogut, und dies soll hier versucht werden, von den verschiedenen Verwirklichungsebenen des Menschen ausgehen, dessen Existenz als individuelle Persönlichkeit sich in der mitmenschlich überschaubaren Gruppe wie in den gesamtgesellschaftlichen Zusammenhängen abspielt. Fast von selber ergeben sich so drei verschiedene ethische Denkebenen. Auf der ersten befaßt man sich mit der Verantwortlichkeit des Menschen für seine eigene Selbstverwirklichung, um sich dann seiner Verantwortlichkeit im personal mitmenschlichen Lebensbereich der überschaubaren Gruppe zuzuwenden und schließlich die gesamtgesellschaftlichen, sozialen Belange ethisch zu bedenken.

Natürlich dürfen diese Lebensbereiche nicht als in sich geschlossene und voneinander getrennte Zonen betrachtet werden. Vielmehr handelt es sich um denkerische Unterscheidungen, die ein klareres Erfassen der ethischen Problematik und ihrer Schwerpunkte erlauben. In der konkreten Lebenswirklichkeit überlappen sich die einzelnen Bereiche so sehr, daß Zuordnungen oft alles andere als eindeutig sind. Dennoch empfiehlt es sich, diese Bereiche, freilich im Bewußtsein ihrer Zusammengehörigkeit, als einzelne mit ihren je eigenen methodischen Ansätzen zu bedenken, um keinen der Aspekte zu verlieren, d.h. um Einzelgruppen, wie etwa die Familie oder gar die menschliche Einzelperson, nicht etwa im Gesellschaftlichen kollektivistisch aufgehen zu lassen, aber auch um die ganz spezifisch eigenartigen Belange des Sozialen nicht individualistisch aufzulösen. Selbst wenn da und dort Abgrenzung und Zuordnung von Fragestellungen auch anders gewählt werden könnten, so zeigen die praktischen Anfragen an die Ethik – und aus solchen sind diese Ausführungen weitgehend herausgewachsen –, daß sich eine konkrete Antwort jeweils in diesem Einteilungsraster wohl am klarsten finden läßt.

Dieser Praxisbezug bestimmt aber nicht nur Aufbau und Vorgehen, sondern auch Umfang und Auswahl der hier angeschnittenen Themen, die natürlich bei weitem nicht alle einer speziellen Moraltheologie anstehenden Fragen und Probleme aufgreifen kann. Wenigstens die in der heutigen Zeit vordringlichsten anzuschneiden und in den Hauptlinien darzustellen ist die Absicht dieses Werkes. Um der besseren Übersicht willen wurde auf Anmerkungen, Quellenangaben, Querverweise usw. verzichtet. Dagegen soll ein ausführliches Literaturverzeichnis die weitere Vertiefung ermöglichen und zugleich die Quellen erschließen und benennen.

Für die Erstellung des Sachregisters und für alle Hilfe bei der Drucklegung danke ich meinem Assistenten Peter Schmid, Luzern, und dem Verlag Herder für die sorgfältige verlegerische Betreuung.

Luzern, 6. Januar 1985 *Franz Furger*

Inhalt

Teil B
Der personal-mitmenschliche Lebensbereich

Grundsätzliche Vorüberlegungen zu einer christlichen Ethik

1. Der Mensch als das zur Selbstgestaltung berufene Geschöpf

„Erkenne dich selbst“ – diese seit der Frühzeit abendländischer Geistigkeit lebendige Aufforderung führt den Menschen nicht nur zu einer Selbsterkenntnis seines eigenen Wesens als einer leib-geistigen und sozial gemeinschaftsbezogenen Existenz, sondern erweist diese zugleich innerhalb und trotz zahlreicher ihn bestimmender materieller wie sozialer Vorgegebenheiten als der eigenen freien Gestaltung aufgetragene. Zwar drängt sich diese Einsicht in eine solche Gestaltungsfreiheit der eigenen Existenz in mitmenschlicher Gemeinschaftlichkeit keineswegs zwingend auf, sondern erfordert theoretisch wie vor allem im konkreten Tatvollzug eine persönliche Übernahme; aber dieser „philosophische Glaube“ (K. Jaspers) an Freiheit und Lebenssinn ist dem Menschen trotz aller Erfahrung der eigenen Endlichkeit in Sterblichkeit und schuldigem Ungenügen zumeist so eindrücklich, daß er sich zu solcher mitmenschlicher Selbstgestaltung herausgefordert, also ethisch in Pflicht genommen zu verstehen bereit ist.

Dieser eigenen Überlegung entstammenden Einsicht des Menschen entspricht aber auch das in der Form der Bildergeschichte ausgedrückte biblisch-christliche Menschenbild: Adam, der Mensch, von Gott als sein Ebenbild aus der Erde geschaffen und durch seinen Geist ins Leben gerufen, ist bei aller ihm anvertrauten Gestaltung der übrigen Schöpfung derart auf mitmenschliche Partnerschaft hin angelegt, daß er erst vollendet ist, als ihm die ihm gleiche Eva beigesellt wird. Zwar zerstören die maßlose Selbstüberheblichkeit, selber sein zu wollen wie Gott, und die tödliche Mißachtung des Bruders diese Harmonie. Dennoch führen diese ursündigen Frevel nicht zur totalen Zerstörung des Menschen (Gen 1–4). Vielmehr ist dieser Mensch durch Gottes Erbarmen aus der Unheilssituation der Sünde in eine Heilsgeschichte gerufen, die in der Menschwerdung Gottes in Jesus dem Christus, der Vollendung wahren Menschseins, gipfelt.

Eigengestaltung menschlicher Existenz in diesem christlichen Horizont heißt daher Nachfolge Christi als ein sich Einlassen auf ihn als das schlechthinnige Vorbild; es bedeutet Gestaltung des Lebens in Mitmenschlichkeit nach seiner dem „Willen des Vaters" entsprechenden Botschaft, die sich im Doppelgebot der umfassenden Gottes- und Nächstenliebe bündelt. Christliche Ethik meint daher nichts anderes als die Reflexion darüber, wie diese grundlegende Zielsetzung für die Gestaltung des menschlichen Lebens in Gemeinschaft in den konkreten Lebenswirklichkeiten von Welt und Gesellschaft umgesetzt und verwirklicht werden kann. Daß mit dieser Zielsetzung des evangelischen Liebesgebotes in keiner Weise eine wenn auch noch so ideale, aber dem Menschen sozusagen doch von oben und außen auferlegte Lebensausrichtung übertragen ist, sondern erst so seine ihm eigensten Dimensionen als eines durch und durch auf mitmenschliche Partnerschaft und Gemeinschaft angelegten Wesens zur Entfaltung kommen, versteht sich dann von selber: Nicht eine von außen auferlegte Fremdbestimmung (Heteronomie), die sich bloß als eine Art unerbittliche Pflicht „deontologisch" aufdrängt, sondern eine von Gott seinem ebenbildlichen Geschöpf zugesagte und ermöglichte Eigenbestimmung (also eine sogenannte „theonome Autonomie") bestimmt hier „teleologisch" die zielgerichtete Tat-Antwort des Menschen auf den ihn personal ansprechenden und zielsetzenden Anruf Gottes.

2. Die personale Antwort im Gewissensentscheid

Die sittliche Fähigkeit des Menschen zum freien und verantworteten Entscheiden bezeichnen wir mit Gewissen und meinen damit ebenso die aus der gesamten personalen Entwicklung eines Menschen gewachsene Anlage wie auch den damit nach „bestem Wissen und Gewissen" gesetzten, je persönlichen Tatentscheid. So kann man etwa reden von einem sich an die Umgebungsbedingungen möglichst anpassenden Harmoniegewissen oder einem besonders weisungstreuen Autoritätsgewissen, wie es vor allem den noch heranwachsenden Menschen prägt und diesen noch unvollständigen Stand abheben vom anzustrebenden eigenverantwortlichen Gewissen, das so auch den im vollen Sinn personalen Gewissensentscheid als je eigene Antwort auf Gottes Anruf und Anspruch zu setzen vermag.

Es versteht sich, daß Gewissensentscheid so verstanden dann alles andere meint als einen bloß momentaner Gefühlsregung, wenn nicht gar beliebiger Willkür entspringenden Handlungsvollzug. Vielmehr geht es dabei einmal um die prinzipielle Bereitschaft das eigene Tun und Lassen als sittliches, also vor letzten Zielsetzungen zu verantwortendes zu verstehen, d.h., christlich gesprochen, es unter den Willen Gottes zu stellen. Da diese Grundentscheidung jedoch je nach kulturellen, gesellschaftlichen und geschichtlichen Umständen wie vor allem nach den je andersartigen individuellen Charaktereigenschaften eines Menschen keinesfalls einheitliche Verwirklichungsformen haben kann, muß sie sich in einer diese subjektiv persönlichen wie objektiv situativen Eigenheiten würdigenden Vorentscheidung konkretisieren, um von da aus zielgerichtet die notwendigen konkreten Tatentscheide setzen zu können.

So wird etwa der Entscheid für eine konkrete berufliche Erwerbstätigkeit diese auf der Grundentscheid-Ebene auch in ihrer Dimension des mitmenschlichen Dienstes und nicht bloß unter dem Gesichtspunkt der eigenen Karriere zu gewichten haben, um sie dann in Abwägung der eigenen Fähigkeiten wie der konkreten gesellschaftlichen Situation als möglichen eigenen Lebensweg (Beruf als in den jeweiligen „Zeichen der Zeit" sich abzeichnende Berufung) zu erkennen. Erst daraus können sich dann die direkten konkreten Entscheidungsschritte, etwa hinsichtlich einer bestimmten Ausbildung ergeben. Insofern entziehen sich allerdings gerade solche weittragenden Lebensentscheide, vor allem wo man sie, was christlich eigentlich allein entspricht, wirklich als Berufungsentscheide versteht, weitgehend einer verallgemeinernden ethischen Reflexion und ihrer notwendigerweise abstrakt allgemeinen Begrifflichkeit. An der Ethik kann es daher nicht etwa sein, in die Intimität dieser je persönlichen Entscheidungsantwort einzudringen. Was sie dagegen zu leisten hat, ist der stets neue Hinweis auf die für eine volle Menschwerdung unerläßliche Notwendigkeit solcher Entscheidungen wie auch die nüchterne Hilfe bei den konkreten Vorabklärungen hinsichtlich eines solchen Engagements mit allen damit verbundenen Risiken in geduldig kritischem Rat wie in der meditativen Abklärung.

Stärkung und Klärung zur letztlich dann doch nur in eigener Verantwortung zu fällenden Entscheidung anzubieten hat daher gerade die christliche Ethik, zumindest solange sie sinnvoll mit der spirituellen Theologie verbunden war, immer als den von ihr zu erbringenden Beitrag zu einer sicheren und verantworteten Entscheidungsfindung angesehen. Besonders wichtig aber ist dabei, daß sie, reflektiert und systematisch aufgearbeitet, konkrete Erfahrungen mit menschlich-mitmenschlich geglückten Entscheidungen als Bemessungsgrundlagen (lat. „normae") für das Entscheiden auf Zukunft hin anzubieten vermag, Bemessungsgrundlagen, die vor allem auch aufzeigen, wo oder unter welchen Bedingungen allenfalls ins Auge gefaßte Entscheidungen normalerweise, d.h. aller Erfahrung nach, statt mitmenschlicher Dienst zu sein, zu einer Belastung dritter entarten und daher offensichtlich der vorausgesetzten sittlichen Grundentscheidung widersprechen würden.

Unter solchen Voraussetzungen – und sie allein sind die ethisch entsprechenden – sind sittliche Normen dann auch in keiner Weise als ein von außen auferlegter, wenn nicht sogar repressiver Apparat von belastenden Vorschriften und Regeln zu verstehen, sondern als eigentliche, der eigenen Klärung dienliche und so auch existentiell entlastende Entscheidungshilfen. Diese Rolle erfüllen sie um so mehr, als die Erfahrung immer wieder zeigt, wie der Mensch trotz redlichen Bemühens um eine alle Elemente einer Entscheidungssituation hinsichtlich der sittlichen Zielsetzung berücksichtigendes Gewissensurteil sich aus ungenügender Lagekenntnis, wenn nicht sogar aus unbewußt vorgefaßten Meinungen täuschen kann. Gerade da aber vermögen die an analogen Situationen gemachten und nun zu Verhaltensnormen verdichteten Erfahrungen anderer vor Irrtum und Fehlentscheid zu bewahren. – Wo der Mensch wirklich nach bestem Wissen aus seiner Gewisseneinsicht heraus handelt, handelt er zwar stets auch sittlich gut. Von „bestem Wissen und Gewissen" kann aber erst dort die Rede sein, wo auch solche mitmenschliche sittliche Erfahrungen mitberücksichtigt wurden.

3. *Sittliche Weisung und Norm als Entscheidungshilfen*

Die zur sittlichen Regulierung von Entscheiden und Taten zur Norm verdichtete geglückte sittliche Erfahrung erweist sich so, obwohl sie dies gegen den die Mitmenschlichkeit störenden Egoismus von Einzelnen wie von Gruppen selbstverständlich auch ist, nicht so sehr als Selbständigkeit und Freiheit einschränkende Begrenzung, sondern als eine die sittliche Zielrichtung stabilisierende Hilfe. Solche Hilfestellungen auszuarbeiten, sie systematisch zu diesem Zweck bereitzustellen und vor allem auch sie je neu auf ihre ethische Zielgerechtigkeit einer wirklichen Menschlichkeit hin zu überprüfen ist daher Aufgabe jeder normativen Ethik. Als christliche wird sie sich dabei bewußt bleiben, daß eben dies auch der erklärte Sinn der biblischen Gebote und Weisungen, die „um des Menschen willen" gegeben sind (Mk 2,27), darstellt.

Als fundamentalster normativer Bemessensgrund für wahre Menschlichkeit erweist sich dabei die im Ethos praktisch aller Völker irgendwie formulierte sogenannte „goldene Regel", wie sie sich auch, und zwar hier in der besonders anspruchsvollen bejahenden Form, im Evangelium findet: „Alles, was ihr wollt, daß euch die Menschen tun, das sollt auch ihr ihnen tun" (Mt 7,12). Nur ist diese goldene Regel bei all ihrer spontanen Einsichtigkeit doch so wenig reflektiert begründet, daß eine systematische Ethik besser dorthin zurückfragt, wo die sittliche Anforderung überhaupt gründet, nämlich beim Menschen als einer endlichen, d.h. in mehrfachen und wesentlichen Abhängigkeiten konstituierten Existenz. So ist der Mensch als endlicher bzw. als Geschöpf als erstes abhängig vom absoluten Gott, aber zugleich als sozialer von seinem Mitmenschen, und zwar gleich in doppelter Weise: in einer Generationenfolge von seinen Eltern wie in mannigfachen gegenseitigen Abhängigkeiten des täglichen Handels und Wandels. Wie schon die antiken Ethiken (so vor allem Cicero) festhielten, bedingen diese konstitutiven Abhängigkeiten unter sittlichem Gesichtspunkt die allgemeinen und unbedingten Forderungen nach religiöser Ehrfurcht, wie nach Pietät und Gerechtigkeit, wobei in Anbetracht der technischen Möglichkeiten zur Ausbeutung der natürlichen Ressourcen der Erde heute die Achtung vor der Umwelt als weitere solche Grundforderung noch hinzugefügt werden müßte. Da in einer prinzipiellen Mißachtung dieser sittlichen Grundansprüche dem Menschsein zugleich die Grundlage der Existenz zerstört würde, haben die mittelalterlichen Ethiker hier mit Recht von einem „primären Naturrecht" (so seit Alexander von Hales) als von primären sittlichen Wesensforderungen gesprochen, an welchen sich grundsätzlich jede menschliche Entscheidung und Tat zu bemessen hat.

Mit der Bezeichnung „primär" wurde aber zugleich signalisiert, daß diese äußerst allgemeinen und damit inhaltsarmen Forderungen „sekundär" der weiteren Konkretion bedürfen, indem vorab die die mitmenschliche Dimension betreffenden Forderungen konkreter, z. B. auf hauptsächliche Verwirklichungsbereiche des menschlichen Lebens hin, weitergedacht und angewendet werden, so wie dies etwa die alttestamentlichen Zehn Gebote (Ex 20,1–17 und Dtn 5,1–22) hinsichtlich des Schutzes von Leben, Eigentum, gutem Ruf und Sexualität tun oder wie es bezogen auf die Belange der modernen Gesellschaften die Menschenrechtslisten der Neuzeit anzugeben versuchen. Anders als bei den grundlegenden Primärforderungen, die unbedingt und in jedem Fall Beachtung verlangen – eine Entscheidung, die Gerechtigkeit und Liebe prinzipiell verletzen würde und doch als sittliche gelten könnte, ist nicht nur nicht auszudenken, sondern grundsätzlich undenkbar –, haben es diese kulturübergreifenden, menschheitsweiten Forderungen doch an sich, daß sie zwar konkreter bestimmte Lebensbereiche hinsichtlich ihrer sittlichen, also hinsichtlich der auf die Verwirklichung von Gerechtigkeit und Liebe ausgerichteten Merkmale umschreiben, daß sie aber dabei nicht mehr allgemein, sondern nur mehr „im allgemeinen" gelten, d. h., daß hier also unter Umständen mit Ausnahmen zu rechnen ist. So kann etwa das Menschenrecht auf freie und öffentliche Information mit dem ebenfalls menschenrechtlich garantierten Schutz der persönlichen Privatsphäre in Konkurrenz treten und eine gegenseitige Abwägung aller involvierten Werte und Güter erheischen.

Dabei zeigt sich aber, daß es neben Einzelfällen, die je neu nach einer eigenen und spezifischen Klärung rufen, doch sehr viele Bereiche des menschlichen Lebens und Zusammenlebens gibt, für welche sich bewährte Formen zur Lösung solcher Entscheidungskonflikte finden lassen, welche jeweils die größt- und bestmögliche Verwirklichung von Menschlichkeit in Gerechtigkeit und Liebe zu umschreiben und damit zu einer raschen und sicheren Entscheidungsfindung zu verhelfen vermögen; eben dies zu leisten, ist Aufgabe einer sogenannten speziellen oder angewandten Ethik, wie sie im Folgenden nun entfaltet werden soll.

Teil A
Der individuelle Lebensbereich

Einleitung

Obwohl dem Christentum aus dem ethischen Grundprinzip des Evangeliums, also aus der Nächstenliebe, als dem notwendigen Korrelat der Gottesliebe jeder Egozentrismus fremd ist und man sogar den Egoismus als sozial mitmenschliche Überheblichkeit das eigentliche Kennzeichen der Sünde nennen könnte, ist damit eine geordnete Selbstliebe in keiner Weise ausgeschlossen.

Dafür ist schon die dem Alten Testament entstammende (Lev 19, 18) Formulierung des Gebotes der Nächstenliebe „Du sollst deinen Nächsten lieben *wie dich selbst*" (Mt 22, 39), von dem außerdem ja betont wird, daß es dem Gebot der Gottesliebe an Bedeutung gleichkomme (Mt 22, 37–38), Hinweis genug. Aber auch Paulus sieht die einzelnen Forderungen des Dekalogs ausdrücklich in diesem Gebot der Nächstenliebe erfüllt und zusammengefaßt (Röm 13, 9). Die spontane Selbstliebe ist damit sozusagen das erste Maß für die Nächstenliebe, so wie es auch das volkstümliche Sprichwort „Was du nicht willst, daß man Dir tu, das füg' auch keinem andern zu" als sog. „Goldene Regel" ausdrückt; das „Selbst" ist also das Maß dieser Goldenen Regel.

Daß damit keine reflexiv aufgearbeitete Maß-Regel gemeint sein kann, sondern an ein spontanes ethisches Gefühl der Mitmenschlichkeit appelliert wird, versteht sich. Auch läßt es das Evangelium, wie der weitere Kontext deutlich werden läßt, nicht bei diesem Minimalmaß bewenden, sondern steigert dieses in der Forderung der vollen Kreuzesnachfolge Christi bis in die Dimension der Feindesliebe und Ganzhingabe. Das hindert aber trotzdem nicht, daß Selbstentfaltung, Persönlichkeitsentfaltung, Selbstbejahung, kurz, eine geordnete Selbstliebe ebenfalls bejaht werden. Wohl gilt es, stets neu die auch im erlösten Menschen noch nicht endgültig bezwungene Sündigkeit, nämlich seinen Hang zu Selbstüberheblichkeit und Egoismus unter Kontrolle zu halten, aber ebenso gilt es, immer mehr als erlöster Mensch zu leben.

Daß der Mensch diese Selbstwerdung nur im sozialen Bezug erreicht und daher reine Selbstbezogenheit einer Selbstzerstörung gleichkommt, darf nicht verhindern, daß er auch zu seiner eigenen Persönlichkeit Sorge zu tragen hat, nicht zuletzt, weil nur derjenige, der „jemand“ ist, auch wirklich Dialogpartner sein kann und zu liebendem Einsatz für andere fähig ist. Dennoch ist nicht zu bestreiten, daß es in der christlichen Ethik auch ungesunde Formen einer Spiritualität der Selbstverleugnung gegeben hat, die sich langfristig auch für das christliche Zeugnis der Liebe nachteilig auswirken mußten, eine Selbstverleugnung, die statt Zeichen der befreienden Liebe zu sein, eher Ausdruck eines latenten Masochismus, einer manichäischen Leibfeindlichkeit, wenn nicht gar Ausfluß von Herrschsucht war.

Angesichts der Gefahr solcher Fehlentwicklungen wird man daher in einer christlichen Ethik darauf zu achten haben, daß es zwar im Menschen den Hang zu einer ungeordneten Selbstliebe gibt, daß man dieser aber nicht mit einer ebenso ungeordneten Selbstverleugnung begegnen darf, sondern daß es gilt, gerade im Licht einer voll ernst genommenen Nächstenliebe, auf den Aufbau einer wirklich vollen Eigenpersönlichkeit zu achten. Daß dazu auch ein gutes Maß an eingeübter Selbstbeherrschung (= Askese) gehört, darf dann freilich angesichts eines verbreiteten permissiven Laxismus ebenfalls nicht verschwiegen werden.

Eben diesen Elementen des vollen Aufbaus einer harmonischen Einzelpersönlichkeit soll daher im folgenden reflex nachgegangen werden. Daß die dabei notwendigerweise im Vordergrund stehenden individuell-persönlichen Momente niemals ohne ihre stets wesentliche soziale Dimension zu verstehen sind, auch dann, wenn sie nicht immer ausdrücklich benannt werden, darf dabei allerdings nie vergessen werden. Dies wird vor allem in den über die direkt individuellen Bereiche der Selbstverwirklichung in geistig-seelischer wie in körperlicher Hinsicht hinausgehenden Belange von beruflicher

Tätigkeit und geschlechtlichem Vollzug deutlich werden. Der zwischenmenschliche wie der gesellschaftliche Bezugsrahmen sind aber auch sonst stets einschlußweise mitzudenken.

I. Die Verantwortung des Menschen für seine eigene Persönlichkeit

Im engeren Sinn des Wortes individuell sind die menschlichen Wesenszüge, die als leiblich-körperliche, psychische, intellektuelle und geistige umschrieben werden können und darin auch die emotional-gemüthaften, die sensitiven und ästhetischen Züge wie das Wollen und das Streben des Menschen umfassen. Sie alle sind deshalb in eine harmonische Selbstwerdung einzubeziehen. Jede Vernachlässigung oder Vereinseitigung einer dieser Dimensionen muß daher zu Störungen der ganzen Persönlichkeit führen, wie dies volkstümliche Spottnamen wie „Muskelprotz", „Intelligenzbestie" oder „fromme Seele" abschätzig, aber richtig schon andeuten. Entgegen allen, auch in der christlich-abendländischen Geistesgeschichte nicht seltenen Vereinseitigungen muß es einer christlichen Ethik daher stets um eine ausgewogene Harmonie gehen, die zudem je nach Lebensalter, Geschlecht und individuellem Naturell auch eine je eigene Prägung hat. Dies fordern, wie die Einsichten der pädagogischen und humanwissenschaftlichen Forschungen der letzten Jahrzehnte mit aller Deutlichkeit zeigen, schon die psychischen Voraussetzungen für eine volle personale Entwicklung. Nicht weniger aber entspricht es einem christlichen Menschenbild, das stets den ganzen Menschen als erlöstes Ebenbild Gottes versteht, ohne eine Wesensdimension vorzuziehen oder eine andere abzuwerten.

1. Ethische Verantwortung im leiblich-körperlichen Lebensbereich

Der Mensch ist in seiner Körperlichkeit durch und durch physiologisch-biologisch geprägt. Das biologische Leben, obwohl nicht das höchste aller Güter, ist in dieser irdischen Existenz doch die Basis, der Ermöglichungsgrund für jeden weiteren menschlichen Vollzug.

Entsprechend gehören Lebenserhaltung und -schutz auch zu den sittlichen Eigenverantwortlichkeiten des Menschen. Beliebiges Verfügen über das eigene Leben, in der letzten Radikalität des Freitodes, aber auch im rücksichtslosen Umgang mit der eigenen Gesundheit rührt daher, obwohl die kulturellen Formen ungemein vielfältig sind, irgendwie stets an ein menschliches Tabu. Selbst in weitgehend permissiven Gesellschaften bleibt bei direkter Beliebigkeit der Lebensverfügung ein Empfinden von Frevel (so z. B. bei Freitod, bei gewissen extremen Sportarten, bei Drogenmißbrauch), weshalb denn auch im innermenschlichen Bereich das Leben zumeist als höchstes Rechtsgut gilt.

Christlich verdichtet sich dieses spontane Gefühl im Schöpfungsglauben, wo der Mensch sich gerade auch in seiner Körper-Existenz als von Gott geschenkt erfährt; sein Leben ist nicht einfach ein frei verfügbarer Besitz, sondern ein ihm zu eigener Gestaltung übertragenes Gut, für das er dem Schöpfer ver-antwortlich bleibt, also buchstäblich „Antwort" schuldet. Lebenserhaltung, -entfaltung und Pflege gehören somit zu den Basisverpflichtungen des Menschen, der in dieser Welt und Mitmenschlichkeit in die verantwortliche Partnerschaft zu seinem Gott und Schöpfer gestellt ist. Diese Sicht des Glaubens, die in den biblischen Schriften aus der Schöpfungstatsache verstanden, aber kaum im einzelnen entfaltet wird (wohl weil sie innerhalb der begrenzten medizinischen Kenntnisse und Einflußmöglichkeiten offenbar selbstverständlich war), vertieft so, was eine spontane Sittlichkeit der Völker ahnt: Der Mensch ist für sein Leben und seine Gesundheit selber mitverantwortlich.

Gesundheitserhaltung

Konkreter bedeutet dies hinsichtlich der Gesundheit deren Erhaltung und Förderung bzw. die Vermeidung von deren unüberlegten Gefährdung, wobei diese nach der Gesundheitsdefinition der Weltgesundheitsorganisation als ein „Zustand des vollständigen körperlichen, geistigen und sozialen Wohlbefindens" verstanden werden soll. Gesundheit ist so nicht nur als Freisein von Krankheit und Gebrechen gefaßt, sondern als eine nie völlig erreichte Zielvorstellung, die allein schon durch den stets fortschreitenden Alterungsprozeß des Körpers relativiert wird.

Trotzdem ist darin eindeutig die sittliche Forderung nach der situativ je größtmöglichen Verwirklichung dieses Zustands von Wohlbefinden erhoben, und es versteht sich, daß diese Forderung, obwohl zunächst als soziale Forderung an die menschliche Gemeinschaft auf nationaler wie auf internationaler Ebene erhoben, auch individual-ethisch ihre Gültigkeit hat. Sie betrifft die gesamtmenschliche Integrität und übersteigt die Dimension des Körperlichen, obwohl davon in diesem Zusammenhang vordringlich die Rede sein muß.

Auf dieser körperlich-physiologischen Ebene betrifft daher die Erhaltung der Gesundheit zunächst die verschiedensten Belange der *Körperpflege* in der Hygiene, wie in allen andern Formen einer angemessenen Pflege der organischen Funktionstüchtigkeit. Obwohl noch vor wenigen Jahrzehnten auch hierzulande alles andere als selbstverständlich (z. B. Zähneputzen), dürften sich freilich heute in einer Bildungsgesellschaft diesbezüglich keine besonderen Probleme mehr stellen: Elterliche Erziehung wie Schule und Umwelt gewährleisten hier hygienische Grundgewohnheiten, die weitere Überlegungen überflüssig machen (und im übrigen auch den ethischen Wert guter, selbstverständlicher Gewohnheiten aufzeigen, z. B. im nachweisbaren Rückgang der Kinderkaries). Ebenfalls weitgehend überwunden dürften die früher stark hemmenden Tabus in sexueller Hinsicht sein, welche einer geordneten und selbstverständlichen Körperpflege im Weg standen.

Ein Hinweis auf den Sinn jener Formen von Körperpflege, welche nicht direkt der Funktionstüchtigkeit, sondern der Schönheit gilt, also der sog. *Kosmetik,* drängt sich aber trotzdem noch auf: Obwohl die Einseitigkeiten eitler Putzsucht und der diese Neigung unterstützenden Reklame nicht unterschlagen werden sollen, dürfte, gerade auch unter Christen nicht übersehen werden, daß das Schöne eine wesentliche Eigenart der an sich guten Schöpfung darstellt und ihre Pflege auch unter dieser Rücksicht sinnvoll ist. Dies gilt für junge Menschen und vielleicht noch mehr für die Alternden, wo die Vernachlässigung eines gepflegten Äußeren sehr oft Beginn und Anzeichen auch eines inneren Abbaus und Zerfalls der Persönlichkeit ist. Die Pflege der eigenen äußeren Erscheinung in Aussehen und Auftreten gehört daher mit zu einem integrierten Aufbau der gesamten Persönlichkeit, die es auch unter ethischer

Rücksicht ohne die im Menschlichen stets möglichen Übertreibungen zu stützen gilt.

Im Zusammenhang mit der Verantwortlichkeit des Menschen für seinen Körper muß des weiteren aber vor allem auch die Frage nach *Sport und Ethik* aufgeworfen werden. Schon Paulus vergleicht ja in seinem Brief an die Christen in Korinth das Leben des Glaubenden mit der Laufbahn eines Wettkämpfers, der hart und zielstrebig trainiert, um den Sieg zu erlangen (1 Kor 9,23–27). Wer aber daraus schlösse, die christliche Ethik hätte dem Sport deshalb besondere Aufmerksamkeit geschenkt, sieht sich bald getäuscht. Sogar in gängigen Nachschlagewerken fehlt das Stichwort nicht selten. Es bleibt beim Vergleich mit den Wettkämpfen im Griechenland der Antike, die Sache selber interessierte lange Zeit kaum.

Das hat wohl seinen Hauptgrund darin, daß Sport in einem breiteren Sinn erst eine Sache der modernen Zeit ist. Schon das Wort deutet es an: Es stammt vom lateinischen „disportare“ = sich zerstreuen. Sport, sofern er nicht Waffentraining war, blieb so lange Zeit auf die Reichen und Herrschenden beschränkt. Fragen von allgemeiner Tragweite warf er nicht auf; die starke körperliche Arbeit der meisten Menschen sorgte überdies ohnehin für ausreichendes Training. Anders wurde die Sache, als mit Heinrich Pestalozzi die Bedeutung der Gymnastik für eine gesamtmenschliche Entfaltung erkannt wurde und als im 19. Jahrhundert die Turnvereine zu den eigentlichen Trägern der Freiheit und Emanzipation breiter Schichten der Bevölkerung wurden.

Damit ist aber auch schon die wichtigste und auch ethisch relevante Bedeutung des Sportes genannt: Der Mensch, dessen Geist und Gemüt wesentlich und immer körperlich bedingt und getragen sind, bedarf zu seiner gesamtmenschlichen Entfaltung eines gesunden, aktionsfähigen Körpers. Gerade die Einseitigkeit heutiger Arbeitsformen (geringe physische Belastung in oft sitzender Tätigkeit bei großer nervlicher Belastung) ruft nach einem gezielten Ausgleich, allein schon zur Erhaltung der körperlichen wie der seelischen Gesundheit. Da der Mensch aber für sich selber, also auch für seine Gesundheit wesentlich auch selber verantwortlich ist, ergibt sich daraus sogar eine eigentliche ethische und christliche Verpflichtung zum sportlichen Ausgleich. So meint denn sogar das II. Vatikanische Konzil: „Da die Arbeitszeit allenthalben verkürzt wird, nimmt die frei verfügbare Zeit für sehr viele ständig zu. Diese Freizeit soll nun sinnvoll zur Entspannung und zur Kräftigung der geistigen und körperlichen Gesundheit verwendet werden" (Pastoralkonstitution Nr. 61), wobei zunächst vor allem entsprechende Einzelinitiativen im Vordergrund stehen. Dies darf aber nicht übersehen lassen, daß damit auch die gemeinschaftliche Ebene – man denke nur an die für die Pflege der Menschlichkeit besonders wichtigen Vereinssport- oder Teamsportarten – angesprochen ist und die gesellschaftliche Öffentlichkeit, etwa hinsichtlich der Bereitstellung der entsprechenden Infrastrukturen, ethisch nicht weniger einbezogen werden muß.

Hinsichtlich der Erhaltung der körperlichen Fitneß, der Schulung von Charakterfestigkeit und Teamgeist kommen dem Sport somit für einen ganzheitlichen Aufbau der menschlichen Persönlichkeit bedeutende sittliche Werte zu. Trotzdem darf eine ethische Überlegung die mit dem Sport, wie übrigens mit jedem menschlichen Wert gegebenen Gefahren des Mißbrauchs nicht übersehen, ist doch gerade hier der Verlust des rechten Maßes von besonders zerstörerischer Wirkung. Diese beginnt schon, wo aus persönlichem Ehrgeiz zur Spitzenleistung statt Mut, Ausdauer und Einsatz (allenfalls sogar mit kalkuliertem Risiko) zu entfalten, Gesundheit und Leben mutwillig aufs Spiel gesetzt werden. Noch bedenklicher wird solcher exklusiver Spitzensport, wo er mit finanziellen oder nationalistisch-politischen Interessen verquickt ist und der Sportler skrupellos eingesetzt und ausgebeutet wird, u. U. sogar ohne daß ein noch sehr junger Athlet moralisch überhaupt fähig wäre, diesbezüglich wirklich freie Entscheidungen zu fällen. – Im antiken Rom wurden Sklaven zu Gladiatoren ausgebildet und im Schaukampf eingesetzt, und es dauerte Jahrhunderte, bis die christliche Verkündigung die Abschaffung solcher Unmenschlichkeit durchzusetzen vermochte. Ob man im heutigen, durch das Fernsehen ja noch zusätzlich potenzierten Schausport, und zwar nicht nur bei ausgesprochenen Kampfsportarten nicht bald wieder auf die gleiche Stufe zurückgefallen ist, sollte sich daher der christliche Sportler ebenfalls kritisch überlegen.

Während, ausgenommen für die letztgenannten Formen des extremen Sports, diese allgemeinen, sozusagen „normalen" Weisen zur körperlichen Gesunderhaltung theoretisch kaum ethische Probleme aufwerfen, sondern wenigstens in unseren Regionen vom allgemein anerkannten Ethos und seinen Gewohnheiten weitgehend gesichert sind, ist dies hinsichtlich anderer, gegenläufiger *Konsumgewohnheiten* wesentlich anders: Daß Alkoholgenuß und Rauchen, von sehr mäßigem Gebrauch abgesehen, gesundheitsschädigend sind, weiß zwar jedermann (die erhöhte Gefährdung durch Leber- und Lungenkrebs sind beispielsweise als Folgen wissenschaftlich zweifelsfrei gesichert), und doch ist ihr Konsum, noch zusätzlich gefördert durch eine skrupellose Reklame, weitgehend ungebrochen und die Volksgesundheit entsprechend gefährdet. Ethisch bedingt das die Forderung nach Selbstbeschränkung und Konsumverzicht mit entsprechender Gewissensbildung, wobei gesetzliche Zwangsmaßnahmen (Reklamebeschränkung, Rentenkürzung u. ä.) als Stützen angesichts der aus solcher Eigenschädigung entstehenden Sozialkosten kaum einfach als unberechtigten Eingriff in die persönliche Freiheit abgelehnt werden können, obwohl auch sie ohne die persönliche Bereitschaft weitgehend wirkungslos bleiben.

Neben diesen beiden *Genußmitteln,* deren negative Wirkungen, wenn auch mit geringen Konsequenzen, allgemein bekannt sind, gibt es aber auch noch andere gesundheitsschädigende Konsumgewohnheiten, die noch weniger ins Bewußtsein der Öffentlichkeit gedrungen sind. Der übertriebene Genuß von Nahrungsmitteln (vorab Genuß- und Delikateßartikel, besonders von Süßigkeiten) ist nur eine davon, eine besonders leicht feststellbare zudem, die vorab Menschen in der zweiten Lebenshälfte betrifft, wo (vermeintlich) die äußere Erscheinung weniger zählt.

Nicht weniger gefährlich aber ist der unkontrollierte und von bloßer Bequemlichkeit motivierte Konsum von *Medikamenten* (Palliativen und Stimulantien, von Analgetika und Psychopharmaka), deren Konsum in den westlichen Ländern in den letzten zehn Jahren um rund 50% zunahm. Statt Belastungen wie Schmerz, Unruhe, Unlust usw. zu bewältigen, werden sie medikamentös beseitigt. Selbstbeherrschung und -bestimmung nehmen entsprechend ab und öffnen neben gesundheitsschädigenden Nebenwirkungen unkontrolliertem Konsum bis hin zur Sucht den Weg. Die Frage nach dem rechten Maß stellt sich in diesem Zusammenhang daher mit besonderer Dringlichkeit, wobei an biologisch-medizinischen Tatsachen folgendes bedacht zu werden verdient:

Die Wirkung der Psychopharmaka beruht auf der Reizung oder

Hemmung der Nervenzellen durch sog. Neuro-transmitter, also durch chemische Überträgerstoffe, wie sie auch sonst durch entsprechende Impulse aus der Außenwelt vom Zentralnervensystem ausgelöst werden (z. B. Zimmer-Verdunkeln mit Ruhig-Stellen bewirkt Einschlafen). Die Wirkung der Medikamente ist also der natürlich biologischen analog und wurde spontan im alltäglichen Lebensbereich auch längst genutzt, wie z. B. Kaffee zum Wach-Werden, ein Glas Rotwein zum Einschlafen oder das warme Bad gegen Ärger, das schon Thomas von Aquin empfahl. Die Definitionsgrenzen zwischen natürlichen Reaktionen (Adrenalinausstoß bei spontaner Gefahrenerkenntnis), alltäglichen Stimulans (Frühstückskaffee), leichten Medikamenten (Schmerzmittel bei Föhn) und eigentlichen Psychopharmaka (Valium, Librium) sind somit fließend. Der Einsatz ist zudem von objektiven Umweltgründen wie von subjektiver Disposition und „sozialer Möglichkeit" abhängig. (LSD war z. B. schon seit 20 Jahren bekannt, als es in der Drogenszene anläßlich des Vietnamkriegs zum Problem wurde.) Dies bedeutet jedoch, daß einfache Erklärungen hier kaum weiterhelfen, wie auch, daß, außer allenfalls einer etwas sorgfältigeren Rezeptpflicht, mit administrativen Zwangsmaßnahmen das Problem kaum anzugehen ist, obwohl gerade dies z. T. aus schlichter Bequemlichkeit immer wieder gefordert wird. Gerade unter ethischer Rücksicht muß daher nach den eigentlichen und stets komplexen Ursachen des Gebrauchs solcher Mittel gefragt werden, sobald dieser zur Regel wird bzw. in höheren Dosen erfolgt: Ist die Ursache eine überlegte ärztliche Therapie, ist es gelegentliche, maßvoll verantwortete Korrektur oder schon eine beginnende Sucht? Vor allem aber stellt sich die Frage nach den psychischen Ursachen, bei welchen dann das eigentliche ethische Umdenken einzusetzen hätte.

Neben dem Medikamentenmißbrauch, der sich vom normalen Umgang nur fließend unterscheidet, ist aber vor allem der *Drogensucht* besondere Beachtung zu schenken. Obwohl in ihrer Ursächlichkeit (Verlust von sozialem Kontakt und existentiellem Sinnbezug) dem Medikamentenmißbrauch verwandt, ist sie gesundheitlich noch wesentlich direkter zerstörerisch und trotzdem nicht einfach physiologisch behebbar. Denn mit besonderer Deutlichkeit zeigt sich hier, wie wenig letztlich solche Phänomene zerstörerischen Konsums allein auf der körperlichen Ebene verstehbar sind: Die materiellen Vorgänge sind oft nicht mehr als Symptome für existentiell tieferliegende, vor allem psychische Verletzungen der Persönlichkeitsstruktur des Menschen signalisierende Mängel. Entsprechend beschränkt sind daher auch Therapieversuche, die, wie etwa reine Entzugskuren, nur das äußere Phänomen der Sucht angehen: die psychologische, die soziale und (entgegen vielen bloß psychologischen Versuchen) auch die spirituelle Ebene müssen miteinbezogen werden, wenn, was allein ethisch vertretbar ist, eine wirkliche Besserung erreicht werden soll. Existentielle Sinnfragen und Kommunikationsprobleme, und solche liegen meist Suchtkrankheiten zu Grunde, lassen sich eben nur gesamtmenschlich und nicht bloß in einem Bereich angehen.

Weniger im Blickpunkt als Medikamentenmißbrauch und Drogensucht steht, außer bei gewissen sportlichen Anlässen, das *Doping,* also die Verwendung von Aufputschmitteln, sei es zu momentaner Leistungssteigerung im Sport, sei es aber auch im alltäglichen Leistungsstreß von Akkordarbeit am Fließband oder Managertum. Was u.U. in extremer Gefahr z.B. einer Bergtour gerechtfertigt sein kann, wirkt, im normalen Leben angewandt, zerstörerisch, indem Kraftreserven zu kurzfristiger (allenfalls mittelfristiger) Leistungssteigerung verschleudert werden, ohne Rücksicht auf die personale Ganzheit des Menschen. Daß dies, weil letztlich zerstörerisch, auch unethisch ist, wird zumeist anerkannt; übersehen jedoch wird oft, daß zum Doping auch „gewöhnliche" Stimulanzien (Kaffee, Nikotin) in Überdosen, wie sie in der Hektik einer modernen Leistungsgesellschaft mit allen bekannten Folgen für das Kreislaufsystem häufig genossen werden, gehören können.

Dies alles zusammengenommen zeigt, wie das Konsumverhalten des modernen Menschen zu einem wesentlichen Faktor in seiner personalen (nicht bloß körperlichen) Integrität geworden ist und daher einer besonderen ethischen Aufmerksamkeit bedarf, wie sie früher in einfacheren ökonomischen Verhältnissen so nicht nötig war. Gerade der Christ, der seine körperliche Gesundheit als Gabe, als „Talent" betrachtet (Mt 25, 14–30), das er vom Schöpfer zu „getreuer Verwaltung", zum Aufbau und mitmenschlichen Nutzen erhalten hat, wird hier einer Weckung von sittlichem Bewußtsein und Gewissen seine besondere Aufmerksamkeit zu schenken haben – für sich selber, wie für andere, nicht zuletzt hinsichtlich seines Einflusses auf die gerade in diesen Fragen entscheidende öffentliche Meinung, wie auf der sozial-ethischen Ebene durch die Förderung präventiv-medizinischer Maßnahmen.

Wiederherstellung geschädigter Gesundheit

Zur ethischen Verantwortung für die Gesundheit gehört allerdings nicht nur deren Erhaltung bzw. die Vermeidung unproportionierter Belastungen und Schädigungen, sondern nicht weniger die Sorge um deren Wiederherstellung bei Krankheit und sonstiger Schädigung. Dabei sorgen bekanntlich schon physiologische Reflexe für eine möglichste Wiederherstellung des biologischen Gleichgewichts, wie etwa das Schlottern bei Kälte oder Fieber und Schmerz, die als Warnung und erste Reaktion ein weiteres bewußtes Reagieren nach sich ziehen wollen, wie etwa Bettruhe, Wärmelagerung, Ruhigstellen, Verbinden von Wunden, Desinfektion u.ä.

Es versteht sich, daß diese spontanen Mechanismen nur einen allerersten Schritt in Richtung auf die Wiederherstellung der Gesundheit darstellen. Sie zeigen aber doch die Richtung an für das weitere nun vom Menschen zu planende Vorgehen; denn der Mensch hat mit seinen intellektuell wissenschaftlichen Fähigkeiten auch die Wiederherstellung seiner Gesundheit planmäßig an die Hand zu nehmen, weil er sonst letztlich seine ihm vom Schöpfer geschenkte Existenz gefährdet. Aus dieser Einsicht hat denn auch die medizinische Kunst unter den Stichworten von „lindern und heilen“ die Gesundheitspflege seit eh und je zu leisten versucht und sich dafür nach besten Erkenntnissen und Kräften auch aus ethischer Verpflichtung eingesetzt. Da diese jedoch lange Zeit technisch-chirurgisch wie medizinisch-medikamentös relativ sehr begrenzt waren, stellten sich kaum je ethische Ermessensfragen: Es galt in jedem Fall, das Mögliche auch wirklich zu tun.

Die biologisch-medizinischen Erkenntnisfortschritte wie die medizinal-technischen Entwicklungen haben diese Situation in den letzten Jahrzehnten jedoch grundlegend verändert. Die Frage *„Darf die Medizin, was sie kann?“* (H. Sporken) ist neu, aber sie stellt sich mit zunehmender Dringlichkeit, nicht nur für den behandelnden Arzt, sondern oft nicht weniger für den Patienten selber. Wie weit ist man verpflichtet, zu Therapien seine Einwilligung zu geben, wenn sie bloß geringe Chancen auf Heilung bieten, also eigentlich nur die Belastungen einer Krankheit verlängern, beispielsweise, wenn durch die Behandlung zwar das (früher unrettbar verlorene) Leben gerettet wird, aber der Zustand des Menschen dauernd und schwer geschädigt bleibt? Obwohl man sich hier auf das traditionelle sog. „Totalitätsprinzip" berufen kann, nach welchem Teile des Organismus zur Erhaltung des größeren (wenn dann auch geschädigten) Ganzen geopfert werden können, ja sollen, bleibt die im konkreten Fall bedrängende Frage: Bis zu welchem Grad an Beeinträchtigung soll das Prinzip Gültigkeit haben und in welchem Bereich besteht eine sittliche Verpflichtung zur Übernahme einer solchen Theorie, bzw. wo gehört sie in den freien Ermessensspielraum des einzelnen von „kann und darf", und wo wird die Forderung nach Interventionen zur egoistischen Übertreibung bzw. zum Kult vor der eigenen Todesfurcht?

Ohne Zweifel gibt es zur Beantwortung dieser Fragen keine allgemeinen gültigen Regeln. Subjektive Dispositionen, soziale Verantwortlichkeiten des betroffenen Patienten, aber auch der Stand der medizinisch-therapeutischen Praxis sind dabei als stets neu variable Faktoren zu beachten. Therapie und Rehabilitation von Querschnittgelähmten (diese Paraplegiker waren noch bis vor kurzem infolge unabwendbarer Komplikationen sichere Todeskandidaten) haben heute solche Fortschritte gemacht, daß deren Ablehnung einem Suizid schon sehr nahe käme, während lebensverlängernde Operationen bei Metastasenkrebs trotz aller Fortschritte sittlich für den Patienten kaum eine Verpflichtung darstellen dürften. Dies aber sind Extremfälle, die relativ eindeutige Stellungnahmen zulassen. Die Normalfälle (wobei mit fortschreitender Technik, aber auch mit der zunehmend unkontrollierten Steigerung von Kosten und Aufwand die Bandbreite dieser Normalität sich laufend verschiebt) stellen dagegen das eigentliche Problemfeld dar: Verzicht auf weitere Therapie (etwa Dialyse im schon fortgeschrittenen Alter), auf Organtransplantationen, auch wenn die Spendesituation ethisch eindeutig geregelt ist und auf ungemein aufwendige Überwachung kann einerseits ebenso sinnvoll sein wie unter anderen Umständen und entsprechender Aussicht auf Erfolg anderseits diese Maßnahmen verantwortet werden können, so etwa bei Hornhauttransplantationen zur Erhaltung des Augenlichts, oder wo aus einer übernommenen Aufgabe ein Weiterleben für das Gemeinwohl von besonders weittragender Bedeutung scheint. Häufig aber dienen solche Maßnahmen nur einem sich verselbständigenden Leben-Erhalten-Wollen (schon um die Grenzen der Medizin nicht zugeben zu müssen) und stellen keine menschliche Notwendigkeit dar. Hier gilt es das Sterben-Müssen anzunehmen, zu dessen mutiger Bejahung eine menschliche und mehr noch eine christliche Ethik, für welche bei allem Respekt dieses irdische Leben eben nicht der Güter höchstes ist, ermutigend die konkrete Möglichkeit erschließen helfen und vor allem zu einem durch keine Patentlösung vorwegzunehmenden eigenverantwortlichen Entscheid ermutigen sollte.

Passive Euthanasie im Sinn einer rechtzeitigen Beendigung aufwendiger Therapie-Versuche und Beschränkung der Medizin auf die Linderung von Schmerz und auf die Befriedigung der Grundbedürfnisse (Sauberkeit, Pflege, Ernährung) ist daher ethisch zu verantworten, ja gelegentlich sogar als „allein gute Medizin" zu fördern. Die Menschen wären dann zu ihrer Bejahung zu ermuntern, nicht zuletzt, weil die so vermehrt mögliche Heimbetreuung durch Angehörige und Hausarzt auch die Menschlichkeit einer Pflege wesentlich erleichtern könnte. Daß in all diesen Fragen Entscheide nicht schematisch, sondern nur unter Beizug aller Betroffenen (Patient, Arzt, Angehörige) verantwortet gefällt werden können, versteht sich.

Dies alles bedeutet aber auch, daß die Gesundheit gerade auch aus Respekt vor der Schöpfung nicht einen letzten Wert darstellt, sondern bei all ihrer existentiellen Bedeutung zugleich auch in den Bereich jener Verfallenheit der menschlichen Existenz gehört, der im biblischen Denken stets unter den Stichworten von Alter, Leid, Tod und Sünde verstanden wird, eine Verfallenheit, die, obwohl stets unbegreiflich, irgendwie zum Menschen gehört und als Tatsache seiner gebrochenen Endlichkeit zur Annahme herausfordert: „Auch der Christ weiß keinen Weg am Leid vorbei, aber er weiß einen Weg hindurch, im glaubenden Vertrauen auf den, der auch und gerade im Leid verborgen anwesend ist und ihn hindurchträgt" (H. Küng).

Wenn aber die Erhaltung der eigenen Gesundheit bzw. deren Wiederherstellung sittlich zwar einen hohen, nicht aber einen letzten Wert darstellt, sondern letztlich den Keim ihres Zerfalls ja schon in sich trägt, wenn sie ferner in ihrer Zielsetzung Aufbau und Bestand der menschlichen Existenz zu sichern hat, ohne einfach mit dieser identisch zu sein, wenn sie also verantwortlich auf diese begrenzte Zielsetzung hin relativiert ist, dann stellt sich die Frage nach solcher Relativierung jedoch nicht nur bezüglich der Gesundheit im Sinn der Funktionstüchtigkeit des Organismus, sondern letztlich nicht weniger hinsichtlich des Lebens überhaupt; d.h. es stellt sich grundlegend die Frage nach der Eigenverfügbarkeit über das Leben.

Eigenverfügbarkeit über das Leben

Was bei der Möglichkeit, eine an sich noch mögliche Therapie in schwerer Krankheit auszuschlagen unter dem Stichwort einer selber gewollten sog. „passiven Euthanasie" schon anklang, muß daher auch thematisch aufgegriffen werden, und zwar nicht mehr bloß im Zulassen eines ohnehin schon begonnenen eigentlichen Sterbeprozesses, sondern in der direkten Lebensverfügung, also dem „Selbstmordproblem". Denn wenn es sinnvollerweise schon Gründe gibt, auf eine weitere Lebenserhaltung zu verzichten, dann stellt sich auch die Frage der prinzipiellen Verfügbarkeit, und der gegen eine eingehendere Reflexion dieser Frage gerichtete Einwand der traditionellen Moral, es sei doch alles klar, denn im einen Fall handle es sich einfach um ein „der-Natur-den-Lauf-lassen", während im andern Fall eine direkte Intervention vorgenommen werde, ist insofern nicht stringent, als es ja wesentlich zum Menschen gehört, daß er seine biologischen Funktionen allgemein, also auch die Lebenserhaltung, nie bloß einer Instinktsteuerung überlassen kann, sondern sie stets selber, also „künstlich" gestalten muß.

Zu beachten ist ferner, daß andere Kulturkreise, wie vor allem der japanische, dem Suizid einen ganz andern Stellenwert zumessen als der jüdisch-christliche. Der Selbstmord im Dienst des Vaterlandes der Kamikaze-Flieger des II. Weltkrieges und der Harakiri-Selbstmord des Samurai zu seiner Ehrenrettung und Selbstbestätigung stellen eine Wertung dar, die anders liegt und von ihrer Motivation her nicht einfach als unsittlich abgetan werden kann. Dies dürfte aus christlicher Sicht übrigens umso weniger geschehen, als trotz aller gegenteiligen Theorien gewisse und allgemein anerkannte, ja bewunderte Formen des Martyriums durch bewußt provokatives Zeugnis für den Glauben einem Suizid (z. B. bei Ignatius von Antiochien) oft sehr nahe kamen und außerdem in unserer Zeit der Zeugnisselbstmord nicht nur von buddhistischen Mönchen in einer Selbstverbrennung, etwa als Protest gegen den Vietnamkrieg, eine Rolle spielte, sondern auch gegen den Terror im europäischen Ostblock auftrat (z. B. bei Jan Pallach 1968 in Prag oder Pastor Brüsewitz 1976 in der DDR).

Deshalb muß das Suizidproblem genauer untersucht werden, um so mehr, als in den westlichen Ländern die Suizidrate dauernd wächst und sogar die Zahl der Verkehrstoten zu übersteigen beginnt. Da sich zudem die Anteile von Männern und Frauen an der Suizidrate dauernd annähern, wird klar, daß es sich hier um ein allgemein menschliches, ursächlich komplexes, ethisch aber drängendes Problem handelt.

Auch wenn man sich zum vorneherein darüber im klaren ist, daß eine wert- und urteilsfreie Behandlung des Themas des menschlichen Suizids eigentlich unmöglich ist, so muß dennoch eine klare Begriffsbestimmung Vorurteile möglichst ausschalten, wie sie z. B. bei den beiden häufigsten Definitionen des Suizids auftauchen, nämlich bei den Begriffen „Freitod" und „Selbstmord". Denn wer von „Freitod" spricht, hat im Grunde seinen denkerischen Hintergrund bereits angegeben und weckt die Assoziation einer für ihn bereits entschiedenen Verherrlichung des Suizids als einer Tat der vollen Freiheit des Menschen; das ethische Urteil ist damit bereits gefällt. Ebenso verhält es sich aber auch mit dem Begriff „Selbstmord". Wer nämlich von „Mord" spricht, hat im Grunde bereits alles gesagt, weil der klare und ethisch ausnahmslos disqualifizierende Sinn dieses Begriffes eigentlich jede weitere Diskussion erübrigt. Um solche vorschnelle ethische Vorentscheidungen bereits in der Wahl des Begriffes zu vermeiden, empfiehlt es sich daher, den gemeinten Sachverhalt mit dem neutraleren Begriff „Selbsttötung" = Suizid zu umschreiben.

Damit bleibt aber auch die Frage nach der *Entstehung des suizidalen Syndroms* vorläufig offen, obwohl dafür mehrere Deutungsversuche vorliegen, so etwa eine *biologische Deutung,* wonach die Suizidhandlung vorwiegend konstitutionell bedingt ist. Ihre Vertreter entstammen meist naturwissenschaftlichen Disziplinen (Psychologie und Psychotherapie und Medizin) und der eigentliche Hintergrund des Suizidgeschehens liegt in dieser Sicht nicht auf der Ebene der Motive, die vom Suizidanten selbst als Gründe für seine suizidale Handlung angegeben werden. Vielmehr wird versucht, die Ursachen, die zum In-Erscheinung-Treten der suizidalen Tendenzen führen, in der vorgegebenen Konstitution eines Menschen zu erfassen. Diese diagnostische Erfassung der Ursachen hat ihr ausgesprochenes Ziel in der Entwicklung effizienter Behandlungsmethoden der Suizidalität, besonders durch Psychopharmaka. Denn man ist hier der Ansicht, „daß sich der Suizid auf dem Hintergrund einer festumrissenen und festumgrenzenden psychopathologischen Basis oder zumindest einer eingeengten ‚subnormalen' Toleranzfähigkeit mit dekompensatorischen Erscheinungen des psychischen Regelsystems abspielt" (A. Holderegger).

Demnach sind die allermeisten Suizidfälle der Abschluß und das Resultat einer psychischen Krankheit oder Störung. Man hat deshalb auch in der ethischen Beurteilung davon auszugehen, daß im Prinzip jede Selbstmordhandlung als Symptom einer abnormalen Entwicklung beziehungsweise einer seelischen Erkrankung aufgefaßt werden muß. In diesem Verständnis haben dann vor allem die Analysen von S. Freud große Zustimmung gefunden, daß suizidgefährdete Menschen an einer besonders strukturierten Aggressionsproblematik leiden; diese besteht darin, daß generell oder wenigstens unter bestimmten Umständen heftige Aggressionen nicht nach außen geleitet werden können und sich deshalb nach Überschreiten des kritischen Punktes gegen die eigene Person richten und daraufhin tendieren, diese zu zerstören. Allerdings ist es oft konkret nicht möglich, die Ursachen der Suizidtendenz einem ganz bestimmten Krankheitsbild zuzuordnen. Übereinstimmung besteht jedoch weithin darin, daß als Suizidursache an erster Stelle verschiedene Depressionen stehen, die als eine „Aggressionserkrankung" immer den Sinn des Lebens als zweifelhaft und damit den Wunsch, Selbstmord zu begehen, als ständig gegenwärtig erscheinen lassen.

Die Ergebnisse der klinisch-psychologischen und psychodynamischen Forschungen zeigen damit deutlich, daß der Suizidant in der Regel den Tod gar nicht intendiert, sondern ihn nur indirekt als Lösung von Konflikten und bedrängenden Lebensproblemen sucht. Diese suizidologischen Ergebnisse sind deshalb für die ethische Beurteilung des Suizidphänomens beim konkreten Menschen von außerordentlicher Relevanz, weil dadurch die ethische Frage nach Verantwortlichkeit und freiem Entscheid in gewisser Weise entschärft, zumindest aber in einen entsprechenden Bezugsrahmen gestellt wird.

Während in dieser biologischen Deutung somit das konstitutionelle Moment als entscheidende Suizidursache betrachtet wird, herrscht in der *sozio-psychologistischen* Deutung das situationelle Moment vor. Vor allem von der Soziologie her wendet sich diese Sicht eher den äußeren, überindividuellen, situationell dispositiven als den psychisch-physischen und somit konstitutionell-dispositiven Faktoren zu. Einen Zusammenhang zwischen der Suizidhandlung und den gesellschaftlichen Strukturen hat in diesem Sinn bereits im Jahre 1878 der damalige Prager Gelehrte T. Masaryk in seinem Buch „Selbstmord als Massenphänomen der modernen Zivilisation" gesehen. Darin hat er die Ansicht geäußert, daß bei den Naturvölkern keine Suizide vorkommen und daß deshalb das Phänomen der Selbsttötung die eigentlichen Wurzeln in der modernen Industriegesellschaft sowie vor allem im Rückgang religiöser Bindungen habe. Etwa zwanzig Jahre später widmete auch der französische Soziologe E. Durkheim in seinem Buch „Der Selbstmord" dem Zusammenhang von gesellschaftlicher Strukturiertheit und Suizid seine Aufmerksamkeit und vertrat eine Theorie, nach welcher die Höhe der Suizidquote durchgehend vom Grad der sozialen Integration einer Gesellschaft, beziehungsweise einer Gruppe abhängt, und zwar im Sinne eines reziproken Verhältnisses: Je niedriger die soziale Integration in einer Gesellschaft oder Gruppe ist, umso höher ist die entsprechende Suizidrate. Je weniger sich ein Individuum also in den Normen und Wertvorstellungen einer Gesellschaft beheimatet fühlt, desto eher ist es der Suizidgefahr ausgesetzt.

So sehr in dieser Sicht die soziologischen und individuell persönlichen Faktoren zu wenig in ihrer Verschränkung betrachtet werden, so richtig wird die Interdependenz zwischen Suizid und gesellschaftlicher Strukturiertheit hier betont, ein Sachverhalt, den gerade eine ethische Beurteilung nicht vernachlässigen darf. Dennoch wird sie auch darauf hinweisen müssen, daß der Suizid stets den Abschluß einer spezifischen und komplexeren Entwicklung des einzelnen Individuums darstellt, die sich aus sozio-psychischen und konstitutionell-dispositiven wie auch aus äußern, überindividuellen Faktoren zusammensetzt und nur als ganze wirksam wird.

Wenn so die biologistische Betrachtungsweise die Konstitution und die sozio-psychologistische Sicht die Situation hervorheben, dann legt schließlich eine sog. *anthropologistische Perspektive* den Akzent auf die freie Stellungnahme des Menschen. Nach dieser, vornehmlich philosophischen Deutung ist das Suizidgeschehen das abschließende Resultat einer persönlichen Stellungnahme und Freiheit. Auch wenn man der von Albert Camus in seinem „Mythos des Sisyphos“ geäußerten Ansicht, der Selbstmord sei eigentlich das einzig ernste philosophische Problem, nicht zustimmt, so muß man doch zugeben, daß dieses Thema faktisch das Philosophieren seit jeher in Atem gehalten hat. Vor allem in der stoischen Schule der griechisch-römischen Antike ist die Auffassung vertreten worden, daß es nicht nur das Recht, sondern unter bestimmten Umständen sogar die sittliche Pflicht des Menschen sei, seinem Leben ein Ende zu setzen, insbesondere dann, wenn angesichts von Krankheit, Elend und vor allem von politischen Umständen ein freies Leben nicht mehr möglich scheint, eine Ansicht, die in ähnlicher Weise auch von F. Nietzsche und D. Hume geäußert wurde. Später ist es dann vor allem der Philosoph P. Landsberg gewesen, der selbst lange mit der Möglichkeit der Selbsttötung als einer Grundversuchung des Menschen, im abgründigen Spiel der menschlichen Freiheit „zwischen dem Taumel der Fähigkeit und der Entscheidung der Pflicht“ gerungen hat. Aber auch W. Weischedel nennt die Selbsttötung „eine echte philosophische Versuchung“, obwohl sie keine philosophisch verantwortbare Möglichkeit sei, denn mit ihr entscheide sich der Denkende definitiv für die Bejahung der Sinnlosigkeit, während es doch philosophisch darauf ankäme, sich, so schwer dies auch sein mag, in der offenen Fraglichkeit zu halten.

Mit K. Löwith und W. Kamlah vertritt dagegen in neuester Zeit auch J. Amery in seiner Schrift „Hand an sich legen“ eine Freiheit zum eigenen Tod und wirbt für die Anerkennung der „Grundtatsache, daß der Mensch wesentlich sich selbst gehört“ – und zwar außerhalb des Netzes gesellschaftlicher Verstrickungen, und auch außerhalb eines biologischen Verhängnisses und Vor-Urteils, das ihn zum Leben verurteilt. Die Anerkennung der Freiheit zum Tode sei daher als „unveräußerliches Menschenrecht“ zu fordern, denn der „Hang zum Freitod ist keine Krankheit, von der man geheilt werden muß wie von den Masern“, sondern vielmehr „ein Privileg des Humanen", eine Ansicht übrigens, die in sog. Exit-Vereinigungen für Schwerkranke zunehmend Verbreitung findet.

Daß sich gerade in dieser Sicht einer willkürlichen Verfügung über das eigene Leben dann das ethische Problem in seiner vollen Brisanz zeigt, bedarf keiner weiteren Erklärung, obwohl nicht bestritten werden kann, daß es Menschen gibt, bei denen Selbsttötung zugunsten höherer ethischer Werte erfolgt (zu denken wäre etwa an gewisse christliche Martyrer, an den „altruistischen Suizid" eines Maximilian Kolbe, an die Selbsttötung aus sittlicher Verantwortung), die nach einer eigenen ethischen Beurteilung rufen. In jedem Fall muß aber für eine solche Gesamtbeurteilung des Suizidphänomens davon ausgegangen werden, daß die drei monokausalen Deutungen des Phänomens der Selbsttötung als solche nie rein vorkommen und folglich Abstraktionen der konkreten menschlichen Wirklichkeit darstellen. Werden sie gar einseitig exklusiv behauptet, dann werden sie falsch, weil sie die konkrete Wirklichkeit des menschlichen Suizidphänomens eher verdecken als offenlegen. Für eine *ethische Perspektive* legt sich daher eine ganzheitliche, alle Komponenten der menschlichen Person berücksichtigende und damit personalistische Deutung der Selbsttötung nahe. Für diese ist dann nicht das abstrakte und deshalb von der konkreten Wirklichkeit isolierte Phänomen des Suizids relevant, sondern eigentlich nur der konkrete, psychodynamisch unverwechselbar strukturierte, gesellschaftlich bedingte und frei stellungnehmende Mensch.

Demnach ist das Suizidphänomen zum vorneherein als durch innere konstitutionelle und äußere situationelle Faktoren mitverursacht und prädisponiert zu betrachten. Da aber weder psychische Anlage noch soziale Erwerbung im Normalfall die menschliche Person ganz determinieren können, gilt es stets, auch die teilweise freie Stellungnahme des Suizidanten in Rechnung zu stellen. Dabei kann in einem je konkreten Fall das eine oder andere Element vorherrschen. Man wird aber sicher nicht übertreiben, wenn man behauptet, daß in den weitaus meisten Fällen eine psychodynamische Einengung der Wertwelt wie des jeweiligen Entscheidungsspielraumes zum Suizid führen. Eine solche Lebensnot ist zudem meistens – da der Mensch wesenhaft ein gesellschaftliches Wesen ist – von soziologischen Faktoren mitbedingt. All diesen psychodynamischen und gesellschaftlichen Faktoren wird die ethische Beurteilung daher

Rechnung tragen müssen, wenn sie nicht am konkreten Menschen in seiner je konkreten Lebensentscheidung vorbei-urteilen will. Dabei wird aber gerade auch eine christliche Ethik prinzipiell mit der Möglichkeit rechnen dürfen, daß ein Suizid auch aus weitgehend freien und altruistischen Motiven intendiert werden kann. Hier scheint Selbsttötung dann so stark unter dem Motiv des Opfers zu stehen, daß eine Verurteilung einerseits unmöglich wird, aber anderseits eine solche Selbsthingabe weder je normativ forderbar noch ethisch überhaupt normierbar ist. Sie entzieht sich letztlich ethisch-kasuistischer Beurteilung, so daß dort, „wo es bei der Selbsttötung um ein bewußtes Opfer des eigenen Lebens für andere Menschen geht", zumindest ein Urteil „suspendiert" werden muß, „weil hier die Grenze menschlicher Erkenntnis erreicht ist" (D. Bonhoeffer).

Trotz der situationsethischen Ansätze, die sich in diesen Überlegungen ankündigen, zeigt sich darin aber zugleich, daß eine letzte Unverfügbarkeit über das eigene Leben, so sehr sie ethisches Grundkriterium bleibt, durch höhere ethische Kriterien auch relativiert werden kann. So kann man schließlich auch die so noch selten behandelte Frage stellen, ob es eine ethische Verpflichtung zur „Suizidverhütung um jeden Preis" geben kann. Müßte aber eine solche Verhinderung des Suizids nicht eine Verlängerung des Leidens, ein Hinausziehen des Endes einer Krankheit zum Tode bedeuten, und zwar auf Kosten des Leidenden und zugunsten einer Vergötterung des biologischen Lebens als eines absoluten Wertes? Dies wäre jedenfalls zu bedenken, selbst wenn man normalerweise damit rechnen muß, daß ein Suizidversuch ein „Schrei um Hilfe" ist, wo der Suizidant eine Todesart wählt, bei der ihm ein Türspalt offensteht, so daß die andern dann die Türe aufreißen können, um ihn ins Leben zurückzuholen.

Selbstverständlich gibt es auf solche Fragen keine festen ethischen Patent-Antworten. Aber sie verweisen doch auf bedenkenswerte Grenzfälle und zeigen vor allem, wie vorsichtig auch eine christlich ethische Beurteilung des Suizidproblems sein muß: Prinzipiell ist das eigene Leben Gabe Gottes, über das nicht aus bloß individueller Motivation verfügt werden kann. Entsprechend ergibt eine sorgfältige Güterabwägung denn auch, daß es eigentlich kein anderes individuelles Gut gibt, das diesen unwiderrufbaren Verfügungsentscheid rechtfertigen könnte, und keinesfalls können dafür allgemeingültige permissive Regeln aufgestellt werden. D.h. Selbsttötung aus höchsten Motiven kann zwar u. U. Bewunderung wecken, sie kann in extremer Belastung verständlich sein, nie aber kann aus solchen Einzelfällen der Schluß gezogen werden: „Von da an darf man" oder gar „Jetzt muß man". Damit zeigt aber schon ein so knapper Aufriß der ethischen Belange in der Suizidthematik, wie ungemein komplex diese ethische Problematik ist, obwohl sich die ethische Argumentation nicht einfach auf den tatsächlichen und offensichtlichen Suizid allein beschränken kann. Vielmehr muß sie auch noch den sogenannten *„Selbstmord auf Raten"* bedenken. Denn betreiben nicht Menschen, die ungeachtet des Bewußtseins, daß sie ihre Lebenserwartung verkürzen, einen gesundheitsschädigenden Lebensstil führen, freiwillig eine Art chronischen Suizid? Gibt es nicht auch die langsame und oft gewollte Selbsttötung, gleichsam den „subintendierten Suizid", trinkt sich etwa der Alkoholsüchtige nicht selbst „zu Tode"? Oder wie steht es mit dem Raucher, der nach seinem Herzinfarkt weiterraucht? Ethik wird hier ebenfalls auf die Perspektive der Verantwortlichkeit hinweisen müssen und gleichzeitig diese Phänomene von einem bewußten Sterben-Wollen eines Schwerkranken, der auf weitere Medikamente zu verzichten beginnt, abzuheben haben. Gerade so wird sie aber zum Schluß kommen, daß das Phänomen der Selbsttötung eigentlich ein Phänomen der menschlichen Lebens- und Sterbensbewältigung schlechthin darstellt, das so nur gesamthaft begriffen und solidarisch angegangen werden kann. Denn sowenig die Selbsttötung eine ethisch vertretbare Lösung der Lebensprobleme darstellt, so sehr ist das bewußt als sterbliches gelebte Leben Teil ihrer Bewältigung.

Sterben lernen

Immer deutlicher drängt sich so gerade in neuester Zeit ein vorab durch die menschliche Körperlichkeit bedingtes Problem individual-personaler Existenzbewältigung wieder in den Vordergrund des Interesses. Obwohl als Bewältigung der eigenen Sterblichkeit bzw. des eigenen Sterbens überhaupt während Jahrhunderten als Ausdruck hoher Geistigkeit, als „ars moriendi" sorgfältig gepflegt, ist sie dem modernen Menschen weitgehend abhanden gekommen. Während man einst an öffentlichen Plätzen Totentänze malen ließ und die Humanisten der Renaissance sich mit einem „memento mori“ (Totenkopf, Stundenglas usw.) abbilden ließen, und zwar gerade dann und dort, wo sie auf dem Gipfel ihrer weltlichen Karriere standen, verdrängt der moderne Mensch angesichts der weiter zunehmenden Lebenserwartung den Tod aus seinem Lebensbereich. Jugendlichkeit wird zu einem Wert an sich, die Lebenserfahrung des alten Menschen gilt wenig, die in den biblischen Schriften geforderte Ehrfurcht vor dem Alter (Ex 20,12; Lev 19,32; Sir 6,34; Ijob 32,6) nimmt ab.

Der Tod ist „hospitalisiert“ im Pflegeheim oder Krankenhaus, ein „technischer Unfall“ der Medizin, die, obwohl ihr prinzipiell doch alles machbar sein sollte, hier (noch) versagt hat, so sehr, daß sogar der Arzt, der eigentlich von Berufs wegen konstant mit dem Sterben zu tun hat, den Tod nicht wahrhaben will und ihn als eine Art „Beleidigung seiner Kunst“ ablehnt.

Nicht zuletzt aufgrund der schon erwähnten großen Fortschritte der medizinischen Technik, die gerade auch die völlig sinnlose Lebensverlängerung bis zum bloß noch biologischen Funktionspräparat möglich macht, wurde aber dieses Lebensgefühl in seiner Unmenschlichkeit dem sterbenden Menschen gegenüber als eine „Tyrannis der Menschlichkeit“ (H. Thielicke) zunehmend durchsichtig. Die unleugbare Tatsache des „todsicheren“ Todes, d.h. der Sterblichkeit des Menschen, der er unterworfen bleibt, so sehr ihm die Erhaltung des biologischen Lebens ethischer Auftrag ist, wird wieder bewußter. Die Untersuchungen über Gespräche mit Sterbenden (E. Kübler-Ross; J. Mayer-Scheu) zeigen, wie die uralte christliche Auffassung, daß das Sterben eigentlich die letzte große zu bewältigende Aufgabe des Lebens ist, wahrer Humanität entspricht, bzw. wie nach einer Phase der Auflehnung und der Resignation, Sterbende zu einer souveränen Heiterkeit der Bewältigung gelangen, die allerdings nicht zuletzt von der personalen Reife ihrer Lebensführung abhängt und offensichtlich nicht mit dem Intelligenzquotienten gekoppelt ist, die aber je neu existentiell eingeübt sein will und somit einen individualethischen Lebensauftrag darstellt. D.h.: Je weniger verdrängt wird, daß das Menschsein ein Prozeß auf Sterben hin ist, und je mehr das „Sein zum Tode“ (M. Heidegger) als Existenzial auch existentiell ernstgenommen zu werden vermag, desto menschlicher ist auch diese Lebensaufgabe des Sterbens zu bewältigen.

Entsprechend ist dann eine Sozialpolitik, welche Tod, Krankheit und Leid an den Rand der Gesellschaft weg-hospitalisiert, ethisch als letztlich unmenschlich abzulehnen. Daß eine Ethik des Sterbens, im Sinn seiner positiven Annahme des Sterbenmüssens als ein zum Menschen gehöriges Existenzial, letztlich stets mit den letzten Dimensionen des Menschseins konfrontiert (entweder mit der stoischen Würde ertragener Sinnlosigkeit (J. P. Sartre) oder der gläubigen Hoffnung, welche die Religionen der Völker durchzieht), sollte dabei gerade vom Christen nicht übersehen werden. Wer in einem Agnostizismus der Vordergründigkeit bzw. in einer reinen Resignation vor dem Unausweichlichen oder bei einem aufklärerischen Optimismus der technischen Machbarkeit bleibt, wird dagegen den Gedanken an den Tod stets neu verdrängen und eben dadurch nie voll menschlich leben. Altern ist zwar zunächst ein physiologischer Prozeß, menschlich aber ist er eine Frage der Einstellung, d.h. eine ethisch zu bewältigende Aufgabe, die weder im Rausch des Vergnügens noch im Streß der Leistung verdrängt, noch im Kurzschluß des Suizids beendet werden darf, sondern in personalem Vollzug als Prozeß der eigenen Körperlichkeit gelebt zu werden verlangt.

2. *Psychische Ausgeglichenheit als ethische Forderung?*

Der Titel trägt nicht ohne Absicht ein Fragezeichen. Denn die Fragestellung ist ungewohnt und wird ohne Zweifel von vielen sogar als Anmaßung empfunden: psychische Gesundheit ist ein Glück, psychische Belastung eine Krankheit mit organischen oder (mehr noch) psychogenen Ursachen, die vor allem in der menschlichen Umwelt, vorab in der Zeit der frühen Entwicklung ihren Ursprung haben oder doch endogen sind, nicht aber in den Bereich des durch Wille und Entscheidung Beeinflußbaren gehören. Trotz dieser, in mancher Hinsicht gerade auch zum Schutz des psychisch belasteten Menschen nur zu berechtigten Annahme ist aber nicht zu übersehen, daß, wie jeder menschliche Bereich, auch derjenige der Psyche nicht einfach Schicksal ist, sondern in den Raum der bedingt gestaltbaren menschlichen Freiheit gehört, wie dies vor allem auch die sog. Schicksalspsychologie von A. Szondi herausgearbeitet hat. Dies gilt zunächst für den personal-mitmenschlichen Bereich der Erziehung und Bildung, wo Liebesentzug, Überforderung, Triebunterdrückung usw. die psychische Wirklichkeit eines Menschen stören, wenn nicht gar zerstören können und den Verantwortlichen, Eltern, Lehrern, Seelsorgern usw., eine entsprechende ethische Aufgabe zukommt.

Eine solche Aufgabe erwächst dem Menschen aber auch für den eigenen persönlichen Gestaltungsbereich, wo eine „Psychohygiene“ ein ethisches Erfordernis im individuellen Rahmen darstellt, was übrigens lange vor dem Aufkommen dieses treffenden Ausdrucks im Raum der christlichen Spiritualität, vorab unter dem Stichwort der Seelenführung, ein Anliegen war. Folgenden Bereichen wäre in diesem Zusammenhang dann wohl vordringlich Beachtung zu schenken:

Selbsterkenntnis

Erstens einer wachen *Selbstkontrolle,* was hier nicht als stoisch-spartanisches Verhalten völliger „Ataraxie“ oder Unbewegtheit verstanden sei, wohl aber als das Zielideal humanistisch ausgeglichener Menschen. Ignatius von Loyola redete in diesem Zusammenhang von der „Indifferentia“, welche einer als persönliche Berufung erkannten Zielsetzung auch unter widrigen Umständen „gleichmütig“ die Treue zu halten entschlossen ist. Zu einer solchen Selbstkontrolle gehört sodann das Bemühen um nüchterne *Selbsterkenntnis,* d.h. Kenntnis der eigenen physischen, psychischen und intellektuellen Fähigkeiten und Schwächen, wie sie einem aus der vor allem auch kritischen Mitteilung anderer, aber auch aus eigener Erfahrung zuwächst. Die Erfahrung eigener Leistungsgrenzen, wie sie einem in körperlicher Hinsicht (Erschöpfung) wie in psychisch-geistigen Belangen (etwa durch die aus einer Blamage resultierende Resignation) zuwächst, ist dafür ein zwar oft schmerzlicher, aber gerade darin hilfreicher Indikator. Auf ihn zu achten, trotz aller spontanen Indignation, die Blamage und Kritik bei einem auslösen können, wird damit zur ethischen Aufgabe, was drittens die *Anerkennung der eigenen Grenzen* fordert und damit das Bemühen, nicht objektiv wie subjektiv unerreichbaren Zielen nachzujagen. Die Weisheit des Psalmisten (131,1.2) „Herr, mein Herz ist nicht stolz, nicht hochmütig blicken meine Augen, ich gehe nicht um mit Dingen, die mir zu hoch sind. Ich ließ meine Seele ruhig werden und still, wie ein kleines Kind bei der Mutter", zeigt die Richtung an, in welcher solche Selbstbescheidung zu suchen wäre.

Daß dabei äußere Praktiken wie autogenes Training, Yoga oder sonstige Übungen des körperlichen Ausgleichs, Disziplin im Lebensablauf, sportliches Training (griechisch: Askese!) u. ä. sehr hilfreich sein können, versteht sich. Daß darin aber auch eine tiefere existentielle Sicherheit mitbetroffen ist, sollte nicht übersehen werden. In jedem Fall aber bedingt eine solche Anerkennung der eigenen Grenzen eine gewisse Ruhe und Distanz zum Getriebe des Alltags, und ehrliche Konfrontation mit sich selber fordert Abstand, obwohl auch dies noch als Flucht vor den eigenen Problemen mißbraucht werden kann. Stetige Geschäftigkeit in Leistung und Vergnügen ist demgegenüber oft nur eine kaschierte Flucht vor solcher Selbstkonfrontation, also letztlich erneut Selbsttäuschung.

Auch echte Selbsterkenntnis wird zwar nie völlig objektiv sein; je nach charakterlicher Veranlagung wird sie mehr zu Selbstüberschätzung oder -unterschätzung neigen (manchmal sogar beides für verschiedene Gebiete je anders). Aber in einem gewissen Spielraum wird sie, besonders wenn die Kritik anderer nicht als Angriff und Beleidigung beiseite geschoben wird, doch zutreffen und damit Einsatzmöglichkeiten ohne zerstörerische Überforderungen aufzuzeigen vermögen.

Wesentlich verbunden mit dem Bemühen um ehrliche Selbsterkenntnis ist schließlich die *Pflege des Vertrauens,* wobei ein gesundes Selbstvertrauen offenbar auf der Fähigkeit zu mitmenschlichem Vertrauen, ja sogar zu letztem, also irgendwie religiösem Sinnvertrauen aufbaut. Wer allerdings nie oder nur sehr mangelhaft in seiner Kindheit und Jugend Geborgenheit und Vertrauen erfuhr, wird sich damit ungemein schwer tun und eben darum in seiner gesamten Persönlichkeitsfindung stets benachteiligt sein. Trotzdem läßt sich auch aus innerem Entscheid Vertrauen aufbauen und schenken bzw. die Regung des Mißtrauens durch gesteuerte Einsicht abbauen. Allzu groß ist der Spielraum der Eigengestaltung dieser existentiellen Gemütswerte freilich nicht, aber doch wohl um einiges größer als man gemeinhin anzunehmen bereit ist. Dabei liegt der Erfolg weniger in einer verkrampften Willensanstrengung als im passiv-aktiven Sich-Erschließen zum andern hin als Einleitung zu einem Selbstfindungsprozeß. Gruppentherapeutische Übungen können dabei, fachkundig ausgeführt, eine Hilfe sein. Niemals aber dürfen sie zu einem Religionsersatz werden, weil sonst die dem Menschen offenbar eigene Existenzangst nur verdrängt, nicht aber verarbeitet wird. Vielmehr zeigt sich auch auf dieser Ebene, wie sehr die gesunde religiöse Verwurzelung letztlich eine Voraussetzung für die psychische Gesundheit ist, eine Tatsache, welche vor allem von der Psychologie C. G. Jungs immer wieder betont wurde. Dennoch glaubt man noch viel zu oft, eine ausreichende Selbstsicherheit und Sinnvertrauen lasse sich „machen" durch psycho-analytische Erklärung von Ursächlichkeiten und deren Korrektur. So wichtig solche korrigierenden Therapien auch sind und als Voraussetzung wohl auch unerläßlich bleiben, allein genügen sie nicht, schon gar nicht, wo Existenzangst und damit verlorenes Vertrauen auf einer nicht bewältigten Schuld beruhen: Selbstvertrauen läßt sich bis zu einem gewissen Grad einüben, Selbsterlösung aber gibt es nicht.

Dem sittlich geforderten eigenen Einsatz entspricht so die Transzendenz-Offenheit des Glaubens in einem eigenen existentiellen Anspruch. Denn wie schon Max Scheler und Søren Kierkegaard aus ihren existenzphänomenologischen Ansätzen richtig erkannten, erschließt nur die *Annahme der eigenen Schuldigkeit* bzw. echte Reue den Weg zurück zum Vertrauen. Psychoanalytische Erkenntnis kann dabei falsche Schuldgefühle aufdecken und aufarbeiten helfen, eigentliche Schuldbewältigung (wo eine Tat also im eigenen Entscheid gegen das eigene Gewissen gesetzt wurde) vermag sie nicht zu leisten, selbst dann nicht, wenn sie nachweisen könnte, daß jener Entscheid auf einem nicht richtig oder nicht ausreichend gebildeten Gewissen beruhte.

Triebhaushalt

Zu einer in diesem weiten Sinn verstandenen Selbsterkenntnis und Selbstkontrolle gehört ferner ein bewußtes Bemühen um die eigene Ausgeglichenheit im Bereich der Triebe, wobei, wie S. Freud und A. Adler in ihren Theorien besonders deutlich machten, Sexual- und Geltungstrieb auf der psychischen Ebene eine besonders wichtige Rolle spielen. Wie alle Triebe sind auch diese beim Menschen jedoch nicht instinktgesteuert, sondern bedürfen der willentlichen *Steuerung und Gestaltung,* was aber, entgegen einer auch im christlichen Bereich nicht seltenen Auffassung, gerade nicht deren möglichste Unterdrückung bedeutet. So mag eine gewisse Moral der Keuschheit und Demut der Entfaltung einer eigenständigen Persönlichkeit abträglich gewesen sein und gelegentlich sog. ekklesiogene Neurosen bewirkt haben: ihr Gegenteil aber, nämlich die schrankenlose Permissivität ist nicht weniger schädlich, weil die daraus resultierende egoistische Ichbezogenheit die soziale und doch eigenständige Persönlichkeit ebenfalls verkümmern läßt. Dies gilt für den Geltungstrieb so gut wie es ähnlich für den partnerschaftsbegründenden Geschlechtstrieb zutrifft: Bei weitem nicht auf den Bereich des Genitalen beschränkt, prägt er die ganze Persönlichkeit, gibt es doch keine gute Partnerschaft auch auf geschäftlich-kollegialer Ebene, geschweige denn Freundschaft, die nicht irgendwie auch erotisch und damit sexuell geprägt wäre. Entsprechend muß eine gesunde Affektivität gepflegt werden, ohne daß ein Pansexualismus die Folge ist: Sexuelle Verklemmtheit wie konstanter sexueller Leistungszwang wirken personzerstörend, nicht weniger als kriecherische Demut oder karrieresüchtiges Strebertum.

Daß eine sozial pluralistische Gesellschaft diesen ausgeglichenen Triebhaushalt, der zudem individuell nicht einfach in ein Normalmaß eingepreßt werden kann, nicht begünstigt, liegt auf der Hand. Denn weder eine repressive sog. „bürgerliche Moral“ noch eine permissive sog. „progressive“ Moral (vgl. z. B. A. Plack) bieten ein brauchbares Lösungsmodell. Vielmehr muß dieses in einem personalen Reifungsprozeß, der von allen Beteiligten oft sehr viel Geduld erfordert, langsam erworben werden. Da sich zudem die hier involvierten Wirkzusammenhänge stark im emotiven Bereich bewegen, ist deren rationale Thematisierung nur sehr bruchstückhaft möglich, und manche Theorie, die als Erklärungsmodell für gewisse Phänomene einiges für sich hat, wird, global verstanden, leicht zur neu vergewaltigenden Ideologie, wie dies etwa für gewisse Formen des Pansexualismus der neo-freudianischen Schulen zutrifft. Es muß daher für eine Ethik weitgehend genügen, auf diese bedingte Eigengestaltbarkeit und damit auf die sittliche Pflicht zur Eigengestaltung hinzuweisen, da sie eher auf der Ebene kritischer Eigenerfahrung in personalen Kontakten zu finden ist als auf derjenigen intellektueller Theorien.

Auf eine besondere Gefährdung im Bereich eines individuell ausgeglichenen Triebhaushaltes in der modernen Gesellschaft sei in diesem Zusammenhang aber doch eigens hingewiesen, nämlich auf die *kommerzielle Werbung,* die sich (über die an sich wünschenswerte Reklame als Information über Neuerungen, Verbesserungen bzw. Verbilligungen hinaus) an die ja nie völlig befriedigten, weil beim Menschen eben nicht instinktgebremsten Triebe wendet, um das einschlägige Produkt oder die entsprechende Dienstleistung dann als verkappte Triebbefriedigung anzubieten. Mit erheblichem finanziellem Einsatz wendet man sich an die Grundbedürfnisse und Triebe des Menschen, an seine Sexualität durch die Suggestion von Attraktivität aus Besitz bei der Werbung für sportliche Autos, an die jugendliche Schönheit für Kosmetika oder als „Typ", an das Geltungsbedürfnis durch Statussymbole von Einfluß und Macht, an das Gesundheitsbedürfnis für populäre Heilmittel oder an das Bedürfnis nach Sicherheit und Geborgenheit für Heizkessel wie für Versicherungen. Je ungesicherter der Triebhaushalt eines Menschen nun ist und je weniger er über diese Praktiken weiß, desto leichter wird er ihr Opfer, als Konsument wie als Bürger: In der offenen Gesellschaft, wo die Persönlichkeit allgemein und gerade auch in ihrem Triebhaushalt nicht mehr „traditionsgeleitet" ist, aber auch nicht zu einer „Innenleitung" des personalen (D. Riesman) Gewissens gefunden hat, wird sie so mehr und mehr zum beliebig manipulierbaren „außengeleiteten" Opfer, das allenfalls durch Zensur und Gegendruck zu schützen wäre, was aber Freiheit und Persönlichkeit ebenfalls abbaut und damit keine sittliche Alternative darstellt. Allein schon um solchem Mißbrauch zu entgehen, lohnt sich ein Bemühen um Psychohygiene, selbst wenn die (übrigens seit 1955 vorhandenen, seither mehrfach verbesserten und von den Berufsverbänden international anerkannten) „Richtlinien für die Lauterkeit in der Werbung" völlig eingehalten würden.

So gilt denn analog zum körperlichen Bereich auch für die psychischen Belange ethisch die erste Sorge der Entfaltung und Gesunderhaltung. Trotzdem dürfen auch hier die *therapeutischen Möglichkeiten* nicht außer acht gelassen werden, selbst wenn sie im Vergleich zum somatisch-medizinischen wesentlich geringer und auch weniger durchschaut sind. Von den Einwirkungsmöglichkeiten im psychosomatischen Bereich war schon im Zusammenhang mit den Psychopharmaka die Rede. Wegen den dort genannten Gefahren ist aber hier nun besonders auf ihre segensreichen Möglichkeiten (vor allem bei schwerkranken Tobsüchtigen, Epileptikern u. ä., aber auch in der Behandlung von depressiven Zuständen, nicht zuletzt im geriatrischen Bereich) hinzuweisen. Unter medizinischer Kontrolle verwendet, kann ihr Gebrauch damit personal-ethisch geradezu zur Pflicht werden. Verzicht wäre hier falsche Hemmung und sozial wie personal belastend.

Wesentlich tiefer als die rein medikamentöse Behandlung gehen dagegen Therapien im psychoanalytischen Bereich. Obwohl eine modische, durch materiellen Wohlstand und Hochkonjunktur noch geförderte Tendenz hier auch gelegentlichem Mißbrauch Vorschub leistete, steht fest, daß darin, in der Einzel- wie in der Gruppentherapie, eine wirkliche Möglichkeit der Hilfe liegt. Das Aufarbeiten unterbewußter Konflikte, die psychisch belasten, aber nur signalhaft in Träumen, Fehlhandlungen, Phobien u. ä. sich ankündigen, kann entlastend und damit heilend sein. Voraussetzung dafür ist aber, daß auch der Wille für eine Heilung und damit die Bereitschaft zu offener Mitarbeit gegeben ist: Therapien, die nur unter äußerem Druck in Angriff genommen werden, sind nach aller Regel fruchtlos. Auch hier ist also der persönlich zu erbringende Gesundungswille von primärer Wichtigkeit und die ethische Motivation entsprechend bedeutsam, allerdings nicht in der falschen Hoffnung einer totalen Machbarkeit: Auch psychisch bleiben die jedem Menschen angeborenen Begrenzungen und Schwächen, mit denen er zu leben lernen muß; die Idee einer totalen Heilbarkeit gehört in den Bereich jener Ideologien, die gerade hier für einen Patienten zerstörerisch werden können.

Einen ganz andern Bereich der Heilung von psychischen Verzerrungen stellt dagegen der freilich gewissen psychologischen Theorien gegenläufige, bewußte und freie Verzicht auf Triebbefriedigung dar, um aus der Distanz zu neuer und freier Ordnung zu finden. Was christliches Denken unter dem Stichwort der *„Askese"* jahrhundertelang und (trotz aller Übertreibungen und Auswüchse) fruchtbar prägte, beginnt heute neu entdeckt zu werden (z. B. „Heilfasten" aus östlicher Tradition). Dennoch stellt sich die Frage, ob die Betonung von Selbstzucht und damit verbunden von Selbstverleugnung nicht masochistische Züge aufweise und Neurosen fördere. Obwohl dem ganzen Neuen Testament entsprechend Jesus zu solcher Selbstverleugnung aufrief, fragen sich daher auch manche Christen gerade auch angesichts der modernen psychologischen Strömungen, ob nicht die Annahme seiner selbst, statt Selbstüberwindung vom Menschen gefordert sei.

Um hier die richtige Perspektive zu behalten, muß man freilich zunächst bedenken, daß die Predigt Jesu anders als manche zeitgenössischen Bußpredigten nicht primär einer mehr oder weniger stoischen Selbstverleugnung galt, sondern der Ankunft des Reiches Gottes, worin eben auch eine psychische Unausgeglichenheit als egoistische Ichfixierung überwunden wird. Dazu soll der Mensch sich eigengestalterisch auch der Einübung einer Beschränkung seiner Bedürfnisse stellen, also „Askese" üben. Dies haben die Menschen eigentlich spontan stets gewußt. Die zumeist mit irgendwelchen Entbehrungen und Prüfungen verbundenen Initiationsriten der Naturvölker zeigen mit aller wünschbaren Deutlichkeit: im vollen Sinn ein erwachsener Mensch ist erst der, welcher seine spontanen Regungen und Bedürfnisse zu beherrschen weiß.

Was sich so bei Naturvölkern findet, hat sich aber auch in Hochkulturen gehalten, in der erwähnten antiken Stoa, im japanischen Samurai-Ethos oder (und dort besonders hochstehend) im indischen „Satyagraha", jener Selbstzucht, die sich unbedingt am gewaltlosen Festhalten von Gerechtigkeit und Wahrheit ausrichtet und schließlich, wie gleich noch zu zeigen sein wird, vor allem auch in der christlichen Spiritualität. – „Autorität (und dies heißt hier wesentlich auch Persönlichkeit) ist nur aszetisch zu garantieren", meint in diesem Sinn zutreffend der Zeitkritiker und Dichter Hugo Ball, denn Autorität und Persönlichkeit meinen ja eben nicht zunächst Macht über andere, sondern Macht über sich selber. – Wie sehr dieser eingeübte, u. U. auch zu gewissen Verzichten auf Bequemlichkeiten bereite Umgang mit den Ressourcen dieser Welt zu einem ethischen Existenzproblem der Menschheit zu werden beginnt, braucht eigentlich kaum mehr besonders hervorgehoben zu werden. Denn ein distanzierter Umgang mit den materiellen Gütern, ohne in neurotische Frustrationen zu fallen, gehört zu den epochal unerläßlichen Aufgaben einer wirklichkeitsgerechten Psychohygiene.

3. *Bildung der geistig-intellektuellen Fähigkeiten*

Die gesamtpersönliche Dimension

Obwohl selbständig und nicht einfach dem geistig-intellektuellen Bereich untergeordnet, bedürfen die biologisch-körperliche wie die psychische Existenzdimension des Menschen der Hinordnung auf die intellektuellen-geistigen Fähigkeiten, welche dessen weitgehend fehlende Instinktsteuerung durch planendes Ordnen ersetzen und in den Bereich des reichen, aber ungeordneten Emotionalen Ziel und Richtung einbringen. Dabei müssen aber stets die Vernunft als synthetisch übergreifende und der analytisch begreifende Verstand miteinander zum Zug kommen. Dank dieser geistigen Fähigkeiten vermag der Mensch seine raum-zeitlichen Bindungen zu überschauen und über die momentanen Bedürfnisse hinaus auf langfristige Zielsetzungen hin auszurichten. Ebenso vermag er das Erfahrungsgut früherer Generationen zu übernehmen und an seine Bedürfnisse anzupassen, ohne daß der ganze Erfahrungsprozeß wiederholt zu werden braucht. Erst dadurch wird er zu jenem geschichtlich-kulturellen Wesen, das der ganzen übrigen Welt seinen Stempel aufzudrücken vermochte.

Obwohl er als „biologisches Mängelwesen" (A. Gehlen) nur dank dieser intellektuellen Geistigkeit überhaupt überlebensfähig ist, sind diese Dimensionen von Verstand und Vernunft nicht als fester Bestand dem Menschen einfach mitgegeben. Sie sind also in keiner Weise mit einer Art Überinstinkt vergleichbar, sondern sie sind, wie der Mensch überhaupt, in dessen eigene Gestaltung und Entwicklung gestellt. Als Anlagen zur Ein-sicht (intus-legere) bedürfen sie der Bildung und Entfaltung und sind entsprechend auch der Gefahr möglicher Verkümmerung ausgesetzt.

Damit ist der Mensch aber nicht nur dank seiner geistigen Fähigkeiten ein seine ganze Existenz verantwortlich planendes Wesen, sondern er ist zugleich auch für die Gestaltung dieser Fähigkeiten ethisch mitverantwortlich, und zwar jeweils in dem seiner Persönlichkeitsentfaltung entsprechenden Maß: In der frühen Jugend weitgehend auf die Förderung durch andere angewiesen, hat er seine personale Entfaltung zunehmend selber an die Hand zu nehmen, und zwar in allen Bereichen dieser Geistigkeit, für das gesteuerte handwerkliche Können wie für das verstandesmäßige Erkennen und Organisieren, also für die Bereiche des im engeren Sinne „Lernbaren“. Es gilt dies aber noch in vermehrtem Maß für jene umfassenderen Fähigkeiten der Vernunft als Intellekt, d.h. für die Einsicht in personale und sachliche Zusammenhänge, aus denen ein persönlich-kritisches Urteil erwachsen kann, wie für den in einem technisierten, also überwiegend rational-intellektualistischen Zeitalter leicht verkümmernden Bereich des Gemüthaften, Schöpferischen, also des Künstlerisch-Musischen. Intellekt ist hier also in einer gesamtpersönlichen Verflechtung zu verstehen, wo das Musische den Intellekt belebt und ihn vor reiner Rezeptivität wie vor bloß technisch kalkulierbarer Effizienz-Rationalität bewahrt.

Neben der *Bildungsverantwortung,* die Menschen, vorab als Eltern für ihre Kinder, aber auch als politisch verantwortliche Bürger für das Bildungswesen in einer bestimmten Gesellschaft haben, besteht somit auch stets eine Verantwortlichkeit für die eigene Bildung und Fortbildung, die im Rahmen der Selbstverantwortung für die eigene Persönlichkeit, für ihre Entfaltung und Integrität eine zentrale Stelle einnimmt. Daß diese Verantwortung in Phasen besonders intensiver Persönlichkeitsfindung auch in besonderer Weise wahrgenommen werden muß, bedarf keiner eigenen Erklärung. Als Eigenverantwortlichkeit für den heranwachsenden Jugendlichen ist dies im allgemeinen ethischen Bewußtsein denn auch verankert, jedenfalls, was die in einer jeweiligen Gesellschaft zum Überleben und Existieren besonders gefragten Fähigkeiten betrifft. Ein gesellschaftliches Kontrollsystem über mehr oder weniger formelle Prüfungen, bzw. Sanktionen sorgt sogar meistens dafür, daß ein bestimmter Stand nicht unterschritten wird: Initiationsriten, die Mut und körperliche Belastbarkeit in primitiven Gesellschaften testen und eine entsprechende Bildung und Einübung voraussetzen, gehören ebenso dazu wie heutige Lehrabschluß- und Maturitätsprüfungen, die vor allem die in der modernen technisierten Welt geforderten Verstandesfähigkeiten und -fertigkeiten kontrollieren.

Diese in mancher Hinsicht nötige und daher selbstverständliche Bildungsverantwortung hat aber gerade in ihrer offensichtlichen Zweckmäßigkeit auch ihre ganz erheblichen Gefahren der Vereinseitigung. So sind es vor allem in unserer Gesellschaft die Werte des Gefühlsmäßigen und Schöpferischen, die zu kurz zu kommen drohen. Aber auch jene im engeren Sinn des Wortes intellektuellen Werte, deren praktischer Nutzen nicht direkt einsichtig ist, sondern die auf der Ebene der sog. Allgemeinbildung der Befähigung zu einem möglichst umfassenden persönlich-kritischen Urteil dienen, geraten leicht ins Hintertreffen. Ethische Selbstverantwortung für die Bildung der eigenen geistig-intellektuellen Fähigkeiten bedeutet daher wesentlich auch Kompensation in jenen Sektoren, die durch das gesellschaftliche Bildungs-Plansoll nicht oder nur unzureichend abgedeckt werden. Obwohl der berufliche Leistungsanspruch, besonders wenn er beim einzelnen mit entsprechenden Karriereambitionen verknüpft ist, dazu oft wenig oder keine Zeit zu lassen scheint, ist die entsprechende gesamtmenschlich-sittliche Verpflichtung um nichts geringer, im Gegenteil: wer sie verkümmern läßt, wird, um es in treffenden Schlagworten auszudrücken, nur allzu leicht zum Arbeitstier, zur Intelligenzbestie oder zum Fachidioten. Gerade der Christ müßte zudem in all diesen Belangen eine besonders wache Verpflichtung spüren, weil sein Menschenbild vom Partner und Ebenbild Gottes einer solchen einseitigen Verzweckung des Menschen entgegensteht. – Daß im Bereich einer breitangelegten Erwachsenenbildung heute auch die Kirchen einen beachtlichen Beitrag leisten, ergibt sich daher aus ihrem eigentlichen Verkündigungsauftrag, wie auch aus ihrer alten Bildungstradition, die der rationalistischen Verzweckung stets auszuweichen suchte.

Neben dieser Verantwortung für eine gesamtmenschliche Bildung aller Fähigkeiten, der körperlichen, wie der psychischen und geistig-intellektuellen gilt es aber auch und wegen der raschen gesellschaftlichen Veränderungen sogar zunehmend diejenige für die *Fortbildung* im eigenen Fachbereich wie oft diejenige zur spezialisierenden oder neu sich anpassenden *Weiterbildung* wahrzunehmen. Während sich die berufliche Fortbildung mehr und mehr institutionalisiert und als epochal unerläßlich auch gesellschaftlich als Forderung erhoben wird, ist dies, vor allem nach einer gewissen beruflich-sozialen Festigung für die Weiterbildung bedeutend weniger der Fall. Trotzdem scheinen wirtschaftliche Umschichtungen (wie z.B. im graphischen Gewerbe die Umstellung vom Blei- auf den Computersatz), wie auch persönliche Veränderungen (Krankheit u.ä.) die Bereitschaft zu solchen Umstellungen im eigenen Tätigkeitsbereich und damit die entsprechende geistige Flexibilität und Weiterbildungsbereitschaft immer unerläßlicher zu machen.

Ein besonders wichtiges Feld für eine zu erhaltende Bildungsbereitschaft mit entsprechender existentiell-persönlicher, geistiger Beweglichkeit stellt in unseren Gesellschaften zudem die Zeit der Pensionierung dar, wo der Mensch oft relativ früh aus dem beruflichen Leistungsbereich austreten muß und dann leicht vor einer inneren Leere steht, die in vielen Fällen (z. B. beim sog. Rentnertod) selbstzerstörerische Folgen zeitigt. Bildungsinitiativen helfen aber auch da erst, wenn eine entsprechende Weiterbildungsbereitschaft vorhanden ist, aus welcher dann neue, weniger verzweckte und oft gerade so gesellschaftlich ungemein nützliche persönliche Potentialitäten entfaltet werden. Es gilt daher, diese sittliche Verpflichtung zu einer Weiterbildung im Alter noch mehr zu wecken, besonders auch, um einem Zerfall der Persönlichkeit in die Versimpelung entgegenzutreten, was wiederum dem um die integrale personale Würde des Menschen bemühten Christen ein besonderes Anliegen zu sein hätte. Denn die dank medizinischen und hygienischen Fortschritten zunehmende Lebenserwartung erfordert auf der menschlich-personalen Ebene genauso die integrative Entfaltung, wie dies auch in früheren Lebensabschnitten der Fall war.

Verantwortlichkeit für eine umfassende Persönlichkeitsbildung ohne Vereinseitigungen, Verantwortlichkeit für eine angepaßte Fort- und vor allem Weiterbildung gehören so zu den individualethischen Persönlichkeitsverpflichtungen, nicht zuletzt, weil nur durch eine solche Bildungspflege der Mensch auch mitmenschlicher Partner werden und bleiben kann. Daß damit nicht bloß eine „kopflastige“ Verstandesbildung, sondern vor allem eine umfassende sog. Herzensbildung gemeint sein muß, wurde schon dargelegt, wie auch, daß dazu eine entsprechend kritische Einstellung dem gesellschaftlich vordergründigen Bildungsangebot gegenüber nötig ist.

Freizeitgestaltung

Wenn Herzensbildung als Element vollpersönlicher Entfaltung aber so im Zentrum der Eigenverantwortlichkeit steht und auch Bildung von ihrem Ursprung her (also dort, wo sie nicht rein zweckgebundene Ausbildung ist) zur Muße gehört, dann wird in diesem Zusammenhang schließlich auch das Moment der *Freizeit* als wesentliches zu nennen sein: Als besonders in den modernen Industrienationen zunehmend verfügbare Zeit dient sie zunächst natürlich der Entspannung und Erholung, dann auch der Erledigung nicht beruflicher, aber nötiger Arbeiten (Haushalt, Verwaltung von Familienangelegenheiten etc.). Darüberhinaus aber sollte diese Zeit der Persönlichkeitsentfaltung, der kritischen Bildung, dem schöpferischen Tun, dem erfüllend-mitmenschlichen Zusammensein, dem Spiel, der Feier, usw. dienen.

Gerade die christliche Ethik muß auf diese Dimensionen hinweisen, vor allem weil das Konsumangebot der sog. Freizeitindustrie, der Massenmedien, des Massensports, der Vergnügungs- und Reiseindustrie diese Momente einer selbständigen Gestaltung zu unterbinden und so Freizeit erneut zu verzwecken droht. Vor allem aber hat die Bildung in ihrem umfassenden Sinn ihren Lebensraum, sofern sie nicht ausbildungsbezogene Fortbildung ist, in der zunehmenden Freizeit. Ihr Ziel ist, wenigstens für ein christliches Glaubensverständnis, die Entfaltung des „zum Vollalter Christi" heranwachsenden Menschen. Ihr unterscheidendes Maß im Sinn einer wahren Kritik der Wahl und Entscheidung ist somit das umfassende Menschenbild der Bibel und nicht ein bloß modisch vorgegebener, von der öffentlichen Meinung und ihren Massenmedien gestützter „Typ". Konsumorientierte Leitbilder beständiger Jugendlichkeit, sportlicher Leistungsfähigkeit, sexueller Attraktivität und Potenz, Leistung und Karriere im Bereich von Beruf, Politik, Gesellschaft und Show-Business sind bloße Idole und dürfen also nicht allein im Vordergrund stehen.

Wenn ferner die reine berufliche, wirtschaftliche Leistung als den Menschen erfüllende Kategorie im Sinn einer puritanisch-liberalistischen Weltanschauung derzeit wohl im Abnehmen ist und die zumeist am Geld allein meßbare Leistung nicht mehr so unbedingt den Menschen als solchen bemißt, wie dies besonders bis in die Mitte des 20. Jahrhunderts der Fall war, so ist dennoch angesichts der Sachzwänge im gesellschaftlich-wirtschaftlichen Bereich mit der Gefahr einer solchen Leistungsverzweckung nach wie vor zu rechnen. Ziel umfassender Bildung kann daher nicht der bloß erfolgreiche Bürger einer Leistungsgesellschaft sein, und eben dies wäre unter ethischem Vorzeichen in der gesamten Bildungsarbeit sehr zu beachten, um nicht die eigentlich humanen Werte, nämlich etwa Dienstbereitschaft, Kameradschaft und engagierende, treue Partnerschaft, aber auch das spielerisch-schöpferische Tun, das nicht in Erfolg und Ruhm umgemünzt werden kann, verkümmern zu lassen.

Damit erweist sich jedoch der Mensch nicht nur für die Wahrnehmung seiner Bildung, sondern auch für seine Bildungsziele verantwortlich. D.h.: Er darf sich diese nicht einfach von der je gegebenen öffentlichen Meinung präsentieren lassen. Vielmehr müssen sie entsprechend seinem eigenen Selbstverständnis, d.h. von seinem Menschenbild herrühren. Dies aber verweist ihn notwendigerweise auf die eigenen weltanschaulichen Grundentscheidungen, d.h. in den Bereich der letzten und tiefsten Dimensionen der menschlichen Persönlichkeit, auf die geistlich-spirituelle Ebene, wo der Mensch mit den Fragen nach Grund und Sinn seiner Existenz konfrontiert wird.

4. Pflege der geistig-spirituellen Dimension

Einer technologisch weniger komplexen Zivilisation gehört die religiöse Dimension des Menschseins selbstverständlich zur menschlichen Selbstverwirklichung. Das Erlebnis eigener Endlichkeit und Begrenztheit ist viel zu deutlich, als daß die Wirklichkeit einer „Religio“, einer Rückbindung an ein Letztes und Absolutes fraglich werden kann. Auch ist es in einem solchen Zusammenhang, wie er von den der Natur näher verbundenen Völkern noch immer erlebt wird, undenkbar, Religion als Privatsache anzusehen. Die geistlich-spirituelle Dimension gehört hier zum Gemeinwesen und zum individuellen Lebensvollzug, wie sich dies noch rudimentär zwar im Brauch eines Thanksgiving Day (USA), eines Eidgenössischen Bettags usw. ausdrückt. Freilich so selbstverständlich, wie noch Gottfried Keller als zürcherischer Staatsschreiber seine Bettagsmandate abfassen konnte, gelingt es einem heutigen Menschen wohl kaum mehr: Danken, Büßen, Beten nach Maßgabe des Staates, das ist kaum mehr nachvollziehbar. Wenn sich staatliche Aufforderung zur besonderen Ruhe paart mit kirchlichen Bettagsmandaten, wenn kirchliche Leitung und staatliche Behörde so einig gehen, vermutet man ideologische Manipulationen durch das Machtestablishment oder zumindest eine Vorspiegelung falscher Tatsachen bzw. eine Einheit von

Staats- und Kirchenvolk, die es in unserer pluralistischen Gesellschaft nicht mehr gibt. Angeblich gemeinsames Beten und Danken kann so leicht Heuchelei bürgerlicher Wohlanständigkeit sein, alles andere jedenfalls als ein persönlich-verantwortetes Verhältnis des Menschen zu seinem Gott, das allein den tragfähigen Grund für den einzelnen wie für die Gemeinschaft abgeben könnte.

Aber noch ein Zweites macht unsicher: Kann der heutige Mensch überhaupt ehrlicherweise ein solches Gedächtnis der totalen Abhängigkeit von Gott bejahen, wenn der sonstige Alltag geprägt ist von menschlicher und technischer Selbständigkeit wie von planender Berechnung zur Bewältigung der Schwierigkeiten von Gegenwart und Zukunft.

Die Erfahrung eines solchen Unbehagens angesichts des gemeinschaftlichen Brauchs einer Pflege der spirituellen Dimension des Menschseins bringt so verschiedene Momente ins Gespräch, die offenbar für die integrale Selbstfindung der menschlichen Persönlichkeit von Belang sind. Beschaulichkeit, Selbstüberwindung, Sinnvertrauen dürften dabei die wesentlichsten sein.

Beschaulichkeit

Noch vor wenigen Jahren galt allerdings Beschaulichkeit als eine dem modernen, aktiver Weltgestaltung verpflichteten Menschen nicht angemessene Zumutung. Die Idee, gar ein Leben diesem Ziel zu widmen, exemplarisch und stellvertretend, konnte nicht anders als perverse Weltflucht interpretiert werden; für kontemplative Klöster fehlte jedes Verständnis, wenn sie nicht gar als sinnlose Schmarotzerei abgelehnt wurden. Dies hat sich aber in den letzten Jahren geändert; gerade der einst so gepriesene Aktivismus enthüllte seine innere Leere, das Unbehagen in der technischen Zivilisation und Kultur rief zunehmend nach Distanzierung von einzelnen wie von ganzen Gruppen. Offenbar hat die vor allem auf rationale Effizienz angelegte technisierte Kultur die religiös-spirituelle Dimension vernachlässigt, obwohl sie wie die andern genannten Dimensionen dem Menschen wesentlich zugehört und im eigenen Verkümmern die menschliche Person als ganze verkümmern läßt.

Aus ihrer Tradition hätten allerdings gerade die Christen, auch dort, wo dafür nur ein abschätziges Lächeln übrigblieb, für dieses

Moment eine besonders wache Aufmerksamkeit entfalten müssen, ging doch wirklich menschliche Weltgestaltung in einem umfassenden Sinn des Humanum immer wieder gerade von den klösterlichen Zentren der Beschaulichkeit aus, und immer wieder verband sich damit auch ein geistlicher Aufbruch mit aktivem Einsatz für die Vermenschlichung. Große, weltgestaltende Christen waren zumeist auch besonders gottverbundene, oft direkt mystisch begabte Menschen, wie dies für Thomas von Aquin, Katharina von Siena, Theresia von Avila, Ignatius von Loyola oder in unsern Tagen für einen Dag Hammarskjöld oder Johannes XXIII. zutrifft. Ja man kann die aktivistischen Aussagen geradezu umkehren und festhalten, daß die Entfaltung der übrigen menschlichen Dimensionen ohne religiös-beschauliche Gründung einseitig und letztlich, wie so manche Revolution der Neuzeit bitter lehrt, zerstörerisch zu werden droht. Denn Beschaulichkeit und Gott-Verbundenheit führen, wenigstens in einer christlichen Sicht, gerade nicht in die Privatisierung, sondern in die Mitmenschlichkeit, während deren Vernachlässigung zu einem allgemeinen Egoismus totaler Herrschaft zu tendieren scheint, weil offenbar darin leicht die eigene Endlichkeit selbstüberheblich vergessen wird. Unter diesen geschichtlichen Voraussetzungen erscheint dann der neuerliche Aufschwung von Meditation mehr als eine bloß modische Strömung. Er ist vielmehr ein symptomatisches Korrektiv, das gerade individual-ethisch-christlich sehr ernst genommen zu werden verdient, als eine „antiseptische und antidotische Funktion theozentrischer Mystik in unserer Zeit“ (A. Huxley).

Dies bedeutet jedoch, daß die persönliche Pflege eines Gebetslebens, der inneren Ruhe wie der gottesdienstlichen Feier wesentlich zu einer gesunden Persönlichkeit gehören, und zwar wesentlich von innen heraus und nicht etwa als eine zusätzliche von außen auferlegte Verpflichtung.

Gottesdienst

Insofern gehört gerade auch der regelmäßige Gottesdienst zu einer echten, mitmenschlichen Spiritualität, u.a. auch so, wie er sich in den christlichen Kirchen als Sonntagsgottesdienst eingebürgert hat, wie er aber heute als kirchenrechtliche Verpflichtung zugleich zunehmend in Frage gestellt wird. Zu einer kirchengesetzlichen Pflicht war diese Verpflichtung allerdings erst im Mittelalter geworden; erst im Rahmen der Reformbestimmungen des Konzils von Trient erhielt sie allgemeine Verbreitung, obwohl die Christen sich schon sehr früh am Auferstehungstag des Herrn zum gemeinsamen Gottesdienst trafen (Apg 20,7). Dennoch ist es seltsam, wenn der persönliche Akt einer ausdrücklichen Öffnung auf und Verbindung zu Gott durch ein kirchliches Gesetz gesichert werden muß. Daß sich aber der Mensch, gerade in der gehetzten Arbeitsweise der Fünf-Tage-Woche der hochorganisierten Industriegesellschaft, in seinen Erholungstagen eine ausdrückliche Zeit für Gott zu Besinnung und Dank in der Gemeinschaft reserviert, scheint nötiger denn je.

Also nicht eine äußere, gesetzliche Pflicht, sondern die innere Verpflichtung haben daher die Motivation zur gottesdienstlichen Feier abzugeben. Denn menschliche Freiheit ist wesentlich Bindung an Gott und Verantwortung für den Mitmenschen. Zwar müßte das ganze Tun des Menschen diese doppelte Beziehung ausdrücken, aber in der gemeinsamen Eucharistiefeier als der dankenden Gedächtnisfeier der Christen im Herrn, bis er wiederkommt, bündelt sie sich doch zum gemeinsamen, lebensprägenden Zeugnis. Von Zwang, auch nur im Sinn einer leidigen Pflicht zu einem halt auch noch geschuldeten Gottesdienst, dürfte dann eigentlich nie die Rede sein, trotz äußeren Formen der Ordnung und Regelmäßigkeit. Sind doch diese nur das notwendige menschlich-innerweltliche Gewand des Eigentlichen, nämlich der in Christus neu erschlossenen Gottes- und Heilsbeziehung, auf die sich der Mensch ausdrücklich und gemeinschaftlich besinnt im Gottesdienst als einer meditativen Distanz zum Getriebe des Alltags, wobei eine Rückbesinnung auf die Wurzeln des Religiösen, d. h. auf den eigenen Glaubensgrund immer auch eine gewisse Selbstdisziplin, ja Selbstübung, also erneut ein Stück Askese voraussetzt.

Selbstüberwindung und Askese

Askese, die schon auf der psychologischen Ebene des Triebhaushaltes und der Bedürfniskontrolle als unerläßlich erschien, steht christlich stets auch in einem spirituellen Zusammenhang, d.h. in der Dimension des „Gottesreiches“, bzw. der Überwindung von Selbstsucht und Stolz und dem stets noch wirksamen Hang dazu. Solche

Überwindung bedarf der Einübung (engl.: Training, griech.: Askese). Insofern beinhaltet Askese ohne jeden falschen, letztlich dann ebenfalls ungesunden, weil ich-bezogenen Masochismus, auch ein erhebliches Maß an Selbstverleugnung, in welcher sich der Mensch dem christlichen Anspruch der Liebe folgend ganz auf den andern ausrichtet und sich selber nicht einfach in sich, sondern im andern findet.

Askese als „Einübung“ hat also nichts zu tun mit einer Leibfeindlichkeit; sie ist auch nicht gegen eine auch von jeder Form von Altruismus vorausgesetzte Eigenliebe und Selbstentfaltung gerichtet. Vielmehr ist sie von einem gläubigen Realismus getragen, der um die eigene tendenzielle „Sündigkeit“ als Eigensucht weiß und in einer allgemein davon noch geprägten Welt nüchtern mit dem Risiko jeder echten Liebe, also mit deren möglichem Scheitern, d.h. mit der Kreuzesnachfolge rechnet und sich dafür auch persönlich bereit halten will. Große Christen aller Jahrhunderte, von Paulus bis Dag Hammarskjöld, haben immer um diese Notwendigkeit gewußt, obwohl in der Neuzeit die Idee notwendiger Aszese, wenn nicht in Verruf, so doch in Vergessenheit geraten ist. Verschiedene Faktoren (Leibfeindlichkeit, Ablehnung aller Werkgerechtigkeit, falsche Sublimierung, Konsummentalität usw.) mögen dazu beigetragen haben. Heute aber scheint in der neuen Öffnung für die Meditation die Idee einer Einübung, auch unter den Stichworten von Disziplin und Verzicht wieder größeres Verständnis zu finden, so daß die uralte, allgemein religiöse, wie vor allem auch biblische Idee der einzuübenden Selbstverleugnung eher wieder an Boden gewinnt, ohne daß dabei neurotische Leibfeindlichkeit und kriecherische Demut die gesunden Triebkräfte des Menschen bedrohen. Die Vollkommenheit, wie Jesus sie von seinen Jüngern fordert, kann jedenfalls ohne solche Selbstverleugnung im Bereich der spontanen Regungen denn auch gar nicht erreicht werden, weder für die Zielsetzungen der Haß- und Gewaltlosigkeit, noch für den Verzicht auf Ehescheidung oder ein durch weltlichen Richtspruch zu erlangendes Recht ist dies aller Erfahrung nach möglich. Denn Liebe im umfassenden Sinn des Evangeliums verlangt Einübung. Neue Formen spiritueller Einübung als eines „geistlichen Trainings“ oder aktueller „Askese“ (man denke etwa an „Wüstentage“, Nachtwallfahrten, Suppentage, Heilfasten usw.) gehören daher wesentlich zu den christlich verstandenen Forderungen einer existenzgerechten Individualethik, die körperliche, psychische wie religiös-spirituelle Dimensionen harmonisch zu umfassen sucht, um volles Menschsein, vor allem auch im Sinn einer von Ich-sucht befreiten, also wirklichen Erlösung, zu ermöglichen.

Daß solche Einübung nicht Selbstzweck ist, sondern Mittel, das stets auf seine Zweckgerichtetheit hin überprüft werden muß, versteht sich dann von selber, wie auch, daß sie nicht einfach aufoktroyiert oder erzwungen werden kann, wenn sie ihren personalen Sinn behalten soll. Ein ökologisch sozial-ethisch u. U. nötiger und daher gesetzlich erzwungener Konsumverzicht kann das personale Moment weder ersetzen, noch beibringen. Umso dringender ist daher der freie Entscheid dafür, sich im Sinn einer persönlichen Annahme der Aufforderung Jesu zu Umkehr und Buße, zur Abkehr von der Sünde und zur Überwindung der zerstörerisch egoistischen sog. „bösen Begierlichkeit" des Menschen anzuschließen. Denn wo immer der Mensch aus vermeintlich aufgeklärter Weltsicht diese Dimensionen möglicher Sünde glaubt bestreiten zu können, da wird er nicht etwa besonders frei, sondern öffnet dem latenten Egoismus geradezu die Tür und er bezahlt zumeist seine Illusion mit einer rücksichtslosen Herrschaft der je Stärkeren. Daher muß er stets neu lernen, sein eigenes Ich als Teil einer Gemeinschaft und als Geschöpf Gottes zu verstehen; er muß einsehen, und zwar nicht nur mit seiner Intelligenz, sondern in seiner ganzen existentiellen Einstellung, daß er nicht der unbedingte und absolute Mittelpunkt von Welt und Menschheit ist. Eben dazu wird er auch immer wieder lernen müssen, seine eigenen spontanen Bedürfnisse etwas zurückzustellen, nicht zuletzt, um sie auf ihre Berechtigung hin überhaupt überprüfen zu können und sich nicht an sich selber zu versklaven.

Das alles heißt aber, daß eine so verstandene Askese nicht gegen die Natur des Menschen geht, sondern daß gerade aus der Kenntnis seines Wesens und seines stets möglichen Hanges zu Selbstsucht und Egoismus ein gewisses Maß an Selbstverleugnung wirklich nötig ist. Große Menschen, vor allem auch unter den Christen, wie etwa die Heiligen der Kirche, aber auch sonst tiefe Menschen (man denke etwa an einen Mahatma Gandhi in Indien) haben um diese Tatsache stets genau gewußt und sich ihr auch gestellt.

Christliche Selbstverleugnung kann in der Nachfolge Christi aber noch weitergehen, gerade weil sich menschlicher Stolz und Egoismus in einen wahren Teufelskreis steigern und Gerechtigkeit und Liebe als gestaltende Mächte der menschlichen Gemeinschaft bis zur Wirkungslosigkeit hemmen können. Dieser Teufelskreis ist dann wohl nur aufzubrechen durch eine Selbstlosigkeit, die bis zur totalen Selbsthingabe gehen kann, also Kreuzesnachfolge Christi im vollen Sinn des Wortes fordert. Daß eine solche Bereitschaft und Lebenseinstellung nicht einfach selbstverständlich gewollt sein kann, sondern in kleinen Schritten von Selbstverleugnung auch eingeübt werden muß, braucht nach unseren bisherigen Überlegungen kaum eigens betont zu werden. Daß sie aber von Jesus für seine Jünger als Anspruch erhoben wurde, kann ebensowenig einem Zweifel unterliegen. Dies alles bedeutet nun freilich nicht, daß es nicht auch Fehlformen und Übertreibungen von Selbstverleugnungen geben kann und gab. Unfreiwilliger, womöglich aus bloßer Angst geübter Verzicht, der zudem vielleicht gar nicht offener Verzicht, sondern Unterdrückung menschlicher Regungen und Bedürfnisse war, kann zu Neurosen und Zwängen führen. Bloß äußere Unterordnung unter autoritäre Strukturen, die nicht als konstruktiv anerkannt, sondern nur geduldet sind, kann eine falsche Demut zeitigen, die Unterwürfigkeit, statt – dem eigentlichen Wortsinn entsprechend – Dienstbereitschaft ist. Dies ist als möglicher Mißbrauch zu beachten, der Notwendigkeit einer Einübung echter Selbstlosigkeit in Selbstverleugnung steht es deshalb nicht entgegen.

Glaube, Hoffnung und Liebe als Sinnvertrauen

Das in den letzten Jahren neu erwachte Verständnis, ja Bedürfnis nach Beschaulichkeit und Mystik, wie die ebenfalls neu entdeckte Dimension bewußter und freier Selbstbeschränkung bringen so genuin christliche Momente in der vollen Personwerdung zur Sprache, die in der geistesgeschichtlichen Entwicklung von Aufklärung, Säkularisierung und industrieller Technisierung zunehmend verloren schienen. Von neuem zeigt sich, wie sehr sie dem biblisch christlichen Denken und seiner Tradition zwar genuin verpflichtet zur vollen Entfaltung der menschlichen Persönlichkeit ganz allgemein gehören und so einleuchtende individual-ethische Forderungen darstellen. Hinter diesen Forderungen aber steht immer neu jene eine Frage, zu welcher Spiritualität, Meditation und Askese zwar den existentiellen Zugang erschließen, die sie aber noch nicht beantworten, nämlich die Sinnfrage der eigenen menschlichen Existenz überhaupt, die sich angesichts von Angst, Leid, Schuld und Tod dem Menschen, mit besonderer Dringlichkeit stellt, sofern er sie allerdings im Getriebe von Aktivität und Vergnügen nicht einfach verdrängt. Die Antwort auf diese Sinnfrage liegt allerdings nicht auf der Ebene der kontrollierten intellektuellen Erfahrung und Erkenntnis, auch nicht im psychischen Gespür und nicht in der Erfahrung von körperlicher Gesundheit und Kraft, so sehr sie sich in diesen Belangen mehr oder weniger deutlich schon ankündigt. Ohne einfach „machbar" zu sein, liegt sie vielmehr in einer persönlichen Existentialhaltung, die sich in einem, zwar nicht blinden, aber doch nie voll ausweisbaren Überantworten an einen letzten Grund bekundet, d. h. in dem, was die christliche Tradition mit der Haltung der theologalen Tugenden von *Glaube, Liebe und Hoffnung* ausdrückt (vgl. 1 Kor 13,13).

Alle drei dieser Haltungen bezeichnen unter leicht anderem Aspekt die bewußte und freie Hingabe des Menschen an Gott: *Glaube* als Vertrauen meint direkt diese hingebende Selbstüberantwortung, die sich in der eigenen Begrenztheit im je größeren Gott geborgen weiß, weshalb diese Sicht, auch von der Bibel so gern mit der Haltung des Kindes verglichen wird, was sich im Bereich von Weltanschauung und Lehre dann auch auf eine Übernahme von Wahrheit beziehen kann. *Hoffnung* meint diese Überantwortung hinsichtlich einer nie voll berechenbaren Zukunft, in der das Ziel der Erfüllung auch dann noch sicher festgehalten wird, wenn menschlich gesprochen, z. B. in Enttäuschung und Leid nichts mehr dafür zu sprechen scheint, während die *Liebe,* die erfüllend beglückende Dimension solcher Hingabe umschreibt. Deshalb redet Paulus dann auch von ihr als dem, was über Glaube und Hoffnung hinaus auch in der Ewigkeit der Schau Gottes bleibt. Hier erst wird Hingabe Erfüllung bedeuten, was freilich in Anbetracht der egoistischen Neigungen des Menschen nicht ohne Bewährung und Läuterung zu erreichen ist: Erst das Kreuz führt zur Verherrlichung in der Auferstehung.

Mit Recht betont jedoch die Bibel, vor allem das Neue Testament, wie wenig diese Glaubenshaltung einfach Eigenleistung des Menschen ist, sondern primär ermöglichende, schenkende Zusage Gottes an den Menschen. Aber wie bei jeder Gabe bedingt auch hier die Gabe zugleich die Aufgabe des Sich-Öffnens, der Pflege einer einmal übernommenen Haltung und vor allem deren tätigen Einsatz in der konkreten mitmenschlichen Wirklichkeit mit ihren Ansprüchen und Widerwärtigkeiten. Eben darin wird die spirituelle Glaubensdimension dann auch zur ethischen Verpflichtung in einem vollen und autonomen Menschsein. Antwort auf das Sinnangebot Gottes ist so zuerst Glaubenshaltung und Bekenntnis, zugleich aber auch tätiges Zeugnis. Dazu bedarf es der umfassend entfalteten Persönlichkeit mit ihren ebenfalls in die harmonische Entfaltung geforderten einzelnen existentialen Dimensionen.

Weder die einzelne Dimension, noch isoliert die einzelne Persönlichkeit ist jedoch Ziel der im Denken und Untersuchen notwendigerweise abstrakten, analysierenden ethischen Überlegung, sondern der konkrete gesamtmenschliche Vollzug.

5. *Aufbau einer integralen Persönlichkeit*

Wie jede Ethik und Moraltheologie haben auch diese individualethischen Überlegungen den Zweck, Entscheidungshilfen zu erarbeiten, indem sie deren Strukturen und Zielsetzungen in die kritische Reflexion heben. In den bisherigen Überlegungen waren es die Strukturen des Christen als eines menschlichen Individuums in seinen konstitutiven Dimensionen, die seine Persönlichkeit einerseits ausmachen, also das entscheidende Subjekt selber umschreiben, die andererseits aber auch und gleichzeitig in diesen Entscheiden daraufhin gestaltet werden müssen. Obwohl zum Entscheidungssubjekt gehörend sind sie folglich zugleich Objekt seines Entscheidens, weil der Mensch selbstgestaltende Freiheit ist.

Ziel dieser Überlegungen war es somit, einer in all ihren Existentialdimensionen entfalteten, integralen Persönlichkeit Richtpunkte für ihre Entwicklung zu geben, um die Voraussetzungen für eine „dynamisch entscheidende Persönlichkeit“ zu schaffen. Denn erst wo diese existentialen Grundfähigkeiten gepflegt, erhalten und entfaltet sind oder werden, kann auch das angestrebt werden, was in der traditionellen Ethik als „Tugendmitte“ bezeichnet wurde: die von Klugheit gelenkte maßvoll tapfere und vor allem gerechte Persönlichkeit, jene mitmenschliche Feinfühligkeit, die sich in Dienstbereitschaft, Dialogfähigkeit, Toleranz und Offenheit auch für Kritik äußert, aber auch Rücksicht, Ehrfurcht, Ehrlichkeit und Hilfsbereitschaft einschließt.

Dies jedoch setzt Selbsterkenntnis, Selbstbeherrschung und Selbstbesinnung voraus, Werte, die daher mehrfach genannt werden mußten. Ziel bleibt die personale Entscheidung zu verantworteter Lebensgestaltung nicht so sehr im individuellen Bereich, sondern vor allem hinsichtlich der Gestaltung echter lebenswerter Mitmenschlichkeit, die es nun näher zu bedenken gilt. Genau im Schnittpunkt zwischen individueller Selbstverwirklichung und mitmenschlich gemeinschaftlichem Lebensvollzug liegt denn auch die Gestaltung der beiden vom Einzelnen zur Gemeinschaft drängenden Grundtriebe des Menschen, nämlich des Geltungstriebes und des Geschlechtstriebes, d.h. die Gestaltung seiner Existenz im Beruf, der, gerade weil er sozial nützlich ist, dem Menschen auch Lebensunterhalt und Selbstwert sichert sowie vor allem auch die Gestaltung seiner Rolle als Geschlechtswesen.

II. Der Beruf als Ausdruck personaler Selbstverwirklichung im gemeinschaftlichen Bezug

Der Aufbau einer integralen menschlichen Persönlichkeit aktiviert alle existentiellen Dimensionen, die körperlichen, psychischen, intellektuellen und spirituellen. So sehr diese Person nun aber gerade auch als Ebenbild Gottes ein eigenständiges Wesen ist, so sehr ist sie doch zugleich auch Glied der menschlichen Gemeinschaft. Dies heißt aber, daß der Mensch gerade als eine in all ihren Fähigkeiten entfaltete Person in eine soziale Funktion und Rolle gefordert ist und erst von da her seine eigentliche Erfüllung findet. In ihr muß er gemäß seinem ihm zutiefst innewohnenden Geltungsbedürfnis seinen angemessenen „Ort“, seine passende „Rolle“ im gesamten sozialen „Spiel“ finden, um wirklich personal „jemand“ sein zu können.

Obwohl diese Rollen vielfältig sind und auch für ein und denselben Menschen etwa je nach Lebensalter verschiedene Formen annehmen können, so ist doch trotz aller zunehmenden Mobilität in den modernen Gesellschaften die berufliche Tätigkeit ein zentraler Ort solcher gemeinschaftsbezogener Selbstverwirklichung. Dies zeigt sich wohl besonders deutlich daran, wie auch in einer die Unterschiede unter den sozialen Schichten abbauenden Gesellschaft die berufliche Tätigkeit nicht nur den Lebensunterhalt ermöglicht, sondern auch den sozialen Status sichert. Arbeitslosigkeit verunsichert Betroffene entsprechend auch dort, wo die materiellen Belange durch Versicherungen ausreichend gewährleistet sind. Wie sich Selbstverwirklichung im sozialen Bezugsfeld daher ethisch zu verwirklichen hätte, kann an diesem zentralen Verwirklichungsfeld des Menschen besonders deutlich bedacht werden, und zwar hinsichtlich der Berufswahl wie hinsichtlich seiner Ausübung.

1. Die Berufswahl

Wenn eine ausgeglichene Selbstwerdung des einzelnen Menschen im sozialen Geflecht sozusagen seinen „Urberuf" darstellt, so gilt es, in der konkreten Berufswahl Möglichkeiten und Bedürfnisse der Gesellschaft mit Fähigkeiten und Bedürfnissen des Einzelnen in einen bestmöglichen Einklang zu bringen. Da es dafür wiederum und anders als bei sozialen Lebensformen im Tierreich, im Ameisenstaat oder in der Affenhorde, keine instinktgesteuerte und damit vorgegebene Harmonie gibt, handelt es sich gerade in einer hochdifferenzierten Industriegesellschaft um ein komplexes Problem, und so wird es kaum erstaunen, daß auch unter ethischem Aspekt nicht einfach Ideallösungen, sondern vor allem Optimierungen ins Auge gefaßt werden müssen. Tatsächlich sind eindeutige Begabungen, die einen bestimmten Beruf klar als *die* Berufung eines Menschen erweisen, die zudem noch den offensichtlichen Bedürfnissen einer Gesellschaft entsprächen, äußerst selten. Mag dies für gewisse soziale Berufe, wie etwa den Arzt oder Seelsorger noch annähernd zutreffen, so gilt es normalerweise, Eignung und Neigung des Einzelnen wie auch die heute teilweise rasch sich verändernden sozialen Bedürfnisse zusammen mit den unabänderlichen Sachzwängen sorgfältig gegeneinander abzuwägen, zumal die sog. offene moderne Gesellschaft, anders als die geschlossene Standesgesellschaft etwa des Mittelalters, kaum mehr feste Zuordnungen kennt, sondern eine freie Wahl und Konkurrenz oft sogar mehr als einmal im Leben mit all ihren Vorteilen und Belastungen bevorzugt. Unter diesen Voraussetzungen bleibt zwar die Berufswahl stets ein gewisses Wagnis, dessen Unsicherheiten aber bestmöglich zu minimieren so zur ethischen Pflicht wird, zumal eine solche Wahl unvermeidbar ist und das Aufschieben des Entscheides ebenfalls eine die Person bestimmende Wahl darstellt.

Dazu ist es als erstes unerläßlich, Eignung und Neigung eines Menschen zu klären und sie sorgfältig von Illusionen, bloßen Modetrends, von Selbstüberschätzung wie von falschen Minderwertigkeitsgefühlen zu reinigen, um von da aus die wirklich treibenden Motive (persönliche Erfüllung, Streben nach Reichtum, Ansehen und Status, persönliche Sicherheit, Dienst am Mitmenschen, Herrschaft usw.) beurteilen zu können. Das mitmenschlich klärende Gespräch, u. U. mit dem spezialisierten Fachmann (Berufsberatung), Möglichkeiten zur praktischen Abklärung (Schnupperlehren) sind dazu ebenso nötig und damit sittliches Erfordernis wie die Bereitschaft des Einzelnen zu Bildung, Anpassung, Durchhaltewille und nüchternem Urteil über sich selber wie über die objektiven Gegebenheiten.

Dabei hat der Christ Beruf stets auch in der Glaubensdimension der Berufung zur je eigenen Weltverwirklichung des evangelischen Liebesgebotes zu verstehen, also das Motiv des Dienstes vor dasjenige der eigenen Interessen zu stellen und in eben dieser alltäglichen Entscheidungswirklichkeit so die Heilsdimension zu erkennen und zu verwirklichen. Sachliche Information, Bereitschaft auch hier zur nüchternen Selbstbescheidung als Askese, Mut zum Wagnis, Durchhaltewillen verbunden mit der notwendigen Flexibilität sind die Eigenschaften, die in einer christlichen Gewissensbildung daher besonders zu pflegen wären, hinsichtlich der Berufswahl so gut wie hinsichtlich des Berufsvollzugs und die damit auch die diesbezüglichen ethischen Erfordernisse skizzieren.

2. Der Berufsvollzug

Was in der Berufswahl grundgelegt wurde, sollte sich in der folgenden Ausübung des Berufs als harmonische Ergänzung der gesellschaftlichen mit den individuellen Bedürfnissen bestätigen. Aber auch eine noch so sorgfältige Berufswahl kann angesichts der wesentlichen Veränderlichkeit aller Faktoren, sowohl der gesellschaftlichen wie derjenigen der sich entwickelnden individuellen Person nie als gesichert gelten. Zudem bilden in der modernen arbeitsteiligen Gesellschaft Leben und Beruf keine Einheit mehr; Arbeitsort und -zeit bilden eine eigene, nur allzu leicht vom übrigen Lebensvollzug abgehobene Dimension mit ihren eigenen Gesetzmäßigkeiten, der man sich gezwungenermaßen unterordnet, die aber zum „eigentlichen“ Leben und seinen Aufgaben in Spannung steht, was zu gegenseitiger Belastung führt. Den Beruf als Stand, der die Identität der ganzen Persönlichkeit prägt (bis hin zur stets getragenen Berufskleidung), gibt es dagegen kaum mehr, obwohl der berufliche Streß bis weit in den Freizeitbereich hinein nachwirkt.

Menschenwürdige Gestaltung

Erste ethische Aufgabe dürfte es daher sein, diesem Auseinanderklaffen von Existenzvollzug und Berufsausübung als einem gefährlichen Faktor der Entpersönlichung entgegenzuwirken durch Pflege der eigenen Einstellungen in Weiterbildung und Information, wie durch sozialethische Maßnahmen zur Förderung der persönlichen Beteiligung (Transparenz der Fertigungsprozesse, Mitverantwortung durch Partizipation in Mitbestimmung, Teamwork und Arbeitsklima usw.). Berufliche Flexibilität durch Weiterbildung und Spezialisierung fördern dabei nicht nur die Anpassungsfähigkeit und Karriere, sondern oft noch mehr und trotz des damit verbundenen zusätzlichen Aufwands Befriedigung und Freude an der eigenen Leistung, welche verhindern, daß die persönliche Arbeit auf die Stufe des bloßen, für den Verdienst eben unerläßlichen „Jobs“ absinkt. Daß dazu Berufsvereinigungen Ansporn und Hilfe, aber auch Schutz gegen ungerechte Ausbeutung einer solchen positiven Einstellung darstellen können, versteht sich. Vor allem aber gilt es, die motivierenden Zielwerte für die eigene berufliche Tätigkeit von den grundlegenden ethischen Idealen her unter Kontrolle zu behalten, wo dann statt der bloßen Leistungs- und Konsumsteigerung die personalen Werte einer erhöhten mitmenschlichen Lebensqualität dringend in den Vordergrund gerückt werden müßten, und zwar nicht zugunsten einer kleinen Elite und zu Lasten einer großen Masse, wie dies auf der Basis der Sklaverei etwa für die römische Spätantike geschah, sondern auf der Ebene einer die prinzipielle Gleichheit aller Menschen achtenden Gerechtigkeit.

Diese Sorge um eine dynamische Einheit von Leben und Beruf, die gerade dem modernen Menschen vorrangig aufgetragen ist, darf freilich nicht dazu führen, andere sittlich ebenfalls relevante Momente zu übersehen, so die Bemühungen um die menschenwürdige Gestaltung der Arbeitsplätze, um eine gerechte, soziale wie Leistungskomponenten berücksichtigende Entlöhnung, um ein gutes Arbeitsklima, die Sorge um eine faire Geschäftspraxis wie vor allem die Sicht vom Beruf als mitmenschlichem Dienst, was eigentlich Bereicherung auf Kosten Dritter zum vornherein ausschließen müßte. Auch wenn für all diese Belange der gute Wille des Einzelnen in den wenigsten Fällen ausreichen dürfte, um Gerechtigkeit und Menschlichkeit sicherzustellen, so ist doch das sittliche Bewußtsein um die Bedeutung dieser Belange verbunden mit einer Bereitschaft auch zum Verzicht von scheinbar wohlerworbenen Privilegien immer neu der Ansatz für Verbesserungen, die erst von da aus dann sozialethisch auf der politischen Ebene durchgesetzt werden können. Berufliches Verantwortungsbewußtsein darf daher gerade auch unter christlichem Vorzeichen diese weiteren Dimensionen keinesfalls privatistisch ausblenden, weil dafür aller Regel nach die jeweils ohnehin Schwächsten, heute vor allem die Dritt-Welt-Völker, zu zahlen hätten.

Verantwortlicher Vollzug

Angesichts der modernen hochkomplexen technischen Zivilisation ist ferner zu beachten, daß oft nur der Spezialist selber mögliche Gefährdungen und Belastungen für Umwelt und Menschheit abschätzen kann. Bis eine übergeordnete Instanz der öffentlichen Meinung oder des Staats sie bemerken, sind meist schon kaum mehr rückgängig zu machende Schäden entstanden. Dies bedingt, daß die beruflichen Fachleute selber in der Ausübung einer Tätigkeit wie vor allem auch in Wissenschaft und Forschung sich für ihr Vorgehen Regeln und Beschränkungen ausarbeiten und auferlegen. Auf den Gebieten etwa der biomedizinischen Forschung aber auch der Werbung sind in den letzten Jahren mehrere solche meist allerdings erst nationale Ehrenkodizes entstanden. Ihre Erarbeitung und ihre verbindliche Beachtung wird so aber zunehmend zu einer eigentlichen berufsethischen Pflicht. Denn erst im Rahmen solcher berufsspezifischen Regelungen ist es auch möglich, auf die je eigenen Bedürfnisse und Risiken bestimmter Berufsgattungen und ihrer Tätigkeiten angepaßt einzugehen, ohne sich in unübersichtlichen und damit wirkungslosen allgemeinen Regeln zu verlieren. Daß dazu christlich engagierte Berufsleute und ihre Verbände zu mitmenschlich kreativ-stimulativen wie zu wach kritischen Initiativen einmal mehr in besonderer Weise aufgerufen sind, versteht sich dann eigentlich von selbst.

All diese Hinweise auf die ethische Bedeutung der beruflichen Tätigkeit des Menschen hinsichtlich seiner gesellschaftlichen Stellung wie seiner individuellen Selbstwerdung sollten freilich nicht vergessen lassen, daß Arbeit und Beruf nicht das Leben allein ausmachen, nicht als einzige ihm Sinn geben. Wo dies trotzdem der Fall ist, liegt ebenfalls eine die Menschlichkeit gefährdende Vereinseitigung vor, der es um der Menschlichkeit als solcher willen, also aus ethischer Verpflichtung zu wehren gilt, einmal weil dadurch andere Werte, vor allem diejenigen der Familie wie auch anderer Lebensgemeinschaften, zu kurz kommen, dann aber auch, weil so ein Abbruch der beruflichen Tätigkeit (sei es durch konjunkturelle oder strukturelle Veränderungen in der Wirtschaft, sei es durch Krankheit oder Unfall oder sei es auch nur für die bei der gegenwärtigen Lebenserwartung durch die Sozialversicherungen vielerorts praktisch sicheren Jahre des Ruhestandes) den Lebenssinn schlechthin zu gefährden droht. Je nach individueller Eigenart und Möglichkeit sollte daher der Mensch sich neben seiner direkten beruflichen Tätigkeit, auch wenn diese noch so erfüllend ist, offen halten für andere Tätigkeiten und Engagements, die es ihm dann ermöglichen, seine Zeit und Fähigkeit und damit sich selber weiter sinnvoll in den Dienst der Gemeinschaft zu stellen. Daß dies freilich nicht in einem Augenblick bewerkstelligt werden kann, sondern im ganzen Lebensvollzug eingeübt sein will, versteht sich und ergibt so ebenfalls einen individual-ethischen Anstoß.

III. Das Individuum im partnerschaftlichen Bezug – die personale Gestaltung der Geschlechtlichkeit

1. Der Problemhorizont

Neben der Selbstbehauptung, die sich als Überleben- und Geltenwollen, also etwa in gesellschaftlich-politischem Engagement, vor allem aber in der beruflichen Tätigkeit ausdrückt und eine erste grundlegende Verwirklichungsform menschlicher Existenz darstellt, ist die Sexualität die zweite dynamische Wesenseigenheit des Menschen, die seine ganze Existenz durchzieht. Letztlich gibt es eben keine „Menschen", sondern nur Frauen und Männer. Auch wer in keiner Weise einem Pansexualismus anhängt und das psychische Verhalten allein aus sexuellen Ursächlichkeiten erklären will, wird nicht umhin können, die geschlechtliche Prägung jeder menschlichen Seinsäußerung zu sehen. Geschlechtlichkeit beschränkt sich damit in keiner Weise nur auf den körperlichen Bereich (und schon gar nicht bloß auf den Genitalbereich), sondern durchzieht alle existentiellen Bereiche, den psychischen, aber auch den intellektuell-geistlich-spirituellen Bereich. Vor allem aber ist sie, wie alle menschlichen Triebkräfte, nicht instinktgesteuert, sondern dem Menschen in seine eigene gestaltend-planende Organisation gegeben und damit zugleich sittlicher Auftrag. Diesen zu klären, seine menschenwürdige Entfaltungsrichtung aufzuzeigen, auf die jedem Trieb innewohnenden dynamisch aufbauenden, wie, wenn außer Kontrolle geraten, möglicherweise auch zerstörerischen Potenzen hinzuweisen, ist daher der Sinn jeder Sexualethik.

Eine christliche Sexualethik wird zudem versuchen, die ganze sexuelle Dynamik des Menschen im Licht des christlichen Menschenbildes bzw. einer erlösten Schöpfungsordnung zu sehen und zu vertiefen, ohne dabei die erheblichen kulturellen Unterschiede zu übersehen. Denn die Normen für das Sexualverhalten unterscheiden sich stark, obwohl dieses nie ohne Normen ist und keine Gesellschaft je das sexuelle Verhalten dem individuellen Belieben überließ.

Eine ins Konkrete reichende, allgemein menschliche Sexualmoral gibt es somit nicht; dennoch lassen sich in den verschiedenen Formen personalbezogenere oder bloß fortpflanzungsbezogene unterscheiden, wodurch sich unter Voraussetzung des ethischen Kriteriums der Personwürde eine ethisch bedeutsame Rang-Beurteilung versuchen läßt, die dann unter dem christlichen Menschenbild vom Ebenbild Gottes eine zusätzliche Dringlichkeit erhält. Dafür aber gilt es, zuerst genauer zu umschreiben, wie im christlich biblischen Horizont Geschlechtlichkeit verstanden wird, wie auch, zum besseren Verständnis der heutigen, innerkirchlichen Fragestellung, auf drei theologiegeschichtlich relevante Interpretationsmodelle kurz einzugehen.

Die biblische Sicht

Schon aus dem alttestamentlichen Schöpfungsbericht können als erstes für die Geschlechtlichkeit des Menschen drei wesentliche Gesichtspunkte festgehalten werden, nämlich einmal, daß die Differenzierung des Menschen in Mann und Frau schöpfungsmäßig gut ist und ihr Sinn und Auftrag, zweitens in der Ergänzung zu einem vollen und ganzen Menschsein liegt, wobei eine prinzipielle Gleichrangigkeit von Mann und Frau sich abzuzeichnen beginnt. Schließlich gilt drittens der Zeugungsfähigkeit, unabhängig von der Gott-Ebenbildlichkeit, ein eigenes Segenswort.

Dazu kommt noch, daß in der im AT sich entwickelnden Bundestheologie die eheliche Verbindung von Mann und Frau das Abbild des Gottesbundes unter den Menschen darstellt. Die Freude am Leiblichen, der Stolz auf zahlreiche Nachkommen und damit ein ungebrochenes Verhältnis zum Sexuellen bilden so den Grundtenor der alttestamentlichen Auffassung. Allerdings scheint in den Beziehungen zu andern Völkern mit Kultprostitution auch gleich ein Mißbrauch von Sexualität auf, der für das Volk als „kananäische Hurerei“ ebenfalls zur Versuchung zu werden droht und der so bei aller gesunden Bejahung eine gewisse Gebrochenheit in der Gefahr des stets möglichen Mißbrauchs ankündigt. So wird sexuelle Zucht zum Ausdruck von Glaubens- und Bundestreue des Volkes in heidnischer Umwelt, also zu einem Glaubensbekenntnis im Verhalten, wie es später auch im frühen Christentum zum Tragen kommt. Diese Eigenheit aber ist bei all ihrer Bedeutsamkeit nicht das Grundelement, sondern ein formativer Stempel, das „Specificum judaicumchristianum" in einer natürlich-menschlichen und durchaus bejahten Wirklichkeit.

Konkret ist diese zunächst geprägt von der patriarchalischen Ordnung der Nomadenvölker, wo unter der steten Gefährdung der Sippe das Moment der Fortpflanzung Vorrang hat: Kinderreichtum ist Zeichen des göttlichen Wohlwollens, bei Abraham wie bei Ijob. Es ehrt die Frau, deren Unfruchtbarkeit von Hanna, der Mutter Samuels, bis zu Elisabeth, der Mutter Johannes des Täufers, als besondere Belastung empfunden wird. Auf dieser Stufe ist die Frau auch noch weitgehend ein Gut des Mannes (vgl. Ex 20, 17 – Dekalog), die Polygamie (z. B. bei Abraham usw.) eine Selbstverständlichkeit. Mit der zunehmenden Seßhaftwerdung des Volkes, also dem Übergang vom Nomadentum zum Ackerbau, nimmt die Polygamie (ethnologisch erwartungsgemäß) ab, bleibt aber als Prestigepolygamie etwa der Könige noch problemlos. Mehr und mehr aber setzt sich die Monogamie durch und führt zu einem Ideal der Frau in der Weisheitsliteratur (vgl. den Lobpreis der Starken Frau in Spr. 31, 10ff), das so nur in einer monogamen Struktur denkbar ist.

Nimmt man diese Tatsachen zusammen, so läßt sich festhalten: Die der alttestamentlichen Entwicklung allgemein eigene Tendenz der personalisierenden Vermenschlichung des Ethos wird so auch an der Auffassung von der Geschlechtlichkeit und der Stellung der Frau besonders deutlich und ist daher offenbar als solche als gottgewollt zu verstehen. Während so etwa der Ehebruch ursprünglich ein Vergehen am Besitz des Nächsten war, wird er mehr und mehr zu einer Verletzung der Intimsphäre und der Abbildwirklichkeit des Gottesbundes. Parallel dazu läuft aber auch der Bruch mit mythischen und rituellen Ausdrucksmitteln für die Geschlechtlichkeit und deren Ethik in Polytheismus und Theogonie. Jahwe, der eine Schöpfer, will eine menschliche Ordnung in Partnerschaft und Fortpflanzung und trägt sie in seinem Bund mit dem Menschen. Nicht ein Ehebund von Göttern ist damit der ethische Archetyp, sondern der Bund Gottes mit den Menschen; seine eifersüchtige Treue ist Vorbild und Maß für den Ehebund, wie er als je schon schöpfungsmäßig gestifteter in Ausschließlichkeit und Treue zu vollziehen wäre.

Dieses Verständnis der Ehe in Einheit und Unauflöslichkeit, das seit den Propheten das jüdische Verständnis der Ehe als der gottgewollten Verwirklichungsform von Sexualität zunehmend auszeichnet, wird schließlich auch von Jesus übernommen, wenn er aus der Genesis-Aussage der ethischen Zuordnung folgert, daß der Mensch nicht trennen dürfe, was Gott verbunden habe (vgl. Mk 10,9). Erst diese Sicht, die über die Genesis hinaus die ganze alttestamentliche Entwicklung miteinbezieht, entspricht der Phase des angebrochenen Gottesreichs, so schwer sie den Zeitgenossen, auch den Jüngern, fallen mag. Von der Norm des Besitzes der Frau zur Partnerschaft, von der Sicherung der Nachkommenschaft (und damit der Weiterexistenz der Sippe) zu Liebe und Treue als eigenständigen Werten, geht die Entwicklung, die zunächst noch gestützt durch allerlei Reinheits-Vorschriften, sich auch davon frei macht und zum Wert der geschlechtlichen Zuordnung in der partnerschaftlichen Ehe vorstößt.

Die Sicht der christlichen Tradition

Allerdings hat sich im Verlauf der christlichen Geistesgeschichte diese grundlegend eigene Sicht der Bibel nicht durchweg und auch nicht ungetrübt weitervermittelt. Zeitliche Einflüsse haben Verengungen bewirkt, die z.T. über Jahrhunderte wirksam blieben. Besonders stark wirksam war dabei im westlichen Christentum vor allem die Sicht des Augustinus, wie sie sich aus seiner Lebensgeschichte, aus seiner konkreten geschichtlichen Umwelt, aber auch aus seiner großen theologischen Autorität ergibt: Selber geprägt von einer spätantiken, manichäisch-neuplatonischen Philosophie, vermag er deren dualistisches Menschenbild, in welchem alles Leibliche als Ausdruck des bösen Weltprinzips gilt, nicht völlig zu überwinden, so sehr er es theoretisch als Christ nach seiner Konversion ablehnt. So stellt er sich zwar gegen die Meinung der Theologen Origenes oder Gregor von Nyssa, daß Geschlechtsverkehr ein durch den Sündenfall in die Welt gekommenes, notwendiges Übel sei, und vertritt mit dem römischen Rechtslehrer Ulpian die Meinung, sofern Geschlechtsverkehr der Fortpflanzung diene, sei er sittlich gut. Entsprechend bestreitet er auch die Ansicht, daß die Ehe nur für Unvollkommene sei, wie dies die Manichäer und christliche Donatisten wie z.B. Tertullian vertraten, und sogar meinten, es gelte, auch das Zeugen von Nachkommen nach Kräften zu vermeiden. Auch hier verteidigt Augustinus zwar die Ehe als Institution zur Zeugung von Nachkommen; aber von seinem geistesgeschichtlichen Hintergrund her vermag er dennoch nicht, hier im Gegensatz etwa zu den sog. Pelagianern, sexuelle Lust als etwas Natürliches und damit Ernstes anzuerkennen.

Dagegen macht er vielmehr die erbsündliche Schädigung des Menschen geltend, die sich als böse Begierlichkeit (concupiscentia) gerade auch im Sexuellen und seiner Lust auswirke: Weil nämlich der Mensch im Paradies durch Ungehorsam gesündigt habe, gehorche ihm nun die Sexualität nicht mehr, und die Geschlechtsorgane seien seinem willentlichen Einfluß entzogen. Die sexuelle Lust gehöre somit zu der dem Geist entzogenen, ungeordneten Sinnlichkeit, die es daher wie eine Krankheit zu minimieren gelte. Berechtigt sei sie nur unter der dreifachen Bedingung von „proles, fides, sacramentum", d.h. aus dem Wunsch auf Nachkommen (proles), in der treuen Bereitschaft, den Geschlechtsverkehr dem Partner (v.a. zu seinem Schutz vor Ehebruch) zu gewähren, ihn aber nicht selber zu verlangen (fides) und um die unauflösliche Ehe als Abbild der Liebe Gottes (sacramentum) zu bewahren, wobei dies freilich am besten durch Enthaltsamkeit, also in der Vorwegnahme der rein geistigen „Paradiesesehe" geschehen würde. Hier werden somit Reste einer neuplatonisch-manichäischen Philosophie mit der christlichen Erbsündenlehre verquickt und die biblisch-semitische Sicht so verfälscht, daß bei allem Respekt der Scholastik vor der Tradition und vor allem vor Augustinus' Theologie ein Thomas von Aquin versuchen muß, diesen platonischen Dualismus zu überwinden.

Auch Thomas bleibt gegenüber der geschlechtlichen Lust, die nach Aristoteles die Vernunft „aufsauge", skeptisch, aber, wenn sie in der richtigen Absicht steht, also auf die Güter von „proles et fides" gerichtet ist, wird sie selber „richtig" und der eheliche Akt entsprechend „honestus", also sittlich gut (Sth II.II. 153,2c): Die Ehe ist an sich gut und damit auch alles, was notwendigerweise zu ihr gehört; Körperlichkeit, Sexualität und Lust sind da nicht sündhaft, eben weil sie im Dienst der gottgewollten Zeugung stehen, für welche „in der ganzen Natur" die Sexualität geschaffen sei (Sth. I.II. 94,2c), meint Thomas ausdrücklich, der im Gegensatz zu seinem Lehrer Albert und auch zu Bonaventura das Moment der Partnerschaft als Motiv im Begriff der Liebe (amor) ebenfalls nicht ganz übergeht. Nur gilt auch da die Partnerschaft nicht als Wert in sich, sondern steht ganz im Dienst der Familie und der Arterhaltung. Sexualität ist zwar nicht mehr ein Übel (Augustinus) und noch weniger Sünde (Leo d. Gr.), trotzdem bleibt sie auch hier eher toleriert als integriert, was einer gesunden Sexualethik im Sinn der biblischen Aussagen aber nicht zu genügen vermag.

Obwohl vereinzelt im Verlauf der Geschichte dennoch auch die sexuelle Lust als ein Wert gegolten hat (so neben Abälard bei Martin le Maistre oder John Major), brachte trotz aller systematischen Fragwürdigkeiten erst die jesuitische Aktmoral des 17. Jahrhunderts weitere Entwicklungen und zwar insofern sie nicht mehr direkt von der Zeugung sprach, sondern nur mehr die bewußte Vermeidung der Zeugung ausschloß.

Wo dieser Zweck nicht positiv ausgeschlossen ist, sondern wenigstens einschlußweise bejaht wird, ist auch gegen die Lust nichts einzuwenden. Von der ehelichen Liebe ist zwar auch hier noch immer nicht die Rede, aber zumindest steht die eheliche Sexualität so wieder ganz im Bereich des Sittlichen. Weitere Schritte zu einem integraleren Verständnis folgen dennoch erst im 20. Jahrhundert. So stellte die Eheenzyklika „Casti connubii" Pius' XI. von 1930 das ganze eheliche Leben unter die Norm der Liebe (DS 2232), und Pius XII. hält auf eine entsprechende Anfrage fest, daß auch jemand, der aus erbbiologischen Gründen keine Kinder zeugen sollte, heiraten und sexuellen Verkehr haben dürfe (AAS 43 (1951) 835 ff).

Damit ist die ausschließliche Begründung berechtigter Sexualität in der Fortpflanzung überwunden, und das II. Vatikanum kann die gegenseitige Liebe der Gatten und ihre partnerschaftliche Ergänzung zum ersten Ehezweck erklären (GS 49–51), womit die bloß „permissive" Motivation von Sexualität durch Fruchtbarkeit überwunden wird. Fortpflanzung bleibt zwar ein Motiv, das nicht einfach ausgeschlossen werden darf, eigentliches Motiv aber ist das typisch menschliche Element der Partnerschaft.

In diesem Sinn muß eine christliche Sexualethik über die geschichtlich bedingten Engführungen hinauswachsen und die Linie der Humanisierung und Personalisierung der Sexualität, die das biblische Ethos dynamisch trägt, wieder aufnehmen und weiterführen. D.h. es geht darum, Sexualität als leibliche wie ganzmenschliche Dimension zu bejahen, sie aber von einem „Leistungszwang" und rücksichtslosen Ausleben ebenso zu schützen und sie zugleich vor einer dem Menschen allgemein naheliegenden Tabuisierung zu bewahren. Denn weder Tabus noch zügellose Permissivität schützen vor dem sich verselbständigenden Trieb, sondern nur die dem Menschen eigene Selbstgestaltung, zu welcher Verantwortung (und damit Zucht) nicht weniger gehören als freudvolle Erfüllung in Partnerschaft. Die traditionelle christliche Moral wollte diese Herrschaft über das bloß Triebhafte sichern und wirkte dadurch (vorab in der dekadenten spätantiken Gesellschaft, wie Augustinus sie für seine Jugend beschreibt) humanisierend. Ihre Zielsetzung einer in der Ausschließlichkeit und Treue gründenden Ausfaltung der Sexualität in der monogamen, voll partnerschaftlichen Ehe, wie sie im neutestamentlichen Ideal vorgestellt wurde, allerdings unter Vermeidung jener repressiven, leibfeindlichen Elemente, gilt es daher durch die Erarbeitung einiger wesentlicher Kriterien zu klären und zu festigen.

Kriterien erfüllter Sexualität

Ausgangspunkt für solche Kriterien muß die geschlechtlich bedingte, feste und ausschließliche, also im vollen Sinn partnerschaftliche Zuordnung von Mann und Frau sein. Was diesbezüglich vom biblischen Ansatz her gegeben ist, gilt es über alle geschichtlichen Rückschläge hinweg zu entfalten, wobei diese Emanzipation beider Partner nicht Gleichmacherei oder Konkurrenz, sondern gegenseitige Achtung und Ergänzung bedeuten muß. Zu dieser personalen Sicht gehört aber auch, daß die Sexualität nicht als bloßes Akzidens der Person, sozusagen als körperliche Nebenerscheinung betrachtet wird, sondern daß sie vollpersonal integriert wird. Weder die Vernachlässigung des Sexuellen als „niederem Trieb", noch eine schrankenlose Triebbefriedigung vermögen daher der Forderung nach Integration zu genügen, sondern bleiben unterhalb des menschlichen Niveaus der leib-geistigen Person, die sich selbstgestaltend verantwortlich auf allen Ebenen ihrer Persönlichkeit zu realisieren hat. Entsprechend ist Sexualität denn auch in keiner Kultur einfach in die Beliebigkeit gestellt.

Dabei zeigen jedoch die Erkenntnisse moderner ethnologischer und sozialpsychologischer Forschung, daß diese Zielsetzungen von Partnerschaft in Gleichberechtigung, personaler Achtung und integriertem Glückstreben in einer Vielfalt konkreter Formen angestrebt werden können, ohne daß, wie ja auch schon die alttestamentliche Entwicklung deutlich macht, die Monogamie die einzige Form darstellen würde. Abweichungen dürften somit nicht schon von vornherein als Fehlformen, sondern u. U. auch einfach als entwicklungsbedingte kulturelle Etappen zu betrachten sein. So können theoretisch anerkannte und praktisch geltende Norm erheblich voneinander abweichen, ohne daß dieser latente Pluralismus schon einen gesellschaftlichen und rechtlichen Zerfall bedeuten würde. Wenn der amerikanische Sexualsoziologe A. Kinsey daraus allerdings den Schluß zieht, daß „jedes sexuelle Bedürfnis, das nicht nachweisbar sozial schädlich ist, auch ein Recht auf Befriedigung hat", dann ist ein solcher Schluß dennoch übereilt, weil die reine Tatsache eines Verhaltens ja noch nichts über dessen ethischen Wert besagt.

Trotzdem fanden aus solchen Erkenntnissen gewonnene ethische Schlüsse unter dem Stichwort „neue Moral" weite Verbreitung, wollte doch schon Kinsey „die Spannung zwischen Kultur und Natur und damit zwischen einem gesellschaftlichen Wertkonsens und der individuellen Beliebigkeit des Verhaltens als repressiven Unsinn kenntlich machen". Dies veranlaßte im Anschluß daran A. Comfort zu seinem „Plädoyer für eine menschenfreundliche Sexualmoral", in welchem er meint, es sei die größte negative Leistung des Christentums, die Sexualität zu einem Problem gemacht zu haben, während doch Geschlechtsverkehr und Orgasmus der „gesündeste und wichtigste Sport" und „Keuschheit genauso wenig eine Tugend wie Unterernährung" sei. Vom Ausschluß aller Lust in einer gewissen mehr platonisch als biblisch begründeten christlichen Tradition fällt man hier also ins gegenteilige Extrem der Lust als exklusivem ethischen Kriterium, wobei Comfort immerhin zwei „vernünftige" Normen als Grenzen anerkennt, nämlich erstens die Gefühle eines Menschen nicht rücksichtslos auszunutzen und ihn nicht mutwillig enttäuschenden Erfahrungen auszusetzen, und zweitens, unter keinen Umständen fahrlässig die Zeugung eines Kindes zu riskieren. Da die Monogamie zudem nur im Interesse der Nachkommenschaft zu befürworten ist, entfällt auch sie als tragendes Prinzip, denn schließlich könne man ja auch zwei Menschen lieben, ohne Vergleiche ziehen zu müssen.

Angesichts der Tatsache, daß auch in einer von Christen erwogenen sog. „Neuen Moral" die Idee einer von normativen Grenzen möglichst befreiten Sexualität teilweise Eingang gefunden hat, stellt sich dann freilich weniger die Frage nach der unbezweifelbaren Gültigkeit der eingrenzenden beiden Regeln, sondern diejenige nach dem Genügen eines solchen minimalen Sozialeudaimonismus angesichts des dem Menschen eigenen Hangs zu Übertreibung und egoistischer Rücksichtslosigkeit gerade auch im Bereich der Geschlechtlichkeit, an welchem eine personal-partnerschaftliche Zuordnung nur allzuleicht zugrunde geht. Neuere sozialpsychologische Erkenntnisse hinsichtlich eines für den Einzelnen oft ruinösen sexuellen Leistungszwanges, die Zunahme unkontrollierter Geschlechtskrankheiten und vor allem der Zerfall der Familie als einem Ort personaler Geborgenheit und Sinnerfahrung lassen dann auch an der Gültigkeit solcher sexualrevolutionärer Theorien allein schon von daher erhebliche Zweifel aufkommen.

Damit muß neben den oben genannten Kriterien für die menschenwürdige Gestaltung der Sexualität, also zu Partnerschaft in Gleichberechtigung und personal integriertem Glückstreben noch dasjenige einer langfristigen, d. h. lebenslänglichen Sicherung dieser Zielsetzungen hinzugefügt werden. Selbständigkeit der stets geschlechtlich bestimmten Persönlichkeit, Ermöglichung zu Liebesfähigkeit und Gemeinschaft wären von daher als individual-ethische Faktoren in partnerschaftlichen Zielsetzungen im Sinn der christlich biblischen Leitbilder zu nennen. Die Klammer, welche all diese Zielelemente jedoch erst zusammenhält, ist die partnerschaftliche Liebe im vollen Sinn der gegenseitigen Ermöglichung zu größtmöglicher personaler Entfaltung, die erst in der Hingabe an den Partner sich findet und nicht primär das eigene Glück sucht und dafür den Partner letztlich zum Mittel für das eigene Glück degradiert. Wo diese Liebe nicht als Grundkriterium genannt und beachtet wird, bleiben entgegen der Annahme der „neuen Moral" alle andern Zielsetzungen bloß Kriterien eines wohlverstandenen Eigeninteresses, welches Mitmenschlichkeit im vollen und schon gar in einem christlichen Sinn nur ungenügend ernst nimmt.

Dagegen wird eine christliche Sicht von Sexualität einerseits die Vereinseitigung der platonisch geprägten Eigentradition, also jede Leib- und Sexualfeindlichkeit, zu meiden haben, aber anderseits auch nicht einer bloß individualistisch emanzipatorischen Sexualbejahung das Wort reden, nicht zuletzt, weil sie in deren latentem Egoismus das letztlich stets selbstzerstörerische Moment der Sünde erkennt, wo der Mensch seine Abhängigkeiten leugnet und alles und gerade auch den Mitmenschen nur auf sich bezieht, statt sich seinem sozialen Wesen entsprechend, in Hingabe dem andern zu erschließen und gerade so sich zu finden. Sexualität bedeutet so Partnerschaft in Hingabe und eben darin personale Integration wie emanzipatorische Erfüllung als Glück. Daß dieses Verständnis dem „natürlichen" Hang des Menschen zum Egoismus entgegensteht, wird dann gerade der Christ, ohne deshalb in eine Leibfeindlichkeit zu verfallen, nicht übersehen dürfen.

Mustergültig dafür sind neben den Aussagen verschiedener regionaler Synoden vor allem auch diejenigen des II. Vatikanischen Konzils, wie sie sich unter kritischem Einbezug der humanwissenschaftlichen Ergebnisse aufdrängen und wo u.a. festgehalten wird, daß offensichtlich nicht jeder einzelne Geschlechtsakt direkt von einer Zeugungsabsicht getragen sein muß. Nur stellt sich dann die Frage, woher denn die Geschlechtlichkeit normiert werden soll. Das Konzil spricht einerseits vom „Licht des Evangeliums", von den „lichtvollen Prinzipien", was als zentrale Forderung des Evangeliums, die Liebe in sinnerfüllender menschlicher Existenz herausstellen will. Dabei ist allerdings nicht irgendeine Vorstellung von Liebe gefordert, sondern jene radikale Liebe, die in Christi Leben, Tod und Auferstehung sichtbar wurde. Nicht irgendein Lebenssinn ist angesprochen, sondern jener Sinn menschlichen Lebens, wie er uns in der Offenbarung Jesu Christi bezeugt ist. Liebe meint somit das Umfassende im menschlichen Vollzug, die transzendentale Dimension menschlicher Existenz. Dennoch ist Liebe nur menschlich, wenn sie sich verleiblicht, wenn sie sichtbaren, kategorialen Ausdruck erhält. Menschliche Geschlechtlichkeit steht deshalb unter der Norm der sich verleiblichenden Liebe, und ihre Strukturen sind daher in ihrer unterschiedlichen Sinntiefe geschlechtlicher Begegnung für eine ethische Beurteilung sorgfältig zu erheben und zu beachten.

2. Struktur und Anspruch menschlicher Geschlechtlichkeit

Menschliche Geschlechtlichkeit ist nie eine bloß biologische Wirklichkeit. Sie gewinnt ihre spezifische Bestimmtheit durch ihre Einordnung in das Gesamtgefüge der menschlichen Person. Phänomenologisch unterscheidet man allgemein drei Strukturebenen, von denen eine christliche Ethik auf Grund der Einheit der menschlichen Person fordert, daß sie sich nicht verselbständigen, sondern gegenseitig integrieren zur Liebe im vollen christlichen Sinn.

Die drei Strukturebenen

Unter dem Stichwort *„Sexus"* umfaßt eine erste Strukturebene so die spezifisch leibliche Komponente der Sexualität in ihren unmittelbar biologischen Funktionen. Sexus wird vornehmlich in den Sexualorganen und den „erogenen Zonen" empfunden, aber, einmal angeregt, durchdringt er den ganzen Menschen bis hinein in das Gefühlsleben und die Konzentrationsfähigkeit. Dabei ist der dem Menschen eigentümliche Sexus nicht wie beim Tier an bestimmte (Brunst-)Zeiten gebunden, sondern grundsätzlich jederzeit erregbar. Zudem eignet ihm eine überraschende, vom Willen der Person wenig beherrschbare Eigenständigkeit, die, wie die genannten Zeugnisse der Kirchenväter zeigen, seit je die Menschen besonders beschäftigte. Tatsächlich machen erst diese beiden Umstände Sexualität zu einem ethischen Problem, d.h. sie verlangen kulturelle und ethisch mitmenschliche Einschränkungen, die sich denn auch, soweit bekannt, bei allen Völkern finden.

Als solcher kennt der Sexualtrieb selbst keine personalen Zielsetzungen oder Teleologie. Er sucht wohl ein „Reizobjekt" und ist rein biologisch gesehen im Zusammenwirken mit einem andersgeschlechtlichen Partner prinzipiell auf Zeugung von Nachkommen hingeordnet. Aber als Sexualtrieb hat er dies „nicht im Sinn". Sein einziges unmittelbares Motiv ist die Triebbefriedigung, wobei der Partner als „Sexualobjekt" fast zur Bedeutungslosigkeit ohne personale Beziehung absinken kann. Dem Sexus genügt die Entladung, die Aufhebung der Spannung. Die Begehrlichkeit des Sexus wird am eigenen Körper gestillt und erreicht als solcher keine personale Sinntiefe.

Dies geschieht schon eher auf der Stufe des *„Eros“*, wo der Mensch aus der Spannung eigener Bedürftigkeit und möglicher Wesenserfüllung auf entsprechende Ergänzung hin lebt. Er sucht den andern, aber immer noch unter dem Aspekt des eigenen Bedürfnisses. Dabei sieht er zwar schon die „schöne Seele“, aber doch zuerst die Schönheit des Körpers. „Er ist geistiges Streben, und doch voll von sinnlicher Wahrnehmung abhängig und von sinnlichem Wohlgefallen getragen. Er verehrt das Du, aber er begehrt es für sich. Bei allem Wohlwollen, trotz der ganzen Fürsorglichkeit und Zärtlichkeit der geliebten Person gegenüber steht doch die eigene Beglückung und die Selbstentfaltung im Vordergrund“ (M. Müller). Eros ist im tiefsten also nicht altruistisch.

Während Eros aber früher in einem weiteren, sogar religiösen und künstlerischen Sinn verstanden wurde, hat die neuere Zeit ihn als Erotik auf die begehrende, geschlechtlich akzentuierte Liebe eingeengt. Streng genommen kommen aber im Eros wohl Seele, Sinne und Leib zum Schwingen, jedoch nicht der Sexus, die sexuelle Sphäre im engeren Sinn.

Tatsächlich setzt Eros nicht einmal unbedingt den körperlichen Geschlechtsunterschied voraus, sondern lediglich die Spannung zwischen den Geschlechtern, was die Kultur wie das gesellschaftliche Leben oder eine geistvolle Unterhaltung angenehm beleben und bereichern kann. Manche Phänomene des Eros kommen aber dem Sexus doch nahe, obwohl gerade der Eros eine untermenschliche, rein körperlich egozentrische Verselbständigung von Sexus verhüten kann. In Verbindung mit dem Sexus kann die naturhafte Kraft des Eros aber auch zur sinnlosen Leidenschaft entarten, die Geliebte wie Liebende vergewaltigt. D. h. der Eros als solcher bricht wohl die Schale des bedürftigen Individuums, aber er reicht von sich aus nicht über einen „Egoismus zu zweit“ hinaus; bei all seiner Bedeutsamkeit genügt er zu einer personalen Erfüllung folglich nicht.

Er bedarf der Ergänzung durch die *Philia*, die Freundschaft als einer personalen Ich-Du-Begegnung. Hier wird nun das Du um seiner selbst willen in sorgender Verantwortung bejaht. Philia verleiht so der Ich-Du-Gemeinschaft die Wir-Gestalt, wobei gemeinsame geistige Ziele, die von verschiedenen Richtungen her angestrebt werden, die Freundschaft zu festigen vermögen. Aber nicht nur gemeinsame Ideale verbinden, die Freundschaft entspringt dem

Kern der Persönlichkeit und zielt auf den Kern einer zweiten Persönlichkeit. Erst hier entsteht somit jene personale Bindung, die auch Krisen und Belastungen zu verkraften vermag (E. Fromm). Die körperliche Erscheinung, also Schönheit oder Häßlichkeit, kann ihre Bedeutung auf dieser Ebene weitgehend verlieren. Aber auch Philia als geistige Beziehung kann nicht isoliert existieren, auch sie verlangt einerseits nach Verleiblichung und soll andererseits jede Form der Verleiblichung, also auch die geschlechtliche Vereinigung, durchformen. Sie verlangt aber auch Stabilität, ohne die Glück als Erfüllung kaum gewährleistet ist und bedingt vor allem die Integration aller drei Ebenen.

Diese muß in der Personmitte im „Herzen" des Menschen erfolgen, in der ursprünglichen Einheit der Polarität von Leiblichkeit und Geistigkeit. Deshalb darf ethisch auch nicht einfach eine einseitige Unterordnung der Geschlechtlichkeit unter die leitende Vernunft betont werden, sondern ihre emotionale Integration in jene Mitte, wo Eros nicht nur zwischen Philia und Sexus, sondern als Vermittler zwischen beiden wirksam zu werden vermag. Dieser vollen personalen Verbundenheit verleiht Eros dann phantasievoll Ausdrucksmöglichkeiten bis hinein in den geschlechtlichen Bereich, so daß auch der Sexus „Sprache" der Liebe wird. Die spontanen Impulse des Sexus greift er auf und formt sie auf das Du der geliebten Person hin. „So werden in der Erosmitte Sexus und Eros von der personalen Liebe der Philia umfaßt. Die autonome Triebgestalt des Geschlechtsverlangens erlischt, ohne verdrängt zu werden, die Sehnsucht und spielerische Schönheit des Eros verliert das narzißtische Zurückgebogensein auf das eigene Ich und schafft jene frohe und gelöste Atmosphäre, in der die Philia der eigentliche Sinngrund der Geschlechtsgemeinschaft wird und eine ganzheitlich sich vertiefende Menschwerdung bereitet" (A. Klingl).

Freilich bleibt eine solche Integration ein Idealziel, das ethisch aber, für Mann und Frau verschieden akzentuiert stets neu Aufgabe bleibt, weil menschliche Liebe zwar stets gefährdet bleibt, vor allem aber je neu zu größerer Reife und Tiefe zu wachsen berufen ist.

Darauf besonders hinzuweisen, ist daher Aufgabe gerade auch einer christlichen Ethik, in der dem Evangelium eigenen Dimension der *Agape,* welche menschliche Liebe in ihrem Gottesbezug zu verstehen vermag. Denn in der gegenwärtigen Heilsordnung ist jede wahre Liebe, die die Person als solche bejaht, Agape („Ubi caritas et amor, Deus ibi est“). Doch auch diese radikale Liebe, die stets ein unverdientes Gnadengeschenk ist und in das Geheimnis Gottes hineinführt, muß wachsen und angehen gegen die große Gefahr allen menschlichen Liebens, gegen die Verflachung. Die Agape Christi, die am Kreuz bis ans Äußerste ging, stellt dagegen jedes menschliche Lieben immer wieder in die Bewährung und erzieht es zu jener Selbstlosigkeit in der zwischenmenschlichen Beziehung, die auch das „Kreuz“ der Mißverständnisse, des Unvermögens, des Mißlingens, und der Schuld, wie auch das phasenbedingte Zurücktreten des Sexus zu überdauern vermag und menschliche Endlichkeit und Schwäche auf die Vollendung in Agape auszurichten vermag.

Sinntiefen des Geschlechtsaktes als Zeichenhandlung

Wenn Sexualität sich so auch nie in der geschlechtlichen Begegnung erschöpft, so ist der Geschlechtsakt doch ein besonders dichtes Symbol gegenseitiger Liebe, bzw. eine sog. „Zeichenhandlung“. Daher wird, wo die Integration von Sexus, Eros und Philia gelingt, der Geschlechtsakt zum Ausdruck einer vielfältigen Sinndimension. D. h. er wird empfunden als *Symbol der Einheit* im Willen der Partner zu größtmöglicher Gemeinschaft, die in der Zeugung bzw. im Kind sogar eine neue personale Einheit entstehen läßt. Für diese neue Einheit kann die Urgeborgenheit bei Vater und Mutter aufgegeben werden im Blick auf die noch tiefere Einheit der Ehe, die im Geschlechtsakt immer wieder gesucht und erlebt wird. Doch nur, wo die Einheit im ganzen Leben angestrebt wird, kann der Geschlechtsakt ein wahrhaftiges Symbol der Einheit sein, was ihn neben den Vorformen von Händedruck, Kuß, Umarmung usw. zugleich zum intensivsten Ausdruck von *Treue* und gegenseitiger Hingabe machen sollte.

Durch die Geschlechtsgemeinschaft erschließen sich die Liebenden aber zugleich gegenseitig den intimsten Bereich ihrer Persönlichkeit. Darum ist der Geschlechtsakt im intensiven Sinn der Bibel ein Akt *gegenseitigen Erkennens,* und dieses gegenseitige Von-einander-Wissen kann nie mehr einfach zurückgenommen werden. Eine so verstandene Liebe wird daher immer in einem weiten Sinn fruchtbar sein; sie schafft auch den Raum, in dem die „schöpferische Verpflichtung" zum Kind wahrgenommen werden darf. Durch die Bejahung des Kindes verhelfen sich die Eltern jedoch auch selber zu einer neuen Weise ihrer Wesensverwirklichung, indem sie sich gegenseitig die Mutter- und Vaterschaft erschließen. – Weil er Liebesakt ist, vermag der Geschlechtsakt auch in den schöpferischen Dienst der Fruchtbarkeit zu treten. Aber auch umgekehrt gilt als Minimalforderung: wer den Geschlechtsakt vollzieht, übernimmt die volle Verantwortung für die möglichen Folgen, was hinsichtlich einer christlich verantworteten Ethik der Familienplanung und Empfängnisverhütung noch weiter zu bedenken sein wird.

Unabdingbare Voraussetzung für eine solche Sinnerfüllung des Geschlechtsaktes ist jedoch der gegenseitige Wille zur Bindung. Denn nur in einer gültigen Treuebindung können die Geschlechtspartner die volle Verantwortung füreinander übernehmen. Es entspricht so dem Wesen des Menschen und nicht einer äußerlichen Norm oder Autorität, daß man zuerst heiraten sollte, bevor man Geschlechtsverkehr hat, auch legt nicht nur die Sorge um das Kind die Monogamie nahe, sondern der volle Sinn des Geschlechtsaktes erfordert das, was mit „Ehe" in Ausschließlichkeit und Treue eigentlich gemeint ist.

Erst von hier her ist die Ehe dann auch als heilsgeschichtliches Zeichen (und von daher auch als Sakrament) der Liebe Gottes unter den Menschen zu verstehen: als Abbild des Gottesbundes im AT, als Verbindung Christi, des Hauptes mit der Kirche als seiner Braut im paulinischen Sinn und entsprechend der Theologie der Kirchenväter. Umgekehrt verhindert eine solche Sicht aber auch eine falsche Glorifizierung der Ehe, die auch und gerade als Zeichen der Erfüllung unter dem „eschatologischen Vorbehalt", d. h. in der noch nicht erfolgten Erfüllung des Gottesreiches steht und so zwar Ziele aufzeigt, die zwar je im Ansatz verwirklicht sind, aber stets neu zur besseren Verwirklichung rufen.

Entsprechend darf dann eine christliche Sexualethik auch nicht außer acht lassen, daß zu dieser ihrer Auffassung ein hohes Maß an sittlicher Feinfühligkeit aus einem anspruchsvollen Menschenbild heraus nötig ist, das so nicht ohne weiteres einsichtig ist, weil es durch die genannten geschichtlichen Fehlentwicklungen verdunkelt oder/und durch die triebhafte Sexualisierung der öffentlichen Meinung in den kommerziellen Konsumgesellschaften verschüttet sein kann. Daß dennoch jede christlich verantwortete Geschlechtserziehung von diesem Ehe- und Menschenbild aus zielgerichtet aufgebaut werden muß und sich nicht mit einer biologisch funktionalen Sexualkunde begnügen darf, ergibt sich folgerichtig daraus.

3. Defiziente Formen menschlicher Sexualität im heterosexuellen Bereich

Defizienz ist hier, wie aus den bisherigen Darlegungen klar geworden sein dürfte, im Hinblick auf das volle Ideal menschlicher Sexualverwirklichung in der Ehe ausgesagt. Defizienz meint damit nicht nur (und nicht einmal in erster Linie) Sünde als egoistische Verfallenheit an das eigene Ich, sondern ebenso (und vor allem) einen Mangel an größtmöglicher sozial offener Personalentfaltung, die objektiv sachlich, wie subjektiv nach bestem Wissen und Gewissen den Menschen ethisch in Pflicht nimmt. Defizienz meint aber umgekehrt immer auch ein wenigstens teilweises Glücken auf dem Weg auf dieses personale Ziel hin. Im Aufzeigen des Mangels geht es daher nicht eigentlich um diesen, sondern um den Aufbruch zum je besseren volleren Menschsein, zur je größeren Befreiung von einer letztlich stets frustrierenden Ich-Bezogenheit. Entgegen einem statisch-deontologischen Normdenken, das jeden solchen Mangel einheitlich als Unkeuschheit in schwerer Sünde zu beurteilen neigt, lehrt ein dynamisch-teleologisches Denken differenzierter zu urteilen. Gradmesser für eine solche Beurteilung ist dann, sogar einmal ganz abgesehen von der Zielnorm „Ehe", die personale Intensität der zwischenmenschlichen Bindung, die u. U. dem ehelichen Ideal fast gleichkommen kann (z. B. in einer informellen, aber festen, dauerhaften Bindung) oder, wie etwa bei der Prostitution, praktisch den Grenzwert Null erreicht.

Prostitution

Obwohl seit je bekannt und gelegentlich als Institution auch von großen Theologen, wie z. B. Thomas v. A., zwar sittlich abgelehnt, aber gesellschaftlich als zu tolerieren erklärt, ist die Prostitution als eine der übelsten Formen mitmenschlicher Ausbeutung immer wieder anzuprangern. Denn nicht nur wird hier Sexualität in jeder ihrer Zielsetzungen pervertiert, sondern vor allem wird hier ein Mensch gegen eine materielle Entschädigung zum reinen Mittel der Sexualbefriedigung reduziert, und dies erst noch unter dem Schein von Gerechtigkeit, weil „man ja bezahlt hat". Oft aus materieller Not oder auch aus irgendwelchen Milieuschädigungen zu solcher Ausbeutung gezwungen, gehen die davon Betroffenen denn auch innerlich häufig völlig zugrunde; die Suizid- wie die Verbrechensrate ist im „Milieu" entsprechend hoch. Dennoch ist, und darin sah wohl schon Thomas richtig, diesem gesellschaftlichen Übel mit gesetzlichen Zwangsmaßnahmen offensichtlich nicht beizukommen. Auf sozial-gesellschaftlicher Ebene bleiben so nur Rahmenbestimmungen, z.B. Gesundheitsschutz-Kontrolle, Rehabilitierungsprogramme und vor allem präventive Vorkehrungen in der Bekämpfung sozialer Not, die Menschen immer neu in die Prostitution zwingt, als Gegenmaßnahmen. In der öffentlichen Meinung, wo der gelegentliche Verkehr mit einer Dirne noch immer vielerorts als eine Art Kavaliersdelikt gilt, in welchem vor allem der ledige Mann seine Männlichkeit unter Beweis stellen könne, gilt es ferner diesen als das, was er eben ist, zu denunzieren: als brutale Ausbeutung des Menschen durch den Menschen, und zwar in übelster Form.

Promiskuität

Als Sexualität mit häufig und beliebig wechselnden Partnern ist sie äußerlich von der Prostitution oft kaum zu unterscheiden, dennoch ist sie unter sittlichem Aspekt etwas wesentlich anderes, indem das Verhältnis, obwohl meist auf die rein körperlich-trieblichen Belange reduziert, trotzdem auf Gegenseitigkeit beruht, sei es in einer Sexkommune mit wechselnden Paargruppierungen, sei es aus der Zufälligkeit von Vergnügungsanlässen. Aus gynäkologisch-medizinischer Sicht steigern sich aber dennoch in dieser lockeren, momentanen Form sexueller Beziehungen jene Nachteile, die auch allgemein für den beliebigen außerehelichen Verkehr gelten, nämlich:

Die vielen Sexualpartner prägen und fixieren einen Menschen so, daß er sich nur noch schwer an einen festen Partner gewöhnen kann. Die Unstabilität in einem so zentralen Lebensbereich wie der Sexualität beeinträchtigt zugleich eine sonst stabile Personwerdung in Beruf und anderen Lebensbereichen, ganz abgesehen vom Aufwand an Zeit und Geld, die sie kostet, sowie der Einschränkung für andere kulturelle und körperliche Entfaltungen. Alsdann nimmt die Gefahr der Übertragung von Geschlechtskrankheiten erheblich zu und die Flüchtigkeit der Beziehungen läßt jede Verantwortung hinsichtlich einer möglichen Schwangerschaft vermissen. Ferner scheint der Partner prinzipiell als auswechsel- und ersetzbar. Eine auch psychisch tragende Bindung kann später nur mehr schwer aufgebaut werden; daß die Sexualität des Menschen als partnerschaftliche Größe auch Verantwortung und Verpflichtung bedingt, wird vergessen und Sexualität wieder auf die bloß körperlichen Dimensionen reduziert, was sogar zu einer derartigen personalen Verwahrlosung führen kann, daß es zu einem Abgleiten in die Prostitution kommt. So sehr durch solchen Verkehr u. U. eine falsche Sexualangst abgebaut und eine gewisse Bestätigung der Geschlechtsrolle aufgebaut werden kann, führt eine solche Selbstbestätigung daher leicht in einen personzerstörenden sexuellen Leistungszwang.

Nimmt man diese aus der medizinischen Praxiserfahrung feststehenden Nachteile zusammen, ergeben sich die ablehnenden sittlichen Konsequenzen deutlich. Denn entgegen einer von neomarxistischer Seite (W. Reich, H. Marcuse, A. Plack u. a.) gelegentlich geäußerten Meinung, führt solche Promiskuität gerade nicht zu personaler Befreiung, sondern in andere Zwänge, die im Extremfall sogar zerstörerisch für den Aufbau einer Person werden können, ganz abgesehen davon, daß die Sexualität in ihrem spezifisch menschlichen Bereich des personellen Ausdrucks hier kaum zum Tragen kommen kann.

Ehebruch

Obwohl die biblisch-alttestamentliche Ablehnung der Prostitution in besonderer Weise die Kultprostitution und damit den darin eingeschlossenen Glaubensabfall im Auge hat, und obwohl die dekalogische Ablehnung des Ehebruchs vorab den Eingriff in den Besitzstand des andern Mannes betrifft, zeigt schon die ganze alttestamentliche Entwicklung, wie sehr Sexualität in die Ehe eingewiesen ist und wie sehr diese zunehmend personal-partnerschaftlich verstanden wird. Entsprechend ist dann auch die Ablehnung des Ehebruchs nicht einfach ein sozialer Ordnungsfaktor, sondern, wie Jesus unter Bezugnahme auf die Schöpfungsordnung deutlich macht, durchaus im Vergleich zu dieser vollen Dimension der personerfüllenden Partnerschaft zu sehen. Die Bewertung, daß das Ausstellen eines Scheidebriefs nur auf Grund der Herzenshärte überhaupt möglich war (Mt 19,3–7; Mt 5,31; Mk 10,2–91), zeigt dies deutlich genug. Die entsprechende Gegenauffassung, die monogame Ehe stelle die Grundform raffinierter Triebunterdrückung dar und sei daher für eine wirkliche Emanzipation endlich zu überwinden (vgl. A. Plack), kann so nur als widersprüchlich zur biblischen Sicht gesehen werden. Hier bleibt Ehebruch ein Bruch personaler Treue auch dann, wenn die Sexualität in einer partnerschaftlichen Ehe umständehalber (Krankheit, berufsbedingte Abwesenheit u. ä.) genital nicht realisierbar ist. Dies bedeutet allerdings, wie es die Toleranz-Praxis der orthodoxen Kirchen zeigt, noch nicht, daß beim Zerfallen einer ehelichen Bindung jede neue sexuelle Bindung prinzipiell einfach als dauernder Ehebruch ohne jede Möglichkeit zu Reue, Buße und Neuanfang gelten muß. Wohl aber ist eindeutig klar, daß eine leichtfertige Annahme ehelicher Zerrüttung mit rascher Scheidung und Wiederheirat der Sittlichkeit widerspricht und einer legalisierten Ehebruchspraxis oft sehr nahe kommt, bzw. daß der Ehebruch als solcher dem biblischen und letztlich auch menschlichen Ideal sexuellen Vollzugs nicht zu entsprechen vermag.

Vorehelicher Geschlechtsverkehr und Probeehe

Während, wenigstens unter Christen, über die moralische Beurteilung der bisher genannten Fehlformen (außer z. T. betreffend die aktuelle Scheidungspraxis) bzw. über ihre Defizienz keine wesentlichen Meinungsunterschiede festzustellen sind, ist hinsichtlich des vorehelichen Geschlechtsverkehrs mit einem festen, wenn auch nicht definitiven Partner in letzter Zeit offensichtlich eine Verschiebung eingetreten, die es zumindest nicht leicht macht, auch hier eine anspruchsvolle christliche Sicht zu vertreten. Äußere soziologische Gründe für diese Verschiebung sind einmal die vorab durch die berufliche Ausbildung verzögerte Möglichkeit zum Eheabschluß bei gleichzeitiger früherer Geschlechtsreife der Jugendlichen – also eine lange Zeitspanne, in welcher Sexualität nicht voll (d.h. mit Familiengründung) gelebt werden kann. So bedeutsam die Einübung von Selbstbeherrschung und Sublimierung in dieser Zeit nun auch ist, entstehen hier doch wesentliche Belastungen, während eine auf Sexualkonsum hin orientierte Öffentlichkeit (Reklame, Meinung etc.) zudem alle Werte einer solchen Zurückhaltung und Selbstdisziplin fraglich erscheinen läßt. Psychologische Ideologien liefern dazu oft einen theoretischen Überbau, der zugleich noch als Überreaktion auf frühere Verengungen zu verstehen ist.

Im Streß und Leistungszwang, die im öffentlichen und beruflichen Leben den Menschen voll in Beschlag nehmen, bildet zudem die Sphäre der Partnerschaft ein letztes Refugium der eigenen Privatheit, wo man sich von niemand hineinreden läßt. Solche Freiheit und Intimität sind als Zielbedürfnisse aber ernst zu nehmen, auch wenn man die daraus gezogenen Schlußfolgerungen nicht bejahen kann.

Klar ist unter diesen Voraussetzungen aber zunächst, daß es sich bei solchen vorehelichen Partnerbeziehungen um etwas anderes handelt als um eine bloße Form von Promiskuität und entsprechend muß auch die Beurteilung einer christlichen Ethik neu ansetzen. Denn obwohl die biblische Sicht Ehebruch und Dirnenwesen als eigentliche Formen der Unzucht klar verurteilt als etwas, was Gottes Schöpferwillen und einer Zugehörigkeit zu Christus unbedingt widerspricht, so läßt sich dasselbe für einen vorehelichen Verkehr im eben genannten Sinn nicht mit der gleichen Deutlichkeit sagen. Allerdings führt auch der Vergleich mit der jüdischen Verlobung nicht weiter. Denn diese von der Heimführung der Braut unterschiedene Zeremonie war in keiner Weise eine private Sache, sondern ein öffentlich-rechtlicher Akt, der einem eigentlichen Eheabschluß gleichkam. Entsprechend war denn auch der Geschlechtsverkehr zwischen Partnern nicht ausgeschlossen. Entstand daraus eine Schwangerschaft, war die Pflicht zur anschließenden Heimführung denn auch unbestritten. Entsprechend galt in dieser Zeit Verkehr mit einem andern Mann als Ehebruch, der theoretisch auch schon die Strafe der Steinigung hätte nach sich ziehen können, oder doch die Verstoßung der Braut zur Folge hatte. Man darf daher für die Zeit zwischen jüdischer Verlobung und Heimführung nicht mehr von einem vor-ehelichen Zustand reden; viel eher geht es um einen Eheabschluß in zwei Phasen, wie er auch bei vielen Völkern Afrikas üblich ist. In der Sicht des Neuen Testaments ist dann die Ehe so deutlich als menschliches Abbild der Bundestreue Gottes zu den Menschen und der unwiderruflichen Bindung Christi an seine Kirche verstanden, daß eine Verminderung dieses Eheideals durch die Billigung vorausgehender „eheähnlicher" Verhältnisse gar nicht in Erwägung gezogen wurde. Wo Menschen daher aus diesem christlichen Glaubensverständnis die Ehe verstehen als Abbild und Zeugnis der treuen Liebe Gottes zu den Menschen und in der Geschlechtlichkeit den spezifisch menschlichen Ausdruck und die Bestätigung dieses Ideals sehen, ist auch klar, daß nur der Geschlechtsverkehr in der Ehe als der vor und in der Kirche bestätigten, partnerschaftlichen, lebenslangen und ausschließlichen Verbindung zweier Menschen seinen vollen und eigentlichen Sinn hat. Voreheliche Verhältnisse entsprechen somit trotz aller Gegenseitigkeit und personalen Liebe der Partner noch nicht voll dem christlichen biblischen Ideal.

Aus dieser Sicht ist denn auch die heute oft aufgeworfene Frage der sog. *Probeehe* oder der zunehmenden sog. „Ehen ohne Trauschein" zu beurteilen. Sie ist letztlich stets eine Bindung auf Zusehen hin, die des wesentlichen Elements der unbedingten Treue entbehrt. Zudem läßt sich gerade diese gegenseitige feste Treue ohnehin nicht ausprobieren. Ob zwei Partner äußerlich, körperlich und gemütsmäßig ungefähr zueinander passen, läßt sich vielleicht in einer Probeehe herausfinden (erfahrene Ärzte zweifeln zwar auch daran), die eigentlich menschliche Dimension kann aber nur im definitiven Entscheid erreicht und je neu eingeübt werden. Theologisch ist so die Ehe als der „eigentliche Ort" der Verwirklichung menschlicher Geschlechtlichkeit und Partnerschaft zu bezeichnen und jede andere Form als eine Verkürzung der vollen Wirklichkeit zu bewerten, in welchen vor allem auch die Dimension der Ehe als Abbild und Zeugnis für die treue Liebe Gottes zu den Menschen verlorengeht. Dies bedeutet allerdings nicht, daß unter dem Druck der öffentlichen Meinung, wie sie in Reklame und Massenmedien verbreitet wird, bei manchen Menschen das Verständnis für diese Ideale leider schon so verschüttet sein kann, daß sie meinen, mit ihren Ansichten über Probeehe, Ehe auf Zeit usw. völlig im Recht zu sein. Es bedeutet aber noch viel weniger, daß die christliche Verkündigung darauf verzichten könnte, „gelegen oder ungelegen" ihr eigentliches Eheideal zu vertreten.

Sozialethisch bedingt dies dann freilich, daß das Interesse, das Gesellschaft und Staat für ihr eigenes Fortbestehen an der Familie und daher an festen Ehen haben, sich auch in entsprechenden gesetzgeberischen Maßnahmen ausdrückt und z. B. die Ehen gegenüber ehe-ähnlichen Verbindungen steuerrechtlich nicht benachteiligt werden, bzw. überhaupt ein ehe- und familienfreundliches Klima gefördert wird.

Solcher Förderung dient aber auch der öffentlich-rechtliche, wie der kirchlich-sakramentale, zeugnishafte Eheabschluß. Wie völkerkundliche Untersuchungen zeigen, hat der Eheabschluß denn auch bei allen Völkern stets irgendwie öffentlichen Charakter. So sehr nämlich die Eheschließung die beiden Partner persönlich betrifft, so sehr ist zugleich auch die Stammes- oder Volksgemeinschaft davon betroffen und gegebenenfalls auch in die Verantwortlichkeit (etwa für Witwen und Waisen) mit einbezogen. Zwar ist dies alles in der Anonymität der modernen Massengesellschaft weit weniger durchsichtig als in ursprünglichen Stammes- oder auch noch Dorfgemeinschaften. Weniger bedeutsam ist diese soziale Dimension, die sich in der standesamtlichen Trauung ausdrückt, dennoch keineswegs, einmal ganz abgesehen davon, was aller Erfahrung nach der Einzelne durch eine solche öffentliche Bekräftigung seiner Ehe an innerer Sicherheit und Freiheit gewinnt. Wenn seinerzeit die Kirche, vor allem im ausgehenden Mittelalter, den öffentlichen Eheabschluß im heutigen Sinn förderte, so geschah dies, weil einerseits die damaligen staatlichen Verhältnisse es nicht erlaubten, eine wirksame Regelung vor allem über die Standesschranken hinaus direkt durchzusetzen, und weil andererseits die geheimen eheähnlichen Verhältnisse, die sog. „Clandestinehen", gerade für die Frau eine schwere Belastung darstellten. Wenn heute in einer pluralistischen Gesellschaft nun der Staat selber diese soziale Dimension der Ehe durch die standesamtliche Trauung wahrnimmt, ist dies aus dem Wesen der Ehe heraus sinnvoll, da diese, so sehr sie dem Privatbereich zugehört, ebenso von gemeinschaftlicher Tragweite ist.

Aus all diesen Überlegungen ergibt sich, immer unter Voraussetzung des christlich partnerschaftlichen Eheideals, daß für alle sexuellen Gemeinschaftsformen das sittliche Maß nur die ausschließliche, dauerhafte und partnerschaftliche Geschlechtsgemeinschaft sein kann. Von ihr her sind alle andern Formen teleologisch zu beurteilen. Dabei zeigt sich, daß die öffentlich-rechtlich in Kirche und Staat nicht gesicherten Bindungen von daher sehr differenziert zu beurteilen sind, auch wenn sie aus dem Mangel an öffentlicher Verpflichtung trotz aller Annäherung an das Ideal einer höheren Instabilität ausgesetzt sind. Andere heute diskutierte Formen von Geschlechtsgemeinschaft (z.B. Kommunen) dürften daher realistischerweise kaum einen Weg zu größerer Emanzipation darstellen; vielmehr führen sie meist zu größerer Verunsicherung, weil sich menschliche Freiheit erst in Bindung bewährt.

4. Homosexualität

Tatbestände, Begriffe, Formen

Homosexualität, also die auf das gleiche Geschlecht ausgerichtete Neigung und Triebrichtung mit den entsprechenden Verhaltensweisen und Ausdrucksgestalten, ist nicht nur bei Männern, sondern auch bei Frauen als sog. lesbische Liebe anzutreffen, wobei sich der Prozentsatz der Personen, die dauernd gleichgeschlechtlich ausgerichtet sind, auf ungefähr 4% der männlichen und gegen 1,5% der weiblichen Bevölkerung belaufen dürfte. Gleichgeschlechtliche Beziehungen umfassen einen weiten Fächer von Erlebnis- und Erscheinungsformen: dauerhaftes und dominierendes Gefühl der Anziehung seitens des gleichgeschlechtlichen Partners, prägenitale Formen der Befriedigung als lustbetontes Zusammensein, Betrachten u.ä. sowie genitale Formen der Befriedigung in verschiedenartigen Nachahmungen des Geschlechtsverkehrs. Allerdings sind homosexuelle oder homoerotische Verhaltensweisen durchaus nicht immer Äußerungen einer homosexuellen Grundneigung, wogegen der homosexuellen Grundneigung eine Erlebnisqualität zugrunde liegt, die in der Beziehung zum Menschen des gleichen Geschlechts auf körperliche Annäherung, Berührung und letztlich auf irgendeine Form körperlicher Vereinigung drängt.

Die Entstehung der Homosexualität ist umstritten. Weder biologische Entstehungshypothesen noch hormontheoretische, noch milieutheoretische Deutungen haben zu einem eindeutigen Ergebnis geführt. Es kann daher auch nicht entschieden werden, ob es sich bei der Homosexualität um eine anlagemäßige oder erworbene sexuelle Abweichung handelt, so daß es naheliegt, die Homosexualität nicht nach ihren Ursachen, sondern nach ihren unterschiedlichen Formen zu beschreiben. Folgende Einteilung hat sich dabei als zweckmäßig erwiesen:

Zur *Entwicklungshomosexualität* zählt man gleichgeschlechtliche Handlungen, zu denen es vereinzelt oder auch häufiger in den Entwicklungsjahren vor allem bei jungen Männern kommt, die sich dann im erwachsenen Alter heterosexuell verhalten. Dies ist die verbreitetste, aber auch flüchtigste Form gleichgeschlechtlichen Empfindens und Verhaltens. Das auf das gleiche Geschlecht ausgerichtete Verhalten dieser Gruppe entspringt nicht einer ausgeprägten gleichgeschlechtlichen Anziehung, es ist vielmehr das Ergebnis der besonderen körperlichen und seelischen Bedingungen der Altersstufe um die Pubertät. Als *pseudohomosexuell* bezeichnet man dagegen Menschen, die sich passiv zumeist aus materiellen Motiven zu gleichgeschlechtlichen Handlungen hingeben, ohne eigentlich selbst homosexuell zu empfinden. Die psychische Struktur solcher Menschen weist sehr oft narzißtische, egozentrische Züge auf, verbunden mit einer ausgesprochenen Bindungsunfähigkeit, wobei zumeist offen bleibt, was Ursache und was Wirkung ist. Ferner gibt es Menschen, die an sog. *Hemmungshomosexualität* leiden, d.h. die psychisch-seelisch abnorm, sozialisationsgestört oder neurotisch sind und sich vor dem fremden Geschlecht gehemmt und unreif fühlen. Sie sind in Entwicklung und Einstellung bei Beziehungen zu dem vertrauteren eigenen Geschlecht stehen geblieben, und nicht selten sind ihre zwischenmenschlichen Beziehungen auch in anderen Bereichen gestört. Diese Form der Homosexualität stellt ein besonders wichtiges Indikationsfeld für eine fachspezifische psychologische Hilfe dar.

Im Gegensatz zu all diesen Formen liegt jedoch eine *genuine* oder *Neigungshomosexualität* dann vor, wenn bei einem seelisch und körperlich anderweitig unauffälligen erwachsenen Menschen eine dauernde und entschiedene gleichgeschlechtliche Neigung zum geschlechtsreifen Partner vorliegt. Die Beziehung ist dabei nicht einseitig auf den Partialbereich der Sexualität ausgerichtet, sondern eingebettet in ein gesamtmenschlich-personales Verhältnis einer

Zweierbeziehung, auch wenn diese in vielen Fällen kaum voll und ganz gelingt. Es handelt sich hier also weder um eine Durchgangsphase noch um eine Fixierung einer bestimmten psychosexuellen Entwicklungsstufe, sondern um eine Neigung, die frei ist von psychischen Fehlentwicklungen (Neurosen) und Persönlichkeitsabnormitäten (Psychopathien). Eine psychologische Veränderung oder Beeinflussung dieser genuinen Form erweist sich entsprechend als kaum wirksam und wird vom Betroffenen denn auch zumeist abgelehnt.

Die Sicht von Bibel und christlicher Tradition

Obwohl die biblischen Schriften Homosexualität undifferenziert verstehen, stellen sie sich doch gegen jeden genitalen Vollzug derselben, insofern sie stets davon ausgehen, daß homosexuelle Verhaltensweisen stets Folge von Verführung oder eigenem unsittlichen Verhalten, nicht aber konstitutionsbedingt sind (vgl. Lev 18,22; Lev 20,13; Röm 1,26; 1 Kor 6,9 u. ä.). Darüber hinaus weisen aber auch indirekte Andeutungen in dieselbe Richtung (Ri 19,22; Tim 1,10). Obwohl in der alttestamentlichen Ablehnung homosexueller Handlungen die Abwehr heidnischer Kultsitten mitspielen mag, wird in all diesen Stellen doch auch eine ethische Ablehnung deutlich. Denn es gab, besonders im hellenistisch-römischen Raum hedonistische wie platonisierende Formen von Homosexualität, welche darin die Möglichkeit zu sexueller Befriedigung ohne die Verantwortung für eine Zeugung oder sogar einen geistigeren Ausdruck von Freundschaft pflegten, die es aus christlicher Sicht abzulehnen galt.

Die christliche Tradition hat diese Ablehnung übernommen und entsprechend seit den ältesten Zeiten gegen homosexuelle Handlungen Stellung genommen und sie, besonders zwischen Männern und Knaben, als schwere Sünde betrachtet, weil gleichgeschlechtliche Beziehungen von der Sache her nicht dem ursprünglichen Sinn der Schöpfungsordnung, welche der Christ aus Liebe zu Gott immer neu anzuerkennen berufen ist, zu entsprechen vermögen. Seit der Didache über die Kirchenväter und die mittelalterlichen Theologen bis zu neueren Äußerungen des Lehramtes der Kirche ist die Meinung diesbezüglich einheitlich. Allerdings wird dabei nicht etwa die genuine Homosexualität als gegebene Anlage abgelehnt, sondern, und darin kaum anders als beim außerehelichen heterosexuellen Geschlechtsverkehr, deren genitale Aktuierung.

Ethische Gesichtspunkte

Homosexuelle Betätigung kann aus christlicher Sicht so zwar entgegen anderslautender Auffassungen sittlich nicht einfach gerechtfertigt werden; der homophile Mensch aber ist in seinem Leben ein Mensch wie jeder andere, der mit seinen Fähigkeiten und Belastungen einem christlichen Ideal nachzuleben sucht. Zudem verdient die bei genuin Homosexuellen oft anzutreffende hohe Feinfühligkeit eigens gepflegt zu werden, die zugleich auch Chancen für eine echte, personal integrierte und menschlich wertvolle Verarbeitung bietet, analog zu jener, die dem heterosexuellen, nicht verehelichten Menschen aufgetragen ist. Die vorübergehende homosexuelle Betätigung vorab als Pseudohomosexualität dagegen kann nicht gleichgestellt werden mit der Neigungshomosexualität. Sie ist prinzipiell wie jeder andere Verstoß gegen eine geordnete Geschlechtlichkeit zu betrachten, während die Hemmungshomosexualität nach einer angemessenen therapeutischen Behandlung ruft. Für die Entwicklungshomosexualität schließlich liegt die vordringlichste Aufgabe darin, die über ihre Situation unsicher gewordenen Jugendlichen (bzw. deren Eltern) zu beruhigen und die wirklichen Ziele menschlicher Sexualität aufzuzeigen.

Stets aber sind homosexuelle Neigung und homosexuelle Tätigkeit genau zu unterscheiden. Dabei muß die Frage im Vordergrund stehen, wie der homophile Mensch sein Mensch- und Christsein in der ihm schicksalhaft auferlegten Einschränkung leben und die homosexuelle genitale Aktuierung (dies entgegen allen Theorien, die für ein sexuelles Ausleben plädieren) meiden kann. Dabei sind die Grenzen der praktischen Verwirklichung solcher Vorsätze nicht außer acht zu lassen. Denn Selbstbeherrschung und Sublimierung im genital sexuellen Bereich erfordern von den homo- wie für den heterosexuell veranlagten Menschen ein hohes Maß an Verzicht und asketischer Nachfolge Christi. Entsprechend bedürfen diese Momente zur Vermeidung von Verhärtungen und Verkrampfungen der besonderen Aufmerksamkeit, der personalen Annahme und der Freundschaft, nicht zuletzt, weil erst so personal erfüllende Aufgaben, z. B. in sozialen Tätigkeiten, einen menschlich erfüllenden Ausgleich ermöglichen, während die soziale Isolierung erst recht in ein Ghetto zwingt.

Da in der ganzen menschlichen Geschlechtlichkeit zudem die personale Kommunikation eine wesentliche Komponente personaler Integration von Sexualität darstellt, ist entgegen einer verbreiteten Meinung eine möglichst dauerhafte Beziehung unter erwachsenen Neigungshomophilen wünschenswerter als gelegentliche Bekanntschaften. Entsprechend ist es bei genuiner Homophilie als ein sittlicher Fortschritt anzusehen, wenn sich feste Bindungen entwickeln, obwohl diese u. U. noch nicht in jeder Hinsicht dem christlichen Ideal entsprechen. Dabei versteht es sich, daß eine solche Beziehung im Interesse aller Betroffenen nie zu Jugendlichen gesucht werden darf. Aller Erfahrung nach ist aber dem homophilen Menschen auch vor einem Eheabschluß abzuraten, weil er eine heterosexuelle Partnerschaft im vollpersonalen Sinn kaum je aufzubauen fähig ist und entsprechende Enttäuschungen und schließliches Scheitern fast unvermeidbar sind.

5. *Selbstbefriedigung und Autismus*

Wenn Sexualität aus einem humanen, christlichen Verständnis heraus nicht bloß als Trieb verstanden wird, der nach Befriedigung ruft, sondern wesentlich auch in die Kategorie des Ausdrucks von Liebe und Partnerschaft gehört, dann kann, sogar ganz abgesehen von der auch biologisch zur Sexualität gehörigen Zeugungsfunktion, eine auto-sexuelle Befriedigung des sexuellen Triebes offensichtlich nicht einer vollen Verwirklichungsform entsprechen. Dennoch wurde deren Bedeutung in der Tradition der katholischen Moraltheologie stark übertrieben, wo sie, vor allem für den heranwachsenden jungen Mann oft zu *dem* Problem der Sittlichkeit überhaupt wurde. In diesem Zusammenhang gilt es vor allem auf drei auch heute noch nicht überall völlig überwundene Mißverständnisse, die in der traditionellen Argumentation eine große Rolle spielten, hinzuweisen.

So bezieht sich schon der neben der Bezeichnung Selbstbefriedigung oder Masturbation am häufigsten gebrauchte Ausdruck „Onanie" fälschlicherweise auf die Verletzung der Pietätspflicht durch Onan, der nach dem Tod seines Bruders die Verpflichtung zur Schwager- oder Leviratsehe, nämlich dem verstorbenen Bruder Nachkommen zu zeugen, zwar annahm, dann aber aus Egoismus („da die Kinder nicht als die seinen gelten würden") seiner Schwägerin so beiwohnte, daß der Same „auf die Erde fiel und verdarb" (Gen 38, 8 ff). Nicht nur würde man daher besser nur von Selbstbefriedigung reden, sondern man wird, da auch sonst nirgends in der Schrift von solcher sexueller Befriedigung die Rede ist, sehen müssen, daß auf die Frage, ob Selbstbefriedigung Sünde sei, aus den Offenbarungsquellen keine direkte Antwort zu erhalten ist. Tatsächlich stellten sich die theologischen Lehrer der frühen Kirche diesem Problem denn auch erst in der Auseinandersetzung mit der oft sehr frivolen Komödiendichtung der Spätantike.

Die äußerst strenge Beurteilung der männlichen Selbstbefriedigung in der früheren Moraltheologie gründet ferner weitgehend in einem biologischen Irrtum. Seit der Antike nahm man nämlich an, das männliche Sperma (daher auch der Ausdruck „Samen") sei schon das keimende menschliche Leben, das im Mutterschoß, eben wie der Samen im Schoß der Erde, bis zur Geburt heranwachse. Samenerguß wurde so praktisch gleichbedeutend mit Zerstörung menschlichen Lebens und sittlich entsprechend beurteilt. Als schließlich 1827 die weibliche Eizelle entdeckt wurde und die Zeugung durch Zellverschmelzung bekannt wurde, war, obwohl paradoxerweise von weiblicher Selbstbefriedigung kaum je die Rede war, der Ursprung der Argumentation nicht mehr deutlich. Selbstbefriedigung galt als unbeherrschte, unkeusche Lust und blieb undifferenziert mit dem Verdikt der schweren Sünde belastet, so daß sie entweder in die Heimlichkeit verwiesen oder in Angst verdrängt sogar eigentliche Neurosen auslösen konnte. Oft wurde schließlich mit gesundheitlichen Nachteilen der Selbstbefriedigung argumentiert. Da aber gesundheitliche Nachteile als Folge von Selbstbefriedigung nicht bekannt sind, dürfen entsprechende Hinweise in älteren Schriften zur sexuellen Aufklärung daher als unsachlich und abschreckend nicht wiederholt werden.

Eine Neubesinnung auf die sittliche Beurteilung der Selbstbefriedigung ist daher ohne Zweifel nötig. Dies gilt umso mehr, als sie in der Pubertät als erste sexuelle Bestätigung sehr häufig ist (bei Burschen lauten hierzulande die Schätzungen auf 90 bis 99,5 Prozent, bei Mädchen auf 30 bis 40 Prozent) und oft bedeutend mehr als eine unbekannte Kraft, die bestürmt, ja überwältigt, denn als willentlich gesuchte Lust erfahren wird. Dazu kommt, daß ein sexuelles Reizklima im öffentlichen Leben (Reklame, Film usw.) wie überhaupt die hektische Nervosität unseres Lebensrhythmus' eine ruhige Entfaltung und Auseinandersetzung mit den erwachenden sexuellen Kräften erschweren, dies noch ganz abgesehen davon, daß auch heute noch eine das Sexuelle tabuisierende Erziehung oft Verklemmung und Angst bewirkt, die ebenfalls eine harmonische Entfaltung der Sexualität beeinträchtigen. Wenn ein erfahrener Mediziner außerdem betont, daß die sexuelle Erregung unter Umständen so stark sein könne, daß nur eine entsprechende Entspannung Schlaf oder auch geregelte Arbeit ermögliche (G. A. Hauser), wird man aber auch mit dem Urteil, Selbstbefriedigung sei nichts anderes als egoistischer Lustgewinn, vorsichtig sein müssen.

Dennoch kann aus all diesen Feststellungen nicht einfach geschlossen werden, Onanie sei „weder Laster noch Sünde", sie sei also sittlich indifferent zu beurteilen oder gar als „gesunder Sport" (A. Comfort) zu bejahen. Denn wenn auch unter den genannten, belastenden Umständen das Verdikt eines gewollten egoistischen Suchens von Lust niemals aus dem bloßen Tatbestand gefolgert werden dürfte, so entspricht Selbstbefriedigung doch nicht dem Ideal menschlicher Sexualität, die auf partnerschaftliche Erfüllung unter den Gatten angelegt ist. Auf sich selber zurückgekehrt, ist sie, wie auch die Psychologie lehrt, Zeichen und Anlaß einer Störung im zwischenmenschlichen Bereich, einer Verschlossenheit und Ich-Bezogenheit, die der vollen menschlichen Entfaltung entgegensteht.

Aus diesem Grund aber kann Selbstbefriedigung nicht als sittlich gleichgültig betrachtet werden, sondern sie bleibt, bei allem Verständnis für konkrete Belastungen, ethisch als dem Ideal menschlicher Sexualität nicht entsprechend abzulehnen. Als einzelner Akt, unter besonderen Umständen (Pubertät, Krankheit, temporäre Isolation, Gefängnis, Seefahrt, Fernsein vom ehelichen Partner u. ä.) sittlich zumeist nicht von besonderer Relevanz, ist sie dagegen als konstante Erscheinung oft ein Indiz für Kontaktunfähigkeit, autistische Fixationen und Narzißmus, bei Eheleuten oft auch Anzeichen eines zerrütteten Verhältnisses. Sie ist daher weniger in sich denn als Indiz für ein allgemeineres personales Fehlverhalten ethisch bedeutsam.

6. Sexualität bei geistiger Behinderung

Sexuelle Selbstverwirklichung geistig Behinderter

Viel häufiger als in früheren Zeiten läßt die heute mögliche medizinische Betreuung behinderte Menschen das Erwachsenenalter und daher die Geschlechtsreife erreichen. Zudem haben humanwissenschaftliche Erkenntnisse auch die Mängel einer Betreuung in der Isolation geschlechtsgetrennter Heime aufgezeigt. Damit stellt sich aber auch die Frage nach der Sittlichkeit sexueller Aktuierung bei geistig Behinderten, wobei das Recht auf größtmögliche personale Entfaltung als allgemein *ethische*, wie vor allem als *christliche Voraussetzung* auch hier zu gelten hat (vgl. UNO Deklaration der Rechte der Behinderten von 1975).

Als weitere Voraussetzung muß festgehalten werden, daß die Sexualität wesentlich zum Menschsein auch des Behinderten und damit zu dieser als Menschenrecht garantierten, personalen Entfaltung gehört. Für den geistig Behinderten stellt sich das Problem hinsichtlich einer berechtigten Befriedigung und Entfaltung dieser Sexualität sogar besonders dringend, weil seine körperlich physiologische Entwicklung oft annähernd normal erfolgt, während die geistige Entwicklung zurückbleibt und damit jene Steuerung des Sexualtriebes teilweise oder weitgehend entfällt, welche die nicht instinktgesteuerte Sexualität des Menschen typisch kennzeichnet.

Die Behauptung, in diesem Fall liege eben keine vollmenschliche Entwicklung vor und eine echte Partnerschaft sei deshalb von vorneherein auszuschließen, sexuelle Regungen müßten daher als nicht eigentlich menschlich und damit als unsittliche nach Möglichkeit unterdrückt werden, ist jedoch trotzdem nicht angängig, weil sie die Persönlichkeit des Behinderten letztlich mißachtet und damit als solche unsittlich ist. Weder Repression also, noch eine schrankenlose „Auslebungstheorie" der Sexualität (allenfalls unter zwangsweiser Empfängnisverhütung) kann daher als sittliche Maxime gelten.

Eine sittlich verantwortete Lösung wird daher stets, und zwar je nach Einzelfall verschieden, in einer Mitte zwischen diesen beiden Extremen liegen. Jede Normierung, soweit sie überhaupt gegeben werden kann, muß daher motiviert sein von der Hilfe zu größtmöglicher personaler Entfaltung des Betroffenen und niemals bloß von der Anpassung an gesellschaftliche Normen, noch gar von einer Anpassung an pflegerische administrative Bedürfnisse und Vereinfachungen.

In diesem Sinn sind zunächst gegen einen einfachen Hinweis von Betreuern auf die Möglichkeit zur *Selbstbefriedigung* ernste Bedenken anzumelden, vor allem weil dadurch die Gefahr einer autistischen Abkapselung, die den Behinderten ohnehin schon belastet, noch gefördert werden könnte, selbst dort, wo sie als bloße Spannungsentladung angeraten wird. Umgekehrt kann Selbstbefriedigung als durch die Umstände der Behinderung bedingte Triebbefriedigung wohl hingenommen werden, solange die für die Intimsphäre des Einzelnen wie die Rücksicht auf die andern unerläßliche Diskretion geachtet wird. Eine solche Toleranz bedeutet keine sittliche Billigung, schließt aber Repressionen, also Strafen als Gegenmaßnahme dennoch aus, weil die Folge von Sanktionen Zerstörung von Vertrauen, Verdrängungen und Komplexe wären, nicht aber eine Integration der Sexualität. Entgegen einer gelegentlich geäußerten Meinung scheint es jedoch auch fragwürdig, zur Verhinderung der Selbstbefriedigung wahllos heterosexuelle Kontakte zu fördern, nicht zuletzt, weil eine derartig negative Motivation heterosexueller Kontakte diese selber leicht in ein schlechtes Licht bringt.

Kontakte zwischen Mann und Frau sollten demgegenüber immer motiviert sein durch die Hinordnung von Mann und Frau zueinander und die Kontaktmöglichkeit im personalen Bereich. Durch die zweigeschlechtliche Gemeinschaft in Arbeit und Erziehung wird zwar die Belastung der Selbstbefriedigung abgebaut und im breitesten Sinn des Wortes heterosexueller Kontakt aufgebaut werden, versteht sich, aber diese tragen ihren Wert in sich. Deshalb ist denn auch sehr darauf zu achten, daß dazu nicht bloß eine biologisch sexuelle Partnerschaft, sondern eine personal-menschliche Partnerschaft in gegenseitiger Achtung und Ergänzung wesentlich aufgebaut werden muß. Entsprechend kann von einem Recht auf Ehe, sosehr es wiederum prinzipiell auch für den Behinderten zu bejahen ist, nur insofern die Rede sein, als auch diese personalen Fähigkeiten aktualisierbar sind. Eben dies ist aber bei geistig Behinderten nur in verschieden intensiven Stufen möglich. D.h. es muß stets auf die konkrete Situation des Behinderten geachtet werden und nicht auf irgendein theoretisches Eheideal.

Im Interesse des Behinderten wird man daher von einem Recht auf Ehe im vollen Sinn des Wortes nur zurückhaltend reden dürfen. Damit ist auch gesagt, daß eine relativ dauerhafte Bindung zwischen Behinderten weder vorschnell durch Eheabschluß sanktioniert werden, noch daß man rasch auf einen solchen hinarbeiten sollte. Wo man aber Partnerschaft bejaht und andererseits nicht (oder nur zurückhaltend) auf einen Eheabschluß hinarbeitet, geht es darum, eine Haltung offener Toleranz zu pflegen, die einerseits weiß, daß in solchen Verbindungen gar nicht der Geschlechtsverkehr, sondern die Zweisamkeit als solche im Mittelpunkt steht und eben dadurch sexuelle Spannungen abgebaut werden, die aber anderseits doch das Risiko einer möglichen Schwangerschaft nicht einfach außer acht läßt. Takt- und Feingefühl werden hier im Sinn der alten ethischen Tugend der Billigkeit (= Epikie) nach den je individuell angemessenen Lösungen suchen lassen, die unter Ausschluß der Abtreibung als „ja noch möglichem Ausweg“ und unter tunlichster Vermeidung von den Organismus belastenden Eingriffen eine repressive Isolation der durch die Behinderung ohnehin schwächeren Mitmenschen vermeiden helfen. Daß dabei besonders sorgfältig auch darauf geachtet werden muß, daß kein Behinderter sexuell mißbraucht werden kann, versteht sich von selber.

Entsprechend ist dann auch die Institutionalisierung eheähnlicher Vereinigungen, aber ohne rechtlichen Abschluß, keine angemessene Lösung, weil es sich hier dann doch wieder um „Ehen zweiter Klasse“, gut genug für Behinderte, handeln würde, also um einen Widerspruch zur Würde des behinderten Menschen wie der Partnerschaft als solcher. Ob in einzelnen Fällen dann aus solchen Kontakten doch die Möglichkeit zu einem Eheabschluß herauswächst, kann zwar nicht im vorhinein bejaht werden, ist aber, wie geglückte Erfahrungen zeigen, ebenfalls nicht ausgeschlossen. Jedenfalls darf die Forderung nach einer solchen Offenheit ethisch nicht als Opportunismus angesehen werden, sondern als Ermöglichung der Suche zur dem Einzelnen bestangepaßten Entfaltung seiner Persönlichkeit in der Belastung einer Behinderung, also als Ausdruck von liebender Sorge gegenüber einem Benachteiligten im Sinn des evangelischen Liebesgebotes.

Gesunde Eltern – gefährdete Nachkommen

Daß jede Zeugung und Schwangerschaft mit einem gewissen Risiko verbunden ist, die normale und gesunde Entwicklung eines Menschen auch unter besten Voraussetzungen also nicht einfach eine Selbstverständlichkeit darstellt, braucht nicht weiter ausgeführt zu werden. Was hier beschäftigt, ist vielmehr ein mit aller Wahrscheinlichkeit feststehendes, deutlich erhöhtes Risiko, sei es, daß bei einem oder bei beiden Partnern aus feststehenden familiären Erbanlagen oder aus besonderen biologischen Lebens-Belastungen (z.B. überhöhte Strahlendosen u.ä.) mit einer Schädigung des Erbgutes praktisch gerechnet werden muß, sei es, daß die Gefahr einer Schädigung des Embryos während der Schwangerschaft unverantwortlich hoch ist. Die Frage, die sich in diesem Zusammenhang stellt, betrifft die Möglichkeit eines berechtigten Eheabschlusses solcher Partner wie diejenige einer berechtigten, sittlich verantworteten Zeugung von Nachkommenschaft, d.h. die Frage, ob die konkreten Lebensumstände aus Rücksicht auf die Gefährdung möglicher Nachkommen den Verzicht auf diese menschlichen Grundrechte verlangen können.

In Bezug auf die Ehe, die ja, wie seit dem II. Vatikanischen Konzil auch in der katholischen Lehre wieder deutlich gesagt wird, keineswegs ihren Sinn und Zweck bloß in der Zeugung von Nachkommen, sondern wesentlich in der gegenseitigen Ergänzung und Partnerschaft findet, ergibt sich keine Forderung nach einem Verzicht, vorausgesetzt natürlich, daß die Partner sich über bestehende Belastungen offen informieren und entsprechend einstellen. Wesentlich schwieriger zu beantworten ist dagegen die Frage nach der berechtigten Zeugung von Nachwuchs, in welcher die partnerschaftliche Ehe normalerweise ihre Erfüllung findet. Der Grad des zu erwartenden erhöhten Risikos, wie auch die Art der möglichen Schädigung sind hier zu bedenken und verbieten allgemeingültige Aussagen, wobei natürlich die Möglichkeiten der modernen Medizin, etwa der

Kinderchirurgie, als risiko-mindernder Faktor zu berücksichtigen sind. Trotzdem scheint hier eine eher zurückhaltende Einstellung einer wirklich verantworteten Menschlichkeit eher zu entsprechen, besonders wenn man die in einer modernen Gesetzgebung meist gut geregelten Adoptionsmöglichkeiten eines fremden Kindes mit in Betracht zieht. Daß dieses zurückhaltende Urteil hinsichtlich der Zeugung nicht gleichbedeutend sein kann mit dem Verzicht auf Sexualität als Ausdruck von Partnerschaft, sondern, allerdings erneut unter unbedingtem Ausschluß des Schwangerschaftsabbruchs, eine verantwortete Empfängnisverhütung meint, versteht sich. Wenn somit ein solcher Verzicht nicht allgemein als ethische Forderung erhoben werden kann, so darf dies doch nicht ausschließen, daß der einzelne Mensch in der Tatsache seiner Beschränkung bezüglich einer in jeder Hinsicht vollen ehelichen Verwirklichung einen persönlichen Appell zum Verzicht auf die Ehe versteht und sich daraus zu einem besonderen Dienst am Mitmenschen in einem ehelosen Leben und damit zu einer besonderen Nachfolge Christi entschließt.

7. Ehelosigkeit als Lebensstand

Obwohl der Mensch nicht bloß irgendwie, sondern von seinem innersten Wesen her geschlechtlich und damit als soziales Wesen auch auf partnerschaftliche Bindung und nicht bloß auf Triebbefriedigung hin angelegt ist, und damit als genuines Menschenrecht auch ein Recht auf Ehe hat, so ist doch dieses Recht konkret nicht immer realisierbar, denn das Recht beschreibt hier ja nicht eine Ermöglichung, sondern nur eine Nicht-Verhinderung. So war besonders in der vorindustriellen Gesellschaft das Ledigbleiben für die nicht für den Hof erbberechtigten Kinder auch auf mittelgroßen Betrieben praktisch das Schicksal. Aber auch heute gibt es Gründe, äußerer schicksalhafter Art (abgelegener Hof, pflegebedürftige Eltern, berufliche oder gesundheitliche Gründe), die den Eheabschluß, wenigstens in einem wünschbar rechtzeitigen Moment, verhindern. Wie zudem im Zusammenhang mit dem Behinderten-Problem schon angedeutet wurde, gibt es Belastungen der Erbmasse, die einen Eheabschluß wenig ratsam erscheinen lassen, weil der dann verantwortlich geforderte Verzicht auf Kinder als zu belastend erlebt wird. So kann es situativ eine sittliche Pflicht zum Verzicht auf Ehe geben, auch wenn deren rechtliche Institutionalisierung z. B. über ein ärztliches Ehegesundheits-Zeugnis (so P. Ramsey) ethisch abzulehnen ist.

Neben der freigewählten Ehelosigkeit, wie sie in der christlichen Tradition immer wieder gelebt wurde, sind also auch diese situativ bedingten Formen von Ehelosigkeit als sittlicher Anspruch zu beachten und entsprechende gegenteilige Vorurteile sind daher als ungerecht und lieblos abzubauen.

Obwohl somit die meisten Formen von Ehelosigkeit einen tieferen und unbedingt achtenswerten Grund haben, darf trotzdem nicht übersehen werden, daß es auch eine rein egoistische Ehelosigkeit gibt, die der Verantwortung für Partner und Kinder ausweichen will, um das Leben besser genießen zu können. In der Spätantike, vorab unter Eudaimonisten, eine offenbar nicht seltene Haltung, scheint sie auch heute in einem schrankenlosen Gewinnstreben Anhänger zu haben. In ihrer egozentrischen Asozialität qualifiziert sie sich aber selber und bedarf hier keiner weiterer Erläuterungen.

Während aber solche egoistische Ehelosigkeit letztlich widermenschlich ist und die durch die äußeren Umstände aufgezwungene Ehelosigkeit ein Mangel bleibt, auch wenn sie positiv aufgearbeitet werden kann, kennen verschiedene Religionen und vor allem der christliche Glaube den positiven Verzicht auf die Ehe „um des Himmelreiches“ willen (Mt 19,12). Hier werden drei Kategorien von Ehelosen unterschieden: die von Geburt her zur Ehe aus irgendeinem Grund Unfähigen, ferner diejenigen, welche einem unmenschlichen, aber früher weitverbreiteten Brauch entsprechend im Hinblick auf bestimmte Ämter und Dienste entmannt wurden, und schließlich jene völlig neue Kategorie von Ehelosen, die um eines ideellen Wertes, eben um des von Christus verkündeten Gottesreiches willen und wie er selber ehelos bleiben, ein Gedanke, der so ungewohnt war, daß der Zusatz „wer es fassen kann, der fasse es“ verständlich ist. Tatsächlich gibt es nämlich im alten Judentum außer bei den zeitgenössischen Essenern keine parallele Erscheinung, und der Gesetzeslehrer Ben Asai, der um des Torastudiums willen ledig blieb, muß seinen Stand noch zu Beginn des 2. Jahrhunderts nach Christus eigens rechtfertigen. Die neutestamentliche Ehelosigkeit, wie sie auch von Paulus hinsichtlich der Sache des Herrn vertreten wird (1 Kor 7,7.32f), unterscheidet sich aber vor allem darin, daß sie weder mit kultischer Reinheit, noch aus einer Verachtung des Weiblichen oder Geschlechtlichen motiviert ist und auch nicht eine Gruppe von Auserwählten kennzeichnet, sondern allein in der Hingabe eines kompromißlosen Dienstes an der Sache des Herrn in Apostolat und Zeugnis begründet ist.

Solche Ehelosigkeit, die somit in keiner Weise erzwungen ist, ist dann nicht nur Zeichen einer vollen Disponibilität für die Aufgaben des Reiches Gottes, weshalb sie auch sinnvollerweise (was nicht heißt, ausschließlich oder notwendigerweise) von Trägern kirchlicher Dienstämter übernommen wird, sondern sie ist ebenso zeugnishaftes Zeichen für den alles übersteigenden Wert des mit Jesus angebrochenen Gottesreiches, durch das selbst höchste Werte, und ein solcher ist die Ehe, relativiert werden können. Auf diese Tatsache durch seine bloße Existenz hinzuweisen, ist der Dienst, den der um des Himmelreiches willen Ehelose in die christliche Gemeinschaft als sein persönliches Charisma einbringt.

Völlig falsch wäre es daher, wenn sich die christliche Ehelosigkeit mit einer Geringschätzung der Ehe verbinden würde. Denn nur, wo die Ehe in ihrem hohen Wert voll geschätzt wird, kann die Ehelosigkeit überhaupt in ihrer Zeichenhaftigkeit erfahren werden. Ebenso leidet ihr Zeugnischarakter, sobald ihr irgendwie der Verdacht des Erzwungenen anzuhaften beginnt, was allerdings nicht hindert, daß, wie angedeutet, Menschen, die zunächst aus irgendwelchen andern, zwingend vorgegebenen oder frei angenommenen Gründen ledig geblieben sind, diese ihre Ehelosigkeit nicht auch als einen Anruf zu Disponibilität und voller Hingabe um des Himmelreiches willen zu verstehen beginnen können und so durch ihre Lebenshaltung und ihr Engagement ebenfalls in diesem Auftrag des zeichenhaften Zeugnisses für die christliche Gemeinschaft eintreten.

8. Sexualität in „sexualisierter" Umwelt – ein Rückblick

Die Tatsache, daß die modernen westlichen Gesellschaften sexualisiert sind, ist unübersehbar: Die Produktereklame hat längst gemerkt, wie über die sexuelle Reizung und deren Scheinbefriedigung Konsumverhalten konditioniert werden kann. Die Hektik des modernen Lebens mit entsprechender Reizüberflutung fördert diese Tendenz noch zusätzlich. Da zudem mit der steten Gewöhnung auch Abstumpfung einhergeht, trägt der einmal eingeleitete Prozeß zusätzliche Beschleunigungsmomente in sich. Diesen Tatsachen gegenüber ist aber weder eine falsche Prüderie, die in ihrer Verlogenheit nur Neugier weckt, angezeigt, noch helfen, von Ausnahmen z. B. im Sinn des Jugendschutzes abgesehen, staatliche Verbote. Kampagnen gegen gemischte Bäder, Nacktheit u. ä., die christliches Ethos z. T. bis in die Neuzeit prägten, nützen ebensowenig wie scharfe Zensurbestimmungen, die entweder totalitäre Tendenzen fördern oder unterlaufen werden.

Die einzige sinnvolle Gegenmaßnahme ist daher eine gezielte offene, leib- und sexualfreundliche Bewußtseinsbildung, die aber auch die wesentlich menschliche Tatsache nicht unterschlägt, daß der Mensch seine Triebsteuerung eigenverantwortlich wahrnehmen und entsprechend einüben muß. Dabei wird die Sicht des christlichen Menschen- und Eheverständnisses diese Ansätze verfeinernd zu vertiefen haben, und dabei auch mit der gegenproduktiven Sündigkeit als unbeherrschtem Hang zu Egoismus rechnen. Dazu sollten denn auch, allerdings befreit von den früheren leibfeindlichen Verengungen, die Werte von Schamhaftigkeit und Keuschheit einen neuen Sinngehalt ausweisen, indem ihrem ursprünglichen Sprachgehalt entsprechend Keuschheit den Sinn des lateinischen „castus“: züchtig, uneigennützig, lauter aufnimmt und Scham dem Grundwort „verecundia“ entsprechend Takt und Feingefühl bezeichnet. Hier geht es also wesentlich um Haltungen und Werte der mitmenschlichen Achtung vor der Intimsphäre und der personalen Integrität des Mitmenschen, während die Sexualisierung der Öffentlichkeit dagegen kaum mehr von einer Motivation der Befreiung von falschen Zwängen, sondern von einer Herabwürdigung des Menschen zum beliebig manipulierbaren und kommerzialisierbaren Sexualobjekt und -konsumenten geprägt ist: Wer nicht mithalten kann, wird ausgestoßen. Sexueller Konsum- und Leistungszwang statt interpersonaler Ausdruck und Entfaltung stehen im Vordergrund. An diesem Gegenpol der Unterdrückungsprüderie viktorianisch-puritanisch-jansenistischer Prägung ist somit die Unmenschlichkeit kaum weniger groß. Um der Menschlichkeit willen hat daher gerade eine christliche Sexualethik Zielsetzungen und damit Richtung wie Grenze der geschlechtlichen Selbstverwirklichung aufzuzeigen.

Teil B
Der personal-mitmenschliche Lebensbereich

Einleitung

Wenn der Christ nach der konkreten Ausfaltung seiner durch den Glauben an Jesus Christus bedingten Ethik gefragt wird, wird er wohl spontan mit dem Hinweis auf das Liebesgebot des Herrn antworten und damit zugleich den Bereich der personalen Mitmenschlichkeit ansprechen. In dieser Antwort bestätigt ihn auch die Geschichte der eigenen Glaubensgemeinschaft, denn die Sorge um den Armen, Benachteiligten und Schwachen stand immer in enger Verbindung zu einer intensiven persönlichen Glaubensbindung an Christus. Die aus der Gerichtsrede des Herrn (Mt 25) entfalteten sog. „Werke der Barmherzigkeit“ gehörten so lange Zeit zum eisernen Bestand christlicher Verkündigung, in Wort und Bild. Vorab die „leiblichen“ Werke, nämlich Hungernde zu speisen, Dürstende zu tränken, Fremde zu beherbergen, Nackte zu bekleiden, Kranke zu besuchen, Gefangene zu trösten und Tote zu begraben, standen dabei im Vordergrund. Von alttestamentlichen Ansätzen her (vgl. Ex 22,20ff und Tob 1,17) ergeben sie sich weitgehend direkt aus der neutestamentlichen Weisung und bildeten so, zusammen mit der mittelalterlichen Ikonographie des Weltgerichts eine eindrückliche Bildpredigt. Daneben merkte man allerdings bald, daß diese rein äußerliche Hilfsbereitschaft nach einer parallelen geistigen, im eigentlichen Sinn personalen Ergänzung ruft. So entstand ein zweiter Katalog mit den sog. sieben „geistigen“ Werken der Barmherzigkeit, nämlich dem fürbittenden Gebet, der Sühne, dem Rat, dem Trost, dem Verzeihen, der Belehrung und der Zurechtweisung.

Aus diesen alten Forderungen christlicher Sittenpredigt wird nun auch klar, um welche Belange sich eine Ethik im personal-mitmenschlichen Bereich zu kümmern hat: Es geht um den zwischenmenschlichen Bereich, der noch im einigermaßen überschaubaren („primärsoziologischen") Rahmen bleibt, bzw. die nachbarschaftliche Gruppe oder das Gemeinwesen im Sinn der dörflichen Gemeinde oder der antiken Polis (bzw. der mittelalterlichen Stadt) betrifft. Wesentlich mehr als in früheren Jahrhunderten wird der Christ sich aber dabei bewußt zu bleiben haben, daß er bei diesem personal-sozialen Bereich, so wichtig er ist, nicht stehen bleiben darf; der gesellschaftlich-soziale Bereich und seine Gestaltung nach der Sicht des Evangeliums fordert die christlich engagierte Auseinandersetzung nicht weniger gebieterisch, als sie die Beachtung der individuell persönlichen Belange verlangte. Daß dabei dann stets die Interaktion der verschiedenen Kraftfelder zu beachten ist, versteht sich weiterhin von selber: Ich kann nicht mitmenschliche Verantwortung tragen, ohne auch auf die gesamtgesellschaftlichen Belange zu achten, noch kann ich es, ohne selber eine Persönlichkeit zu sein; als Individualist bin ich aber niemals Persönlichkeit.

Wenn dann aber der personal-soziale oder zwischenmenschliche Bereich den Problemhorizont abgibt, der hier näher untersucht werden soll, dann könnte man, analog zur Einteilung in manchen klassischen Handbüchern der Moraltheologie, der Einteilung folgen, wie sie der Dekalog auf seiner das mitmenschliche Verhalten betreffenden sog. „zweiten Tafel" vorschlägt. Dies hätte auch sachlich manches für sich, indem es sich bei diesen Geboten ja um die Grundlage eines Sippenethos handelt, um eine Art „Menschenrecht auf dieser kulturellen Stufe", wo das vierte Gebot das Familienethos grundlegen würde, das fünfte den Lebensschutz und das sechste den Bereich von Sexualität und Partnerschaft zu regeln hätte; das siebte würde dann den Eigentumsschutz gewährleisten und das achte Ruf und Wahrhaftigkeit schützen. So sinnvoll also eine solche Einteilung, die ja wirklich die wesentlichen materialen Felder menschlichen Zusammenlebens und damit die entsprechenden Konfliktmöglichkeiten zur Sprache bringt, in sich ist, aus Gründen der Problemstellung, wie sie sich aus den modernen Gesellschaftsformen ergibt, scheint eine etwas andere Einteilung der Problemfelder dennoch wirklichkeitsnäher.

So soll zunächst der *Lebensschutz* als ein grundlegendes Problem angegangen werden. Gerade hier wird sich dann aber auch zeigen, wie wenig der mitmenschliche Bereich isoliert betrachtet werden darf: In der Frage der Gesundheitserhaltung, bzw. dem Suizidproblem berührt er, wie ausgeführt, nicht weniger die individuell-persönlichen Belange; in der Frage der Friedenssicherung vor allem, aber auch in zahlreichen anderen Problemen, etwa in den Fragen nach den strafrechtlichen Maßnahmen der Todesstrafe oder zum Schutz des noch ungeborenen Lebens, tangiert er den gesellschaftlich-sozialen Bereich. – Dennoch entscheiden sich beide Fragekreise weitgehend in diesem mitmenschlich-persönlichen Bereich, wo die Achtung vor dem Leben des Nächsten die Achtung vor dem Leben überhaupt grundlegt. Ähnlich scheinen *Wahrhaftigkeit und Ehrlichkeit* vorab im zwischenmenschlichen Bereich sich auszubilden, weshalb sie als Ermöglichungsgrund für menschliches Zusammenleben überhaupt (die Lebenssicherung einmal vorausgesetzt) eine erstrangige Rolle spielen.

Die Sicherung von *Wohlfahrt und sozialer Sicherheit* ist besonders in der modernen Gesellschaft eine weitere vordringliche Aufgabe, die um ihrer personalen Komponente willen keinesfalls einfach vergesellschaftet werden sollte, so wenig die sozialethischen Gesichtspunkte deshalb übersehen werden dürfen. Nahe zu diesem Problemkomplex gehört dann auch die Frage nach einem verantworteten Umgang mit *persönlichem Besitz und Eigentum,* auf die aber dennoch eigens einzugehen sein wird. Schließlich muß das *Gruppenverhalten* selber, insbesondere in seiner Urform, in der *Familie,* aufgegriffen werden, wobei über die schon an der Schwelle zwischen individuellen und mitmenschlichen Belangen bedachten Probleme von Sexualität und Partnerschaft hinaus die familiäre Gemeinschaft als Urzelle der menschlichen Gesellschaft zur Sprache kommen muß, was aber zugleich den personal zwischenmenschlichen Bereich sprengt und in die Sozialethik verweist.

I. Probleme des Lebensschutzes – Elemente einer Bioethik

Die Versuchung des Menschen, den ihm mißliebigen Partner auszuschalten und dazu wenn nötig auch vor einem Angriff auf sein Leben nicht zurückzuschrecken, gehört offensichtlich zu den Wesenseigenschaften des Menschen, so sehr, daß Zeichen von Menschenmord (eingeschlagene Schädel) geradezu als paläontologisches Zeichen für die Hominisation gelten. Was beim Tier bei Rivalitätskämpfen durch instinktive Hemmechanismen z.B. durch die sog. „Demut"-Geste bei Hunden verhindert wird, ist beim Menschen nicht gegeben. Er ist das einzige höhere Lebewesen, das Artgenossen vernichtet. Dieser Einsicht aus der vergleichenden Verhaltensforschung entspricht auch diejenige der Bibel: Dem Sündenfall, dem stolz-egoistischen Sein-Wollen wie Gott folgt der Brudermord Kains an Abel auf dem Fuß.

Wenn die Schöpfung aber nicht in sich als sinnloses Spiel von Werden und Zerstören gelten soll, dann muß diesem fatalen Hang zur Vernichtung von Menschen durch Menschen die ethische Abwehr entgegengestellt werden. So enthält denn auch das dekalogische Bundesrecht (Ex 20,13) in klarer Eindeutigkeit das Tötungsverbot, das zunächst direkt freilich nur den unschuldigen Volksgenossen vor Willkürgewalt schützen will, das aber, wie noch zu zeigen sein wird, für weitere Differenzierungen durchaus offen ist.

So wäre es denn auch eine ethische Engführung, wenn man die Probleme des Lebensschutzes nur negativ unter dem Gesichtspunkt eines Tötungsverbotes betrachten würde, dies, obwohl die Gefährdung des mitmenschlichen Lebens aus egoistischen Gründen auch heute groß ist, ja unter dem Decknamen von Schwangerschaftsabbruch und (aktiver) Euthanasie sogar gesellschaftlich annehmbar gemacht und sogar als ein Anrecht ausgegeben zu werden beginnt und gleichzeitig ein zunehmender Terrorismus mit Geiselnahme und Geiselmord zeigt, wie wenig die mitmenschliche Lebensachtung auch auf diesem Minimum kulturell-zivilisatorisch in einem Ethos dauernd gesichert ist. Trotzdem benennt das Tötungsverbot nur eine äußerste Grenze; Lebensschutz aber meint gleichzeitig mehr, nämlich die Forderung nach Förderung und Erhaltung von Leben in steter Sorge um dessen Wohlergehen. Dies gilt schon ganz allgemein auf der Stufe einer Sorge um soziale Wohlfahrt und Sicherung, wie sie etwa in den modernen Menschenrechts-Charten benannt sind. Es gilt aber noch viel mehr unter dem Anspruch einer christlichen Nächstenliebe, die einen aufbauenden Lebensschutz, wie es etwa an den genannten sieben Werken der leiblichen Barmherzigkeit deutlich wird, als positive moralische Verpflichtung aufzeigt, oder wie es angesichts der von den modernen Naturwissenschaften und Medizinaltechniken erschlossenen Möglichkeiten unter dem vor allem im Englischen gebräuchlichen Stichwort der „Bioethik“ zur Sprache kommt.

1. Die Wertung des menschlichen Lebens in der heutigen Gesellschaft

In einer ursprünglich religiösen und außerdem nur in geringem Maß technisierten Gesellschaft gilt das Leben als ein theonomes, tabugeschütztes Gut, das sich in seiner prinzipiellen Gefährdung der Verfügbarkeit des Menschen weitgehend entzieht. Daher ist Mord als selbstsüchtiges Verfügen über das Leben eines Unschuldigen auch schlicht frevelhaft, während ein positives Verfügen, also das Heilen, nur den eigens dazu Ausersehenen, z. B. dem Medizinmann, zusteht. Technische Entwicklungen und eine zunehmende Säkularisierung aber haben das Leben in den Bereich des Verfügbaren und Machbaren gerückt. Zwar sind auf dem Gebiet der Molekularbiologie und Genforschung trotz aller Erkenntnisfortschritte Überlegungen zur Machbarkeit von Leben auf Primatenstufe noch in das Reich der „Science-Fiction“ zu verweisen, aber allein die Tatsache, daß davon geredet wird, macht deutlich, welcher Wandel sich diesbezüglich vollzogen hat. Kurz, das Leben ist wie so mancher andere einst religiöse Wert aus den Zusammenhängen dieser Sinnprägung herausgelöst und dieser Prozeß der Säkularisierung droht in einen „Säkularismus“ umzuschlagen, wo Leben als bloß noch innerweltliche Sache der freien Manipulation zur Verfügung steht.

Leben als verfügbares Gut

Neben dieser Säkularisierung stellen wir in der gesellschaftlichen Wertung gleichzeitig eine „Anthropologisierung“ fest, welche alles auf den Menschen zu beziehen sucht und dafür die übrige Natur zum Gebrauchsgut wandelt, eine Tendenz, die sich auch in der Haltung dem biologischen Leben gegenüber ausdrückt: So ist nicht nur auf dem Gebiet der Tierzucht ein rein pragmatisch-rationales Denken und Handeln in den Kategorien von Produktion und Verbrauch möglich. Auch die Planung und Manipulation des Menschen hinsichtlich bestimmter Zielsetzungen sind denkbar geworden. D.h. aber, daß Leben weitgehend funktionalistisch verstanden wird und daß entsprechend das nicht mehr voll funktionstüchtige, kranke, alte oder leidende Leben in seinem Eigenwert zunehmend verkannt wird. Leistung, Fortschritt und Profit werden so von Mitteln für das Leben zu Selbstzwecken, die aber in sich weder Einheit noch Sinn existential zu sichern vermögen. Das Menschsein zerfällt damit zunehmend als Ganzheit: Die Humanwissenschaften wie Soziologie, Psychologie usw. befassen sich unter funktionalen Rücksichten zwar eingehend damit, aber die Einheit der Person zerfällt in anthropologische Partialitäten, deren Sinninterpretation einem beinahe beliebigen Pluralismus ausgesetzt ist und einer Verfügbarkeit den Weg ebnet, für die eine vierfache Utopie wegleitend zu sein scheint, nämlich erstens die Vision einer keimfreien Welt überhaupt, wie sie als Ziel der Bekämpfung und Überwindung der Virus- und Infektionskrankheiten anvisiert wird. Alsdann die Vorstellung eines von Schmerz schlechthin befreiten Lebens, wie sie stimuliert und begünstigt wird durch die hochentwickelte Fabrikationstechnik verschiedenster Psychopharmaka. Drittens werden die bereits gelungenen Experimente und die für die weitere Zukunft erhofften Fortschritte der Organtransplantation zur prinzipiellen Möglichkeit auswechselbarer Körperteile und damit zur Vision eines endlosen Lebens extrapoliert. Viertens schließlich erscheint durch die Fortschritte der modernen Eugenik nicht nur die Korrektur geschädigten Erbgutes, sondern auch eine Steuerung und Akzeleration der Evolution des Menschen überhaupt zumindest denkbar, so daß „in Zukunft Menschen bessere Generationen von Menschen schaffen werden“. Kurz, der Mensch, das bedürftige Mängelwesen (A. Gehlen), das schon

Kindersterblichkeit und (wenigstens prinzipiell) Geburten- und Empfängnisregelung in den Griff bekommen hat, vermöchte sein Leben so total selber zu planen, wobei allerdings die Kriterien, nach welchen er diese Planung zu vollziehen hätte, vollständig offen bleiben.

Vordergründig, und in der konkreten politisch-ethischen Diskussion bestimmend, geht es allerdings in all dieser Planung und Manipulation um die Behauptung von Glück im material-pragmatischen Sinn des Wortes, bzw. um die möglichste Eliminierung belastender Faktoren. Entsprechend wird die leistungsfähige und genußfähige Jugendlichkeit als das Lebensideal stilisiert, das tunlichst auch in allen andern Lebensabschnitten dann als erstrebenswert verstanden wird; Krankheit, Sterben und Tod als prinzipiell dieses Ideal falsifizierende Erfahrungen werden entsprechend möglichst verdrängt.

Wo aber auf diese Weise Glück- und Genußfähigkeit zum (fast) alleinigen Lebenskriterium gemacht wird, und Leben außerdem als prinzipiell plan- und machbar erfahren wird, ist letztlich der Weg offen zu einem ethischen Eudaimonismus, wo Leben nur mehr insofern zählt, als es solcher Eudaimonia dienlich sein kann.

Die Erhaltung eines funktionstüchtigen, also genuß- und glückfähigen Lebens wird damit zu einem Wert in sich, dem die Medizin mit all ihren technischen Fähigkeiten zu dienen hat. Dabei steht, vorab in der hohen Spezialisierung, nicht mehr die gesamtpersonale Gesundheit, sondern die organische Funktionstüchtigkeit im Vordergrund. Die „Überlebenstechnik des Organismus" dominiert sozusagen das personale Leben, wobei allerdings gerade eine solche Einstellung besonders bezüglich der Lebensverlängerung leicht in ihr Gegenteil umschlagen kann. Denn wo die Wiederherstellung der Funktionsfähigkeit definitiv außer Betracht zu fallen beginnt, verliert das kranke Leben jedes Interesse. Sterben als zum Leben gehörender Prozeß kommt als solcher personal jedenfalls nicht in Betracht; es ist bloß das Eingeständnis unzureichender Technik.

Neben dieser entpersönlichenden, biologisch funktionalen Lebenserhaltung, die gerade in ihrem maßlosen Erhalten-Wollen des prinzipiell Sterblichen zur Unmenschlichkeit zu führen droht, muß jedoch zusätzlich noch gesehen werden, daß sie weitgehend individualistisch ohne soziale Rücksicht erfolgt, weil sie im nationalen Rahmen zu einer maßlosen Eskalation der Kosten im Gesundheitswesen führt und weltweit nur von einer kleinen privilegierten Minderheit beansprucht werden kann.

Gesellschaftliche Weiterungen

Nimmt man diese medizinisch-technische Lebensverlängerung zusammen mit der ebenfalls technischen manipulierenden Planung des Lebens, wie es zu seinem Beginn nicht nur im Sinn der Empfängnisplanung, sondern auch der Geburtsplanung durch einen praktisch beliebigen Schwangerschaftsabbruch, wenigstens im Fall eugenischer Indikationen möglich ist, so wird klar, wie sehr eine zunehmende Verfügbarkeit über das Leben die Wertungen und damit das Ethos der modernen Gesellschaft fast selbstverständlich prägt. Nur allzuleicht steht das Leben dadurch aber auch in der Gefahr, zum Mittel für beliebige Zwecke zu werden. Dies geschieht zunächst dort, wo zur Erhaltung eines erreichten Lebensstandards über das Lebenspotential anderer verfügt wird, sei es in Rentenversicherungen, deren Lasten fast hemmungslos auf nächstfolgende Generationen überwälzt werden, sei es, daß über Staatsverschuldungen zur Lösung momentaner Probleme (Arbeitslosigkeit, Umweltschutz) heutige Kosten auf spätere Zeiten übertragen werden, sei es ferner, daß die Ressourcen der Natur in maßloser Beschleunigung ohne Rücksicht auf die Zukunft verbraucht werden, oder sei es, daß Folgebelastungen (Umweltzerstörung, Giftbelastung in Luft und Wasser, Radioaktivität etc.) ebenfalls auf die Zukunft geschoben werden.

Noch deutlicher als in diesen ökologischen Belangen wird aber über Leben verfügt, wo über Bedrohung durch Waffengewalt, bis hin zu den gegenwärtigen atomaren „Overkill-Kapazitäten“ der Supermächte, ja bis zur bewaffneten Besetzung imperialistische Ziele verfolgt und menschliches Leben dazu als Mittel eingesetzt wird. Unübersehbar dringend, aber geistesgeschichtlich nicht ohne Bezüge zu den andern eben genannten Verfügungsdimensionen über das menschliche Leben ist schließlich das in den letzten Jahren zunehmende Problem des Terrorismus im Bereich nationaler Befreiungsbewegungen wie der anarchistischen Banden zur totalen Gesellschaftszerstörung, wo Geiselnahmen und Mord an Unschuldigen, also die totale Verfügung über menschliches Leben zum skrupellos angewandten Mittel wird, das alsdann auch im Bereich des gewöhnlichen Verbrechertums zur Gelderpressung Eingang findet. Gleichzeitig läßt als Gegenreaktion der Ruf nach Wiedereinführung der Todesstrafe (zur Rache im Sinn einer Lynchjustiz wie zur Abschreckung) jeweils kaum lange auf sich warten – die allgemeine Gefahr zunehmender Verrohung im Bereich des Lebensschutzes, oft noch gefördert durch die Massenmedien, ist die bedenkliche Folge, mit der aber eine christliche Ethik nüchtern zu rechnen hat, ohne daß deshalb die mögliche Verfügbarkeit über das biologische und z. T. auch psychologische Leben in ihren aufbauenden Chancen verkannt oder gar einfach abgelehnt werden dürfte.

2. *Elemente einer christlich ethischen Wertung*

Ansätze aus der Tradition

Der traditionellen christlichen Ethik galt das Leben als ein unbedingtes Gut, über das dem Menschen keine Verfügungsmacht zustand. Leben als Gabe Gottes galt prinzipiell als unverletzlich, auch wenn für die konkrete Lebenspraxis dann doch, wie noch zu zeigen sein wird, Ausnahmen vorgesehen werden mußten. Theologisch im dekalogischen Tötungsverbot wie in der gesamten Auffassung vom Menschen als einem Ebenbild Gottes begründet, unterschied sich diese Sicht dennoch wenig von derjenigen anderer Hochreligionen, denen das Leben ebenfalls als ein Tabu galt, an dem sich ohne besondere Gründe zu vergreifen als Frevel galt.

In besonders ausgeprägter Weise vertrat auf dieser Linie der protestantische Theologe Albert Schweitzer eine Ethik der unbedingten Ehrfurcht vor dem Leben, die er in keiner Weise nur auf das menschliche Leben begrenzt wissen wollte, sondern auf das Leben jeglicher Kreatur überhaupt ausdehnte. Biographisch gründet diese Ethik in einer schon dem Kind nahen Achtung vor allem Leben, die in der personalen Entwicklung dem forschenden Theologen den Umschwung zum Medizinstudium und Urwald-Arzt brachte. Philosophisch ist die Lehre Schweitzers als eine (im weitesten Sinn des Wortes) Lebensphilosophie eine Reaktion auf den cartesischen Rationalismus in all seinen Folgen, wo der berechnenden Ratio das Leben rücksichtslos unterworfen ist. Theologisch ist sie in ihrer oft mit Franz von Assisi verglichenen Sorge „auch für Käfer und Würmer" eine Konkretisierung des umfassenden Liebesgebotes des Herrn, das allerdings nie rein und kompromißlos zu verwirklichen ist und daher fordert, die Lebenszerstörung stets auf das größtmögliche Minimum zu senken.

Wenn auch nicht mit der gleichen Konsequenz und zumeist auf das menschliche Leben begrenzt, vertreten aber auch die Handbücher katholischer Moraltheologie, welche für das Leben stets das alleinige und ausschließliche Verfügungsrecht Gottes als fundamentales Prinzip betont haben, diese Ethik der Ehrfurcht vor dem Leben. Wer sich am Leben vergreift, vergeht sich gegen Gott den Herrn über Leben und Tod, was nicht nur unsittlich ist, sondern auch vom Strafrecht verfolgt werden muß (vgl. Gen 9,6; Num 35,16–21). Hier wird aber dann doch unterschieden zwischen direkter und indirekter Tötung und so versucht, die Absicht hinter der Tat zu gewichten. Vor allem aber wird auch, und zwar schon im biblischen Kontext und eigentlich gegen das Grundprinzip, von berechtigtem Töten gesprochen, um nicht das Prinzip des Lebensschutzes in einer, wenn auch noch so edlen Verabsolutierung praktisch ad absurdum zu führen, so etwa, wenn die Todesstrafe der Staatsmacht zur Erhaltung der öffentlichen Ordnung, bzw. zum Schutz des Lebens einzelner zugestanden oder gar gefordert wird, sofern sie sie nicht willkürlich anwendet. Ähnlich wird auch aus Gründen des Allgemeinwohls die Tötung aus Notwehr zugelassen und später sogar der Tyrannenmord als erlaubt und u.U. geboten erwogen. All diese Einschränkungen bedeuten aber, daß so die prinzipielle These vom alleinigen Verfügungsrecht Gottes über das Leben nicht konsequent durchgehalten werden kann; denn es kann ja kaum glaubwürdig behauptet (und schon gar nicht begründet) werden, wie Gott in all diesen Ausnahmefällen sein Verfügungsrecht an den Menschen abträte, selbst wenn dies nicht an einen einzelnen, sondern an die gesellschaftlichen Autoritäten geschähe. Was daher als ein deontologisch unbedingtes Verbot erscheint, ist so eher als ein dem unkontrollierten menschlichen Hang zur eigennützigen Verfügung über eigenes und fremdes Leben entgegengesetzter Appell zur unbedingten Verantwortlichkeit in dem im übrigen nie bejahten, aber faktisch doch stets zugegebenen, zumindest beschränkten eigenen Lebensverfügungsrecht des Menschen, das freilich stets unter dem teleologischen Anspruch einer größtmöglichen Lebenssicherung steht.

So verweisen die klassischen Beispiele einer rigorosen Lebensschutz-Ethik, dasjenige von A. Schweitzer, das den Menschen notwendig in die Sünde zwingt, wie dasjenige der klassischen katholischen Moraltheologie, das zwar das Prinzip hochhielt, alsdann mit den Ausnahmen aber kaum noch fertig wurde, in einen Engpaß, den es aufzubrechen gilt. Dies geht wohl nur über die Annahme, daß dem Menschen eine bedingte Verfügung über das Leben auch des Menschen zusteht, die es aber eigens zu begründen und kritisch zu entfalten gilt.

Die bedingte Verfügbarkeit über Leben

Wie schon eine individualethische allgemein menschliche Überlegung zeigt, existiert der Mensch nur, insofern er über sein Leben und seine Gesundheit mitverfügt. Schon die bloße Lebenserhaltung, geschweige denn der gesamte kulturelle Fortschritt waren und sind nur unter existentiellem Einsatz möglich und verlangen daher eine entsprechende Risikobereitschaft. D.h. aber nichts anderes, als daß jede menschliche Gemeinschaft vom vollen Einsatz ihrer Glieder lebt und in gewissem Sinn auch über deren Leben, wenn auch nur teilweise und nicht unwiderruflich verfügt. Diese Sicht liegt denn auch einem jüdisch-christlichen Selbstverständnis nahe, weil die da gepriesenen Ideale von Selbstbestimmung, Einsatz und Hingabe ohne eine gewisse Selbstverfügung nicht denkbar sind. Dennoch drängt sich zugleich und mit eher noch deutlicher Schärfe auch die Einsicht auf, daß es sich beim Leben nicht um ein beliebig verfügbares Gut handeln kann. Die Tabuisierung der Lebensverfügung auf primitiveren Kulturstufen wie auch ihre gesetzliche Regelung zeigt, daß die Menschen dies auch stets gespürt haben. Wo Leben zerstört wird (bzw. wo wenigstens die Gefahr dazu besteht) geschieht etwas Unwiderrufliches, das vom Menschen zwar gemacht wird, in seinen Folgen aber nicht voll kontrolliert werden kann. Hier reicht seine nur mitmenschliche Verantwortlichkeit nicht aus, sie stößt an etwas Absolutes. Der Erfahrung der Verfügungsmacht steht somit ebenso originär diejenige ihrer Begrenzung gegenüber. Was das Alte Testament in bildlicher Sprache deutlich macht, wenn es das Leben als

Gabe Gottes betrachtet, für die der Mensch Rechenschaft schuldet (wenn Gott Kain nach seinem Bruder Abel fragt), ist somit der gesamtmenschlichen Grunderfahrung keineswegs fremd: Verfügbar ist Leben nur bedingt.

Was ein solcher erster Hinweis schon andeutet, bestätigt eine tiefere Überlegung, die wie bei jedem ethischen Problem letztlich auf ihre Voraussetzungen im menschlichen Selbstverständnis zurückfragen muß. Dieses Selbstverständnis ist allerdings auf der rein philosophischen Ebene hinsichtlich der Verfügung über das menschliche Leben, wie schon die Überlegungen zum Suizid zeigten, nur recht ungenau faßbar. Wohl gibt es die eben genannte, allgemein menschliche Überzeugungserfahrung, daß das menschliche Leben nicht in den Bereich der beliebig verfügbaren Güter gehört; wohl gibt es aus einer analogen Erfahrung das Wissen um die Eskalationsgefahr, daß nämlich das einmal begonnene Verfügen über Leben bald keine Grenzen mehr kennt und sich dann bloß noch am Vorteil des je Stärkeren mißt. Aber schon die Frage der Abwägung von Gemeinwohl und individuellem Leben macht, wie die Geschichte der Menschheit noch und noch belegt, erhebliche Schwierigkeiten, und zwar nicht erst im Krieg, sondern schon in jeder echten Notlage. Eine kollektivistische Auffassung, wie sie in den antiken Großreichen bis zum Nationalsozialismus gelebt und vom kommunistischen Marxismus sogar als Theorie vertreten wird, urteilt da wesentlich anders als ein vom Christentum und Menschenrechtsgedanken getragenes Ethos, dem die Würde des einzelnen Menschen als unveräußerlicher und unbedingter Wert gilt. Während hier der Mensch „nie bloß Mittel" sein darf, ist dies in der andern Sicht durchaus denkbar. Insofern freilich, nicht zuletzt auf Grund der Erfahrung der menschlichen Greuel im Gefolge kollektivistischer Ansätze, in den Menschenrechten so etwas wie ein Universalethos wenigstens theoretisch allgemein anerkannt ist, kann doch auch auf dieser rein philosophisch-ethischen Ebene ein gewisses ethisches Gefälle festgehalten werden, das die personale Würde jedes Menschen zum Ausgangspunkt auch für einen beschränkenden Umgang mit den Problemen der Lebensverfügung gelten läßt.

Was sich damit einer allgemein menschlichen Ethik als Grund-Kriterium wenigstens ankündigt, wird im Horizont einer christlichen Weltanschauung vollends deutlich. Der Mensch ist das von

Gott als sein Ebenbild geliebte Geschöpf, für das er sogar seinen Sohn dahingab und das er dadurch in die Vollendung, in Gottes endgültige Gegenwart gerufen hat. In der menschlichen Person liegt also trotz ihrer innerweltlichen Vergänglichkeit und Sterblichkeit stets auch ein absoluter Wert, der es verbietet, den Menschen als bloßes Mittel zu gebrauchen. Auch sein irdisches Leben ist somit nicht bloß gegenwärtiges, vergängliches Gut, sondern Ausgangspunkt für die endgültige Erfüllung, in der den Tod je überstehenden Auferstehungshoffnung. Leben ist hier somit stets gleichzeitig als Wert bejaht und auf Erfüllung hin relativiert. Jede Lebensverfügung ist entsprechend in diesem Spannungsfeld zu begreifen, in der „Schon-und-Noch-Nicht"-Spannung des sog. eschatologischen Vorbehalts. Eine bloß innerweltliche, soziale Zukunft oder Utopie vermag daher dieser personalen endgültigen Erfüllung prinzipiell nicht konkurrierend gegenübergestellt werden, womit eine innerweltlich kollektivistische Lebensverfügung zum vornherein außer Betracht fallen muß. Weil zudem der Mensch stets als ganzer in diese Auferstehungshoffnung gestellt und eine manichäische Abwertung des Leiblichen ausgeschlossen ist, entfällt auch eine Geringschätzung des irdisch-biologischen Lebens, über welches dann zugunsten spiritueller Werte einfach verfügt werden könnte. Damit muß der Christ gerade von seinem Schöpfungsglauben her wie auf seine eschatologische Erfüllungshoffnung hin auch zum Anwalt des Wertes eben dieses gegenwärtigen Lebens werden, denn das irdische Leben ist Träger dieser unveräußerlichen Werte; daher ist es schützens- und erhaltenswert, aber als Träger dennoch kein Absolutes.

Erhaltung, Schutz und Entfaltung von Leben werden dadurch zu einem ethisch-christlichen Grundmotiv, das im dekalogischen Tötungsverbot seine minimale Grenze, im Liebesgebot aber, das auch den persönlichen Feind, den Schwachen und den Benachteiligten umfaßt, seine erfüllende Dynamik findet. Daß sich die aus solcher Motivation erwachsende Praxis dann innerweltlich nicht in jedem Fall von einer humanistischen Ethik unterscheiden läßt, ist freilich grundsätzlich (von der inkarnatorischen Struktur jeder christlichen Ethik her) zu erwarten. Dennoch hat die christliche Praxis und zwar trotz aller sündhaften Rückschläge und Einbrüche dem Lebensschutz stets eine besonders hohe Priorität einzuräumen und sich eben darin auch im Vergleich zu andern Weltanschauungen auszuzeichnen. Umgekehrt aber ist solche Lebenserhaltung als Grundmotiv, gerade auch von ihrer eschatologischen Ausrichtung her, nicht als ein starres deontologisches Normprinzip zu verstehen, sondern teleologisch als eine Zielsetzung zu je größter Verwirklichung. Daß gerade dies erlaubt, auch unbedingte Grenzen festzulegen, wo aller Erfahrung nach Lebensentfaltung in keiner Weise mehr möglich ist, bzw. Leben rein als Mittel eingesetzt ist, muß im Folgenden noch konkret deutlich werden, obwohl im Umfeld der Freitod-Problematik dazu schon Wesentliches festgehalten werden konnte. Besonders dringlich aber stellt sich heute das Problem der Verfügbarkeit über Leben jedoch an seinem Anfang und an seinem Ende, d.h. bei der Möglichkeit von Schwangerschaftsabbruch bzw. von Euthanasie.

3. Euthanasie

Die Verfügbarkeit über das mitmenschliche Leben an seinem Ende, im Sterben, soll dabei als erste bedacht werden. Zahlreiche konkrete Fälle von aktiver Sterbehilfe haben in der letzten Zeit die besondere Aufmerksamkeit auf dieses Problem gelenkt. Haben doch die gewaltigen Fortschritte der Medizin und ihrer technischen Möglichkeiten eine künstliche Lebensverlängerung in einem Maß ermöglicht, daß „der vermeintliche Dienst am Mitmenschen in einen Terror der Humanität“ umzuschlagen droht (H. Thielicke). Die aktuellen Forderungen nach der Ermöglichung von Euthanasie können daher zunächst als eine Art erste Auflehnung gegen diesen Terror verstanden werden. Ein näheres Zusehen zeigt aber sogleich, wie ungemein schillernd dieser Begriff der Euthanasie ist. Eine klare Begriffsbestimmung ist daher unerläßlich, selbst wenn man sich darüber einig ist, daß erstens unter dem alles ärztliche Tun normierenden Grundwert der Würde der menschlichen Person, menschliches Leben zwar nie unwertes Leben ist, daß es aber als biologisch vergängliches doch auch nicht beliebig zu verlängern ist, wie daß zweitens unter Tod der Hirntod als vollständiger, irreversibler, zentraler Funktionsausfall des Gehirns zu verstehen ist.

Begriffe und Argumente

Folgende vier Varianten des Wortgebrauchs von Euthanasie drängen sich dann aus dem heutigen Sprachgebrauch vor allem auf: Einmal Euthanasie als menschliche Begleitung beim Sterben durch Angehörige und Seelsorger. Dies entspricht dem ursprünglichen Wortsinn vor der Ära der modernen Medizin und meint die mitmenschliche Hilfe zu einem menschlichen, guten Sterben. Zweitens aber wurde der Begriff Euthanasie auch für die Ausmerzung lebensunwerten Lebens gebraucht, also für das, was man englisch korrekt als „social killing“ bezeichnet. Drittens gilt als Euthanasie auch die Tötung eines Todkranken auf dessen eigenen Wunsch, also die sogenannte „aktive Euthanasie“ oder das „Mercy Killing“, wie sie als ein Anrecht des Menschen von verschiedenen sog. Exit- oder Euthanasiegesellschaften gefordert wird. Schließlich versteht man Euthanasie viertens auch als Verzicht auf oder Absetzen von lebensverlängernden Maßnahmen bei Patienten, deren unabwendbarer Sterbeprozeß schon eingesetzt hat. Hier geht es also um die sogenannte „passive Euthanasie“, die allein in der medizinischen Diskussion zur Debatte steht und die Euthanasie als menschliche Sterbebegleitung wenigstens stillschweigend meist mit voraussetzt. Obwohl schon in einer solchen medizinisch-sachlichen Begriffserklärung die ethische Problematik deutlich durchscheint, zeugen auch die Reaktionen der breiteren Öffentlichkeit wie der Ärzte und Juristen auf die konkreten Fälle für ein ethisches Bewußtsein in dieser Problemstellung, für welche vor allem im Grenzbereich zwischen sog. passiver und aktiver Euthanasie gesetzliche Regelungen weitgehend ausstehen. Dabei zeigt sich, daß hinsichtlich einer passiven Euthanasie fast nur befürwortende Stimmen laut werden und dafür medizinischerseits sogar klare Richtlinien erarbeitet wurden, während für alle Formen aktiver Beihilfe zum Sterben von genannten Exit-Vereinigungen abgesehen allgemein Bedenken geäußert werden.

Dieses Meinungsspektrum entbindet die Ethik jedoch keineswegs von der Frage nach der Berechtigung von Euthanasie in all ihren Schattierungen, wobei diese Frage zunächst wieder auf einer allgemein menschlichen Ebene aufgegriffen werden soll, um sie anschließend aus der christlichen Sicht weiter zu vertiefen zu suchen. Eine nähere Untersuchung stellt dabei zunächst negativ fest, daß Mitleid allein kein ethisches Entscheidungskriterium abgibt. Dagegen stellt die allerdings noch sehr äußerliche Frage nach den sozialen Weiterungen eines permissiven Verhaltens gerade bezüglich der Euthanasie ein wichtiges Kriterium dar. Die Frage „wo käme man hin, wenn ..." zeigt deutlich, daß einer passiven Euthanasie im eben umschriebenen Sinn keine Gründe entgegenstehen, während für jede Form einer aktiven Euthanasie die Weiterungen sofort unabsehbar werden: Aus dem Wunsch nach Tötung bei Todeskrankheit (mercy killing) entsteht nur allzuleicht der soziale Druck, den Tod wünschen zu müssen, um dadurch weitere Belastungen etwa für Angehörige zu vermeiden, womit das Leben eines Menschen einmal mehr sozusagen unter der Hand zum Mittel für andere Zwecke abgewertet würde.

Schwieriger wird es auf einer rein menschlich-philosophischen Ebene über dieses bloß pragmatische Argument hinaus eine unbedingte Grenze in dem sonst doch weitgehend dem Menschen zustehenden Recht auf Selbstverfügung so aufzuzeigen, daß sie Selbsttötung wie Tötung auf Wunsch ausschließt. Immerhin scheint eine tief im Menschen wurzelnde Ehrfurcht vor dem Leben und der Würde des Menschen bei allem Verständnis für die berechtigte passive Euthanasie als dem Verzicht oder Absetzen weiterer therapeutischer Maßnahmen alle Formen einer aktiven Euthanasie als eine Verletzung des dem Menschen Zustehenden zu empfinden, selbst wenn sich dafür keine zwingenden Argumente anführen lassen. Denn diese spontane Scheu und Ehrfurcht vertieft und klärt sich erst in religiöser Sicht.

Moraltheologische Folgerungen

Schon für das Alte Testament ist Jahwe ein Gott des Lebens und der Lebenden; Leben ist sein Geschenk und höchstes Gut, an sich unantastbar außer zum Rechtsschutz und in der Selbstverteidigung, wobei sich sogar dabei eine gewisse Tendenz zu je größerem Lebensschutz feststellen läßt. In diesem Zusammenhang fällt zudem besonders auf, daß entgegen den Bräuchen bei umliegenden Völkern jede Kindstötung (Sir 3,13) ausdrücklich ausgeschlossen ist, wie, daß der Suizid eine extreme Ausnahme darstellt (vgl. zum Beispiel 2 Makk 10,13) und nie zur Beendigung des Leidens geschieht.

Daß dieser Respekt vor dem Leben als einem Geschenk des Schöpfers im Neuen Testament weitergeführt ist und sich verstärkt, steht zu erwarten: Selbst der Haß als mögliches Ansinnen auf das Leben des andern wird geächtet, obwohl das Leben nie als Höchstes gilt, sondern im Glauben als der unbedingten Nachfolge Christi eingesetzt und damit auch riskiert zu werden verdient. Dieser Respekt vor dem Leben prägt aber nicht nur eine christliche Sicht; sie ist ihr vielmehr gemeinsam mit andern Religionen, vor allem mit Islam, Buddhismus und Hinduismus, wo das Leben als Reinigungs- und Prüfungszeit ebenfalls nicht gekürzt werden darf. Teilweise wäre dies beim Glauben an eine Seelenwanderung ohnehin sinnlos; ein Eingriff würde nur die Läuterung als Voraussetzung für ein nächstes, besseres Leben stören, beziehungsweise das gute „Karma" als Verdienst mindern, oder Allahs Willen und die von ihm gewollte Prüfung zu mißachten versuchen. Pflegender Beistand beim Kranken und Schmerzlinderung gelten besonders dem Islam, aber auch dem Buddhismus als verdienstlich, aber eine Beendigung des Lebens auch aus Mitleid gälte als Frevel.

Kurz, das Leben erweist sich als ein Wert, der, wenn er auch um höherer Güter willen riskiert werden kann, nicht in der freien Verfügung des Menschen steht. Aus der Überlegung von möglichen Folgen, aus einem humanen Grundgefühl, sowie vor allem aus religiöser Bindung ist daher aktive Euthanasie ethisch unverantwortbar. Dies verlangt freilich keine grenzenlose Lebensverlängerung, sondern Anerkennung des Lebens als eines endlichen und doch nicht einfach frei verfügbaren Schöpfungsgutes. Entsprechend hat, von seltenen Ausnahmen abgesehen die christliche Ethik denn auch eine aktive Euthanasie im Sinn einer direkten Herbeiführung des Todes stets abgelehnt, einen Verzicht auf weitere Therapie wie die Linderung von Schmerzen sogar unter dem Risiko einer gewissen Lebensverkürzung jedoch stets als ethisch zulässige Möglichkeit betrachtet und die begleitende mitmenschliche Stütze und Hilfe als Werk der Barmherzigkeit sogar stets gefordert. Was sich angesichts der Möglichkeiten der modernen Medizin als konkrete ehtische Richtlinie ergibt, ist somit nichts Neues, sondern eher die von der ethischen Grunderkenntnis bedingter Verfügbarkeit über das menschliche Leben her nötige Klärungshilfe und Stütze im Entscheidungsprozeß einer solchen passiven Euthanasie als einer Annahme der prinzipiellen Sterblichkeit für den Betroffenen selber, wie für die Angehörigen und die medizinisch pflegerischen Betreuer. Sozialethisch wird außerdem vor allem die Sorge um eine dieser sittlichen Einsicht förderlichen Gesetzgebung als Aufgabe angesprochen werden müssen, damit weder permissiv Leben in die beliebige Verfügbarkeit entlassen, noch durch falsch verstandene Haft- und Garantenpflichten der Ärzte sinnvoll menschliches Sterbenlassen verunmöglicht wird, wobei dazu berufsbezogene Richtlinien meist mehr an Sittlichkeit garantieren helfen als strafrechtliche Normen.

4. Schwangerschaftsabbruch

Begriffe und Tatsachen

Wenn auch das Leben in jeder seiner Phasen als Gabe Gottes erhaltens-, entfaltens- und damit schützenswert ist, so fordern doch Perioden seiner besonderen Gefährdung besondere Sorge und Aufmerksamkeit. Dies trifft neben seiner letzten Phase in besonderer Weise zu für die Zeit an seinem Beginn, vorab in der pränatalen Phase, wo das werdende Leben selber noch nichts zu seinem Schutz vorzukehren vermag, und doch in einer Mentalität der allgemeinen Verfügbarkeit über Leben der beliebigen Zerstörung durch den Abbruch der Schwangerschaft besonders ausgesetzt ist.

Um aber das sich damit stellende ethische Problem überhaupt richtig fassen zu können, ist es unerläßlich, sich Klarheit darüber zu verschaffen, von welchem Zeitpunkt an überhaupt zu Recht von menschlichem Leben die Rede sein kann, zumal darüber unterschiedliche Meinungen vertreten werden. Während die meisten, vor allem auch medizinisch-embryologische Fachvertreter den Beginn mit der Verschmelzung der männlichen und weiblichen Keimzelle, also mit der Befruchtung annehmen, vertreten andere als Anfang den Zeitpunkt des Abschlusses der Nidation, der Einnistung des befruchteten Eies und des damit eingeleiteten eigentlichen Beginns der Schwangerschaft, wie sie etwa vom 7. bis 12. Tag nach der Befruchtung erfolgt. Wieder andere halten den Zeitpunkt der Individuation als personalen Anfang des Menschen, weil da die eindeutige und endgültige Festlegung des Individuums erfolge bzw. weil danach, d.h. etwa nach dem 14. Tag nach der Befruchtung das Auseinandertreten des menschlichen Keims in Mehrlinge unmöglich wird. Schließlich wird sogar erst der Zeitpunkt der Herausbildung der menschlichen Großhirnrinde und der Differenzierung der Gehirnfunktionen des Fötus mit Abschluß der Embryonalentwicklung, wie sie einigen Fachleuten zufolge nach 40 Tagen, nach der Meinung anderer aber erst nach dem dritten Monat (= 12 Wochen) erfolgt, als Anfang menschlichen Lebens angenommen.

So verschieden aber diese Ansätze auch lauten, ethisch scheinen sie von geringer Relevanz. Denn insofern der Zeitpunkt der Individuation und der Personalisation menschlichen Lebens auch von einer empirisch orientierten philosophischen Anthropologie nicht präzis bestimmt werden kann, muß unter ethischem Gesichtspunkt von allem Anfang an, d.h. von der Befruchtung an mit einer „wie immer zu definierenden Präsenz individueller Personalität" gerechnet werden. Das heißt, die Frage nach der Existenz spezifisch menschlichen Lebens steht von der Befruchtung an zumindest „unter einem positiven Zweifel", der das sittliche Gewissen verpflichtet, auf jeden Fall „den sicheren Weg" zu wählen (A. Auer). Da zudem die Embryonalmedizin mit der Befruchtung eindeutig eigenes und auch schon mit dem mütterlichen Organismus verbundenes Leben feststellt und alle andern Einschnitte im Vergleich dazu als sekundär gelten müssen, ist auch unter dieser Rücksicht nur der Zeitpunkt der Befruchtung als Beginn wirklich menschlichen Lebens feststellbar. Von diesem Zeitpunkt an, wird ein Abbruch dieses Lebensprozesses somit auch zur Tötung menschlichen Lebens.

Damit ist aber auch schon deutlich, daß es ethisch gesprochen weder bestimmte „Fristen" noch bestimmte Umstände, sog. „Indikationen" geben kann, in welchen der Abbruch dieses Werde-Prozesses unbedenklich wäre. Denn stets geht es um menschliches Leben, das seine Personalität schon potentiell enthält und zu entfalten beginnt und das durch einen solchen Eingriff unwiderruflich zerstört wird. Wenn dennoch ethisch sinnvoll von „Indikationen" die Rede ist, kann es sich somit nicht um Gründe für eine ethische Erlaubtheit handeln, sondern zunächst nur um Verumständungen, wo das Austragen einer Schwangerschaft besondere sittlich eigens zu erörternde Probleme stellt. In diesem Sinn stehen vor allem vier solche

Indikationen zur Diskussion, nämlich einmal die sog. medizinische Indikation, wo durch die Schwangerschaft für das Leben der Mutter unmittelbar eine große Gefahr besteht. Dabei wäre noch des genauern zu differenzieren zwischen einer absolut-vital-medizinischen (d.h. bei gegebener, sicherer Gefährdung) und einer relativ-prophylaktisch (d.h. bei voraussehbarer Gefährdung) medizinischen Indikation. Daneben läßt die eugenische Indikation aus der Sorge um einen (erb)gesunden Nachwuchs einen Schwangerschaftsabbruch in jenen Fällen erwägen, wo eine schwere Mißbildung oder erbkranker und erbschwacher Nachwuchs zu erwarten ist, wobei es letztlich um die Tötung von ungeborenem Leben aufgrund der grundsätzlichen Unterscheidung zwischen lebenswertem und lebensunwertem Leben, allenfalls auch zur Vermeidung sozialer Folgelasten und -kosten geht. Es folgt drittens die mißverständlich so genannte „ethische" Indikation (deshalb besser: Vergewaltigungs- oder Notzuchtindikation), welche aufgrund der seelischen Notlage einer Mutter, deren Schwangerschaft einer Vergewaltigung entstammt oder gegen ihren eigenen Willen aufgezwungen worden ist, eine Abtreibung als angezeigt erwägt.

In einer gewissen Ausweitung des Begriffs wird in diesem Zusammenhang auch von einer psychologischen Indikation dort gesprochen, wo die Mutter wegen schwerer Ängste kaum in der Lage sein dürfte, das empfangene Leben voll auszutragen oder das Kind nach der Geburt anzunehmen. Die soziale Indikation schließlich hält einen Schwangerschaftsabbruch für möglich, wo das zu erwartende Kind für eine Familie eine allzu große soziale oder wirtschaftliche Notlage mit sich brächte. Auch hier wäre genauer zwischen einer rein-sozialen und einer gemischt-sozial-psychologischen, also einer wirklichen und einer bloß befürchteten Indikation zu unterscheiden. Als weitere Formen wird heute gelegentlich dem Indikationenkatalog noch die „kindliche" Indikation beigefügt, wonach bei einer Mutter, die noch nicht das 16. Lebensjahr vollendet hat, das Austragen einer Schwangerschaft für unzumutbar gehalten wird. Ferner ist vor allem aufgrund der veröffentlichten Bekenntnisse von Ballett-Tänzerinnen, Schauspielerinnen u.ä. von einer professionellen oder gar kosmetischen Indikation die Rede, wonach aus beruflichen Gründen oder aus solchen der körperlichen Schönheit eine Schwangerschaft als untragbar empfunden wird.

Gerade diese letzten Indikationsformen zeigen aber, wie schnell man bei der Einschätzung der Kriterien dafür, was zumutbar ist und was nicht, auf eine schiefe Ebene gelangen kann, und wo das einmalige Leben als unwiderruflicher Wert gegen höchst zeitbedingte Werte abgewogen zu werden beginnt. Zudem zeigt sich immer wieder, daß sich im Laufe der Schwangerschaft die Haltung und Einstellung der Mutter zur Schwangerschaft selbst wie zum werdenden Kind wandeln kann und das, was zu Beginn ichbezogen als eine untragbare Last empfunden wurde, zu einer kindbezogenen Aufgabe wird. Erwiesenermaßen wächst dieses Muttergefühl besonders stark, sobald einerseits etwa in der 13. Schwangerschaftswoche die Kindsbewegungen spürbar werden und anderseits der Eingriff selber nur noch mit erheblichen Risiken für die Mutter durchgeführt werden kann. Gerade diese letzten Hinweise zeigen aber, wie unangemessen es ist, für eine bestimmte Frist den Schwangerschaftsabbruch in eine bloße Beliebigkeit zu stellen. Aber auch unter den genannten Indikationen kann der Abbruch nicht einfach als berechtigte Alternative angesehen werden, so sehr unter solchen erschwerenden Umständen zusätzliche Hilfestellungen nötig werden können und eine bloß strafrechtliche Beurteilung der gesamten menschlichen Problematik keinesfalls angemessen ist. Allerdings bedarf diese Sicht dann einer eigenen ethischen Begründung.

Ethische Begründung

Diese kann allerdings auch in diesem vorgeburtlichen Bereich nicht einfach davon ausgehen, daß menschliches Leben als Geschenk Gottes jeder direkten Verfügung des Menschen entzogen ist, während eine indirekte Verfügung allenfalls hingehen könnte. Die praktisch nicht haltbaren Folgen eines solchen Denkansatzes zwingen vielmehr dazu, analog zu der schon beim Problemfeld „Euthanasie" vorgebrachten Denkweise, das Leben des Menschen christlich in seiner Würde so zu begreifen, daß nicht einfach jedes, wohl aber das willkürliche Verfügen darüber unsittlich ist. Die Aufgabe einer Ablehnung des Schwangerschaftsabbruchs in ethischer Begründung wird sich daher stets darauf richten, die unberechtigte Willkür des Eingriffs aufzuzeigen, bzw. nachzuweisen, wie die zur Abwägung gelangenden Güter im Vergleich zum Leben letztlich inkommensurabel sind.

Daß dabei die Frage nach der strafrechtlichen Ahndung, der allenfalls eine stützende und erzieherische Funktion zukommt, ethisch nicht im Vordergrund stehen darf, versteht sich. Weil sich aber daran die ganze Diskussion der letzten Jahrzehnte entzündete, sei dazu immerhin festgehalten: Die Tatsache einer großen Zahl illegaler, aber kaum je geahndeter Abtreibungen läßt vielen die gesetzlichen Verbote als überholt erscheinen, weil tendenziell so auch das sittliche Bewußtsein zerstört zu werden beginnt, bzw. dem Recht als solchem, das eben durchsetzbar sein muß, Abbruch getan werde. Zudem tragen diese gesetzlichen Verbote oft den sozial psychologischen Bedingungen zu wenig Rechnung und sind entsprechend für den Bemittelten leichter zu umgehen, was zumindest anstößig ist. Diesen echten Mängeln zu begegnen, ist die berechtigte Absicht der angestrebten Strafrechtsreformen, die dann allerdings zumeist nicht den Weg der Verbesserung des geltenden Rechts, sondern den Rückzug des Lebensschutzes auf eine scheinbar noch „haltbare Linie" für die Zeit nach dem dritten Schwangerschaftsmonat mit einer Fristenlösung suchen. D.h. der Lebensschutz wird strafrechtlich für *drei* Monate voll in die eigene, ungeschützte Entscheidungsfreiheit der Schwangeren gegeben, bzw. es wird dem menschlichen Leben in den ersten drei Monaten seiner Existenz der Rechtsschutz entzogen mit allen Konsequenzen, die das für das sittliche Bewußtsein der öffentlichen Meinung, wenn auch nicht notwendigerweise, so doch aller Voraussicht nach, haben wird.

Als Ausgangspunkt der ethischen Überlegung gilt es dagegen vielmehr festzuhalten, daß Leben stets ein Gut und also der Schwangerschaftsabbruch noch vor jeder sittlichen Beurteilung in jedem Fall als Lebenszerstörung ein Übel darstellt, auch wenn damit nicht zum vornherein ausgeschlossen ist, daß das Leben als Wert mit andern Werten (etwa Freiheit der Frau, die eine Schwangerschaft nicht annehmen kann) in Konkurrenz treten kann. Vielmehr geht es darum, solche Wertkonkurrenzen je neu durch sorgfältiges Abwägen zu klären. Dabei ist allerdings entsprechend der einleitenden Überlegungen zu bedenken, wie im Verfügenkönnen über alle Güter, das menschliche Leben nicht ausgenommen, gerade das ungeborene, also noch wenig bemerkte und damit schwache Leben der willkürlichen Verfügung ausgesetzt ist und heute sogar unter einem negativen Vorurteil steht, weil der provozierte Abort vielen geradezu als „banale Angelegenheit“ gilt (J. Hersch), mit welcher kurzschlüssig personale wie soziale Probleme gelöst werden könnten. Weil somit in unserer Gesellschaft das schwache, ungeborene Leben gefährdet ist, ist ihm ein besonderer Schutz zuzumessen. Soziale Schutzmaßnahmen, die dieses Leben und seine Mutter schützen, sind daher auf alle Fälle zu fördern.

Trotzdem bleibt aber die Frage unausweichlich, ob nicht allenfalls andere Werte höher einzustufen wären als dieses ungeborene, biologische Leben, wobei sich als erstes die Frage stellt, ob nicht das Leben der Mutter einen solchen vergleichbaren Gegenwert darstellen könne. Zwar hat die traditionelle Moraltheologie in „ehrfurchtgebietender Strenge“ (K. Barth) auch in diesem Fall jeden Eingriff abgelehnt, auch wenn so zwei Leben, das von Mutter und Kind, dem Tod preisgegeben wurden. Wenn nun eine solche Konsequenz gerade aus Ehrfurcht vor dem Leben, das stets so weit als irgend möglich zu bewahren ist, dennoch als unannehmbar erscheint, so nicht, weil nun plötzlich nach dem Grundsatz „der Zweck heiligt die Mittel“ vorgegangen werden dürfte, sondern weil es das Ziel jeder medizinischen Handlung sein muß, Leben möglichst zu erhalten. Entsprechend kann es nicht ihre Pflicht sein, in einem Sonderfall „den Entscheid Gott zu überlassen“, sondern so viel an Leben als möglich zu erhalten, ohne daß dadurch eine feste allgemeine Regel vorgegeben werden könnte. Dabei wird also auch nicht etwa prinzipiell gegen das ungeborene Leben zugunsten des Lebens der Mutter optiert, sondern es wird die Möglichkeit offen gelassen, unter Umständen jenes Leben zu bevorzugen, bei welchem die größeren Chancen zur Rettung bestehen, während der Tod des andern dann in Kauf genommen oder „zugelassen“ wird.

Während in diesem Fall der sog. medizinischen Vitalindikation zwei unbedingt vergleichbare Werte, nämlich das Leben zweier Personen gegeneinander stehen und bestmöglich bewahrt und erhalten werden sollen, trifft dies bei allen andern derzeit ebenfalls diskutierten Indikations-Fällen nicht zu. So wird vor allem auch als Gegenwert die „Lebensqualität“, bzw. das präsumtive Schicksal des Kindes bedacht: Ein unerwünschtes, und daher wohl ungeliebtes Kind hat aller Erfahrung nach ein schweres Schicksal. Asozialität,

Marginalität, Verbrechen sind, wie die Statistiken zeigen, nur zu oft sein Schicksal. Wäre es da nicht besser, zugunsten des Kindes, die unerwünschte Schwangerschaft abzubrechen? Nun wäre es zunächst absolut unverantwortlich, die in diesen Überlegungen enthaltenen Werte als gering oder einfach sekundär einzustufen. Es kommt ihnen wirklich hohe, lebenserhaltende Kraft zu. Diese aber entfalten sie nur, wo sie dem Leben als solchem dienen und keinesfalls, wenn ihre mangelhafte Verwirklichung durch Zerstörung von Leben ausgeschlossen wird. Ganz abgesehen davon aber ist der Aufbau von Lebensqualität immer neu möglich (und daher auch eine unbedingte personale wie sozialethische Aufgabe), sie ist folglich ein Wert, dem der unwiderruflich einmalige Wert Leben keinesfalls vergleichbar gegenübergestellt werden kann. Wer daher eine Güterabwägung von Leben gegen Lebensqualität vornimmt, verzweckt trotz allfällig mitmenschlich achtenswerten Motiven das einmalige Leben einmal mehr zum Mittel für andere Zwecke.

In ähnlicher Weise ist aber auch der Versuch im Fall erbgeschädigten Lebens den Schwangerschaftsabbruch mit der Euthanasie zu vergleichen, nicht stichhaltig, weil es sich dabei ja um einen Vergleich mit der ethisch ebenfalls nicht verantwortbaren, aktiven Euthanasie des „mercy killing" handeln würde, einmal ganz abgesehen davon, daß es sich hier um Leben im Aufbau handelt, dessen Los prinzipiell verbesserungsfähig ist und nicht um einen Sterbeprozeß, der keine Heilung mehr erwarten läßt. Tatsächlich mündet denn auch trotz aller Akzeptanz in der gegenwärtigen öffentlichen Meinung der Schwangerschaftsabbruch bei eugenischer Indikation, d. h. wenn eine Mißbildung des Embryos aufgrund von Fruchtwasseruntersuchung u. ä. feststeht, in eine Art pränatale aktive Euthanasie, die von einem „mercy killing" nur allzuleicht in ein „social killing", also in ein Ausmerzen lebensunwerten Lebens abgleitet. Insofern auch hier korrigierbare Werte dem unkorrigierbar endgültigen Wert des Lebens gegenübergestellt werden, kann eine Abwägung nur zugunsten des prinzipiell einmaligen Lebenswertes ausfallen. Ein Schwangerschaftsabbruch kann entsprechend ethisch nicht in Frage kommen, und die an sich richtige Erkenntnis, daß nur angenommenes Leben zu voll personalem menschlichen Leben wird, gibt kein Recht, Leben im Zweifelsfall zu töten, sondern ist ein Aufruf zu entsprechender, auch sozialer Verantwortlichkeit, eine Verantwortung, die auch bei unerwünschten Schwangerschaften meist spontan wächst und christlich sogar im extremen Fall einer aus Vergewaltigung hervorgegangenen Schwangerschaft zu beachten wäre. Daß freilich die Annahme einer auf diese entwürdigende Weise aufgezwungenen Schwangerschaft bei aller Einsicht in den unbedingten Wert auch des so entstandenen menschlichen Lebens nur aus dem Glauben, d. h. aus der tieferen religiösen Dimension des Kreuzes, in welchem auch die Folgen fremder Schuld durchgetragen und angenommen werden können, möglich ist, darf freilich nicht übersehen werden.

Damit ergibt eine sorgfältige Güterabwägung für den gesamten Bereich des Schwangerschaftsabbruchs, daß nur im Ausnahmefall der eindeutigen medizinisch vitalen Indikation überhaupt kommensurable Werte vorliegen und in allen andern Fällen prinzipiell verbesserbare Werte dem endgültig einmaligen Lebenswert gegenüberstehen. Daß dies nicht nur für so ichbezogene Werte wie Karriere oder Schönheit, sondern auch für die existentiell bedeutsamen Werte der Lebensqualität gilt, zeigen die bisherigen Überlegungen, und entsprechend muß dann auch bei all diesen derzeit diskutierten Indikationen die ethisch verantwortete Entscheidung zugunsten der Schwangerschaft, bzw. des werdenden Lebens fallen, wobei allerdings die Verantwortung dafür nie nur den direkt Betroffenen allein überlassen bleiben darf, sondern sozial von allen mitgetragen werden muß.

Mit dieser Umschreibung der sittlichen Verantwortlichkeit ist nun allerdings noch nichts darüber ausgesagt, inwiefern die Nichtbeachtung der ethisch vertretenen Grundsätze auch strafrechtlich geahndet werden müßte. Obwohl dies natürlich für jede ethische Überlegung gilt, sei darauf angesichts der diesbezüglich aktuell intensiven Diskussion noch eigens eingegangen.

Das Problem der Pönalisierung

Obwohl der gesetzlichen Strafbarkeit eine bewußtseinsbildende Kraft auch im ethischen Sinn zweifellos zukommt, ist eine möglichst enge strafrechtliche Ahndung kaum der Weg, mit welchem ethische Werte und so auch das noch ungeborene Leben am besten zu schützen ist. Denn einmal läßt sich diese in einer pluralistisch-demokratischen Gesellschaft gegen die öffentliche Meinung ohnehin kaum durchsetzen (und ein Polizeistaat wäre keine Alternative), und zweitens bewirken strafrechtliche Sanktionen doch kaum je wirkliche Einsicht. Umgekehrt verkennt aber eine völlige Straffreigabe (auch wenn sie sich als Fristenlösung auf die ersten 12 Wochen der Schwangerschaft beschränkt) die Tatsache, daß auch gesellschaftlich der Lebensschutz gewährleistet sein muß, wenn Lebensverfügbarkeit nicht allgemein in die beliebige Willkür fallen soll.

Der Mittelweg, welcher unter bestimmten Bedingungen oder „Indikationen" von der strafrechtlichen Ahndung absieht, gleichzeitig aber durch soziale Maßnahmen klar macht, wie viel an werdendem Leben gelegen ist, dürfte daher der den sittlichen Werten dienlichste sein, obwohl auch er der Meinung Vorschub leistet, bei der von der Strafe ausnehmenden Indikation handle es sich um eine sittliche Erlaubtheit. Dagegen wird jedoch vor allem eine Gewissensbildung bei den einzelnen wie in der öffentlichen Meinung anzugehen haben.

Für das breite Feld zu solcher Gewissensbildung, aber auch für Einzelberatung, soziale Hilfsmaßnahmen, Bildung der öffentlichen Meinung, politisch-juristische Maßnahmen bietet sich dann der Gemeinschaft der Christen, also der Kirche als einem „Vortrupp" des Lebens ein breites Aktionsfeld, das allerdings in einer gelebten und sakramental im Gottesdienst auch bezeugten Achtung vor jedem Leben gründen muß, um glaubwürdig und damit wirksam zu sein. Vollends auf die Gewissensbildung allein abstellen wird man jedoch vor allem dann müssen, wenn sich der Frühabort durch chemische Nidationshemmer über eine unkontrollierte und einfache Verbreitung von Pillen in Zukunft durchsetzen sollte.

5. *Todesstrafe*

Die Frage nach der Verfügbarkeit über das menschliche Leben stellt sich allerdings nicht nur an seinem Anfang und Ende, wo es als irdische Existenz weniger bejaht und damit gefährdet ist. Sie stellt sich auch immer wieder dort, wo Menschen durch ihr eigenes Leben zerstörendes Verhalten scheinbar ihren Anspruch auf Achtung ihres Lebens gerechterweise nicht mehr legitimieren können, wo sie ihr

Leben „ver-wirkt“ haben und wo, wie meist im Gefolge schwerer Gewaltverbrechen, der Ruf nach der Todesstrafe laut wird. Mancher stellt sich da die Frage, ob denn ein solcher Verbrecher noch Anspruch auf Gerechtigkeit und Personwürde habe. Trotzdem bleibt dem Menschen auch bei solchen Überlegungen trotz aller spontanen Regung, die den Tod des Übeltäters will, eine letzte Überzeugung, daß auch der Verbrecher Mensch bleibt und daher nicht einfach, auch nicht über eigens dazu geschaffene Gerichte über ihn verfügt werden kann.

Verbrechen und Strafe im allgemeinen

Wenn auch die Zweifel des Verstandes in dieser Frage begreiflich sein mögen, hier ist dem Gefühl, daß ein Mensch seine Würde nie verliert, wirklich der Vorzug zu geben: Mit der Klarsicht des Herzens sieht es die Sachlage nämlich eindeutig richtig. Die Würde des Menschen liegt darin, daß er als freie Person sein Leben selber erkennen und planen kann, daß er, christlich gesprochen, als Abbild Gottes etwas von dessen schöpferischer Gestaltungskraft widerspiegelt, ja daß er dafür im buchstäblichen Sinn ver-antwortlich als zu einer persönlichen Antwort Gott gegenüber fähig und verpflichtet ist. Diese gottgewollte Eigenständigkeit des Menschen geht sogar so weit, daß der Mensch, dem ursprünglichen Schöpfungssinn zum Trotz, seine Eigenständigkeit nicht nur in Partnerschaft zum Schöpfer, sondern, allerdings völlig widersinnig, auch gegen Gott und seinen Willen verwirklichen kann. Letztlich handelt der Mensch damit zwar selbstzerstörerisch, aber nicht unmöglich.

Ein Verbrechen, das die Mitmenschlichkeit mit Füßen tritt und damit die Schöpfung tendenziell zerstört, ist so wirklich in letzter und eigentlicher Konsequenz eine Gotteslästerung oder Blasphemie, weil es in der Zerstörung des gottebenbildlichen Menschen im Grund die Schöpfung als Ganze und damit auch den Schöpfer in Frage stellt.

Wenn somit ein aus freier, selbstüberheblicher Willkür gesetztes Verbrechen sich rücksichtslos über Recht und Anspruch der Mitmenschen hinwegsetzt, dann betrifft dies tatsächlich über den menschlichen Rahmen hinaus stets auch Gott selber; aber es ist doch als Tat des Menschen nie etwas Endgültiges, Unwiderrufliches. Selbst unter der Voraussetzung, daß jemand seine Untat in völliger geistiger und willentlicher Zurechnungsfähigkeit gesetzt hätte (und dies dürfte ja nur in Ausnahmefällen zutreffen), bleibt dem Menschen die Möglichkeit, auf seinen Entscheid zurückzukommen. Er kann, solange er lebt, bereuen und neu anfangen. Solange jemand lebt, darf man ihn deshalb auch nie abschreiben, und wer jemanden liebt, wie etwa eine Mutter ihren Sohn, wird ihm oft gegen jede Prognose der Vernunft schon rein menschlich immer neu eine Chance einräumen.

Der Christ aber, der einerseits um seine eigene, stets auch neu wieder erfahrene Erlösungsbedürftigkeit weiß und andererseits an die ihm in Christus zugesprochene Versöhnung glaubt, kann und darf einem anderen Menschen, und mag sich dieser noch so weit von Gott und seiner Ordnung entfernt haben, diese Möglichkeit nie absprechen. Er müßte sie sogar mit allem, was in seinen Kräften steht, fördern, im persönlichen Bereich einer aktiven Verzeihensbereitschaft so gut wie in demjenigen der öffentlichen Meinung hinsichtlich Strafrecht und Strafvollzug, wo dem Verbrecher gegenüber so oft Gefühle von Rache und Vergeltung im Vordergrund stehen und vergessen wird, daß der Mensch, auch da, wo er sich von Gott abwendet, noch das von ihm geliebte und zur Umkehr gerufene Geschöpf bleibt, über das zu richten Gott allein vorbehalten bleibt (vgl. Mt 7, 1 f; Röm 12, 19). Das alles ist allerdings menschlichem Empfinden und Verstand irgendwie zuwider. Schon die Jünger Jesu hatten offenbar Mühe, es wirklich zu begreifen, und so fragt Petrus Jesus denn einmal sehr erstaunt, ob man jemand denn wirklich bis zu siebenmal verzeihen müsse. Die Antwort Jesu läßt an Klarheit nichts zu wünschen übrig: Nicht bloß siebenmal, sondern siebenundsiebzigmal, also immer wieder neu ist der Christ verpflichtet, zu verzeihen und so die Chance zum Neuanfang zu geben, einmal weil er selber immer wieder solcher Nachsicht bedarf, und dann, weil er in der Nachfolge Christi sich verpflichtet fühlen müßte, sich sogar, im Sinn des Gleichnisses vom guten Hirten, in besonderer Weise um das verlorene Schaf zu kümmern und dies entgegen aller noch so verständlichen inneren Auflehnung angesichts der Ruchlosigkeit von Gewaltverbrechen wie Terror oder Erpressung.

Die Rolle der menschlichen Gerichte und ihrer Autorität liegt somit nicht darin, in einer, wenn auch noch so abbildhaften Teilhabe an Gottes endzeitlicher richterlicher Autorität zu richten und zu strafen und dabei erst noch das Moment von Barmherzigkeit und Gnade zu übersehen. Sie liegt vielmehr darin, für einen möglichst gerechten Ausgleich nach geschehener Untat und für die entsprechende Verhinderung weiterer Schädigungen unschuldiger Menschen besorgt zu sein. Auch einschneidende, die Freiheit und Selbständigkeit eines Menschen beschränkende Maßnahmen sind daher, obwohl vom Strafrichter verhängt, als solche Schutz- und Ausgleichsmaßnahmen zu verstehen und nicht im eigentlichen Sinn als von Menschen auferlegte Sühne einer Untat. (Zur Sühne würden sie ohnehin erst, wenn der Betroffene sie als solche annimmt und persönlich durchträgt.)

Körperliche Strafen entbehren so ganz allgemein jeden ethischen Sinnes. Was für die harmloseren Strafen in der Erziehung, wo man über einen gewissen Sinn als „Denkzettel" allenfalls noch diskutieren könnte, von den Erkenntnissen der Pädagogik überholt ist, gilt noch deutlicher für die körperliche Züchtigung auf richterliche Veranlassung: Sie trägt nichts bei zur Verbesserung des Ethos. Vollends unsittlich aber wird eine solche Züchtigung, wo sie als Folter zur Erpressung von Geständnissen eingesetzt wird. Denn als ein direkter und gewollter Angriff auf die Integrität der Person trifft sie den unbedingten Wert des Menschen als des Ebenbildes Gottes, dem keine andern, allenfalls durch Folter zu erreichende Werte je als so berechtigt gegenübergestellt werden können, daß Folter als Maßnahme ethisch auch nur erwogen werden dürfte.

Tod als Strafe?

Daß es damit keinen Raum mehr für eine Todesstrafe im Sinn einer Sühne gibt, versteht sich dann allerdings von selbst; das sittliche Urteil ist hier kategorisch. Anders allerdings wird die Situation, wenn durch das Weiterleben dieses Menschen direkt und aller nachweislichen Wahrscheinlichkeit nach das Leben anderer unschuldiger Menschen bedroht ist, nämlich dort, wo keine andere Maßnahme diesen Schutz mehr zu gewährleisten vermöchte, wie etwa im Fall mordender Marodeure nach einer Naturkatastrophe oder im modernen Bandenterror, wo Geiselnahmen zur erpresserischen Befreiung früher gefaßter Bandenmitglieder ein neues und eigenes Problem darstellen. Wo bei einem gefangenen Terroristen mit der realen Gefahr einer solchen Erpressung durch unschuldige Geiseln gerechnet werden muß, kann die Wiedererwägung eines Todesurteils als einzig mögliche Schutzmaßnahme entsprechend nicht zum vornherein als unsittlich angesehen werden, obwohl selbst da wegen der Gefahr der Eskalation der Gewalt im öffentlichen Bereich äußerste Zurückhaltung ethisch geboten erscheint.

Wenn daher in einem solchen Fall nachgewiesener Mordtaten und in der Unmöglichkeit, deren Weiterung anders als durch die Tötung dieses Menschen abzuwehren, ein Todesurteil gefällt und ausgeführt wird, dann darf dies, wie die christliche Ethik es in den letzten Jahren immer deutlicher zu verstehen gelernt hat, konsequenterweise nicht eigentlich als Todes-*Strafe,* sondern muß als Akt zur Sicherung der Gemeinwohlverordnung und der Notwehr durch die in der menschlichen Gemeinschaft zuständige, legitime Instanz zum Schutz Unschuldiger gewertet werden. Zwar ist auch unter diesen Voraussetzungen äußerste Zurückhaltung, nicht zuletzt wegen der stets drohenden Gefahr der Eskalation der Gewalt, geboten. Ethisch unmöglich aber ist eine solche Tötungs-Maßnahme im Gegensatz zur Todesstrafe nicht, eben weil es sich nicht um Strafe und noch weniger um eine Verzwekkung eines menschlichen Lebens (etwa zur bloßen Abschreckung), sondern um Sicherung und Notwehr handelt, also um eine Art „vitaler Indikation“, auf die der Christ zwar aus dem Ideal der christlichen Gewaltfreiheit als eschatologischem Ziel für sich selber verzichten kann, die aber, wenn der Lebensschutz unschuldiger Dritter auf dem Spiel steht, nach allen hier ausgeführten Prinzipien einer bedingten Verfügbarkeit des Menschen über menschliches Leben, zu dessen größtmöglicher Erhaltung als berechtigte sittliche Möglichkeit, restriktiv offen gelassen werden muß.

6. Gefährdung des Lebens zwischen Anmaßung und verantwortetem Risiko

Die allgemeine Pflicht zur Minimierung

Daß zum Lebensschutz nicht nur Tötungsverbote als Ersatz für die im Tierreich gegebenen Instinkthemmungen gehören, sondern auch die Verpflichtung zu Aufbau und Schutz, wurde z. B. mit dem Hinweis auf die Werke der Barmherzigkeit oder die Sozialrechte der Menschenrechtscharta schon angedeutet. Zwischen solchen positiven Forderungen und dem negativen Verbot liegt aber noch jener Zwischenbereich, in welchem man mitmenschlichem Leben zwar nichts anhaben will, es u. U. sogar fördert, es aber doch direkten Gefährdungen mehr oder weniger bewußt aussetzt. Es versteht sich, daß die hohe Wertigkeit des Lebens die Minimalisierung solcher Gefährdung verlangt, wie auch, daß andere menschliche Werte diesbezüglich dennoch einen gewissen Risikospielraum offenlassen müssen.

So sehr nun dies aber prinzipiell klar ist, so vielfältig sind die Anwendungsgebiete, die vom öffentlichen Schutz (und daher der Verpflichtung zu entsprechendem Aufwand, z. B. Feuerwehr, Gesundheitspolizei etc.) über berufliche Schutzmaßnahmen etwa durch entsprechende Industriegesetzgebungen und Betriebsvorschriften bis zu Vorschriften und Maßnahmen für die Sicherheit im Haushalt reichen. Ihre sinnvolle Pflege wie ihr angemessener Ausbau gehören daher ebenso zu den Aufgaben einer lebensschützenden Ethik wie die Maßnahmen zu einer Minimierung der in unserer Zeit besonders bedeutsamen Gefährdung des mitmenschlichen Lebens im Straßenverkehr. Fahrlässige Steigerung der Gefährdung (Alkohol, Raserei, mangelhafte Fahrzeuge u. ä.) bedeutet daher, was oft noch viel zu wenig bewußt ist, eine direkte Mißachtung des Lebens von Mitmenschen, die gerade auch aus der Sicht einer christlichen Ethik als fahrlässige, wenn nicht gar mutwillige Anmaßung angeprangert werden muß. Was individualethisch über gewisse Lebensrisiken im Spitzensport bereits festgehalten wurde, ist somit auf der zwischenmenschlichen Ebene erneut zu betonen.

Ebenfalls unter dem Gesichtspunkt der Gefährdung durch Verfügung über Leben, diesmal aber unter dem Ziel der Lebensentfaltung und damit des zumindest unter bestimmten Voraussetzungen verantworteten Risikos, sind gewisse, unter Umständen für diese größtmögliche Erhaltung und Entfaltung menschlichen Lebens unerläßliche, medizinische Therapieformen und Experimente zu betrachten.

Medizinische Therapien und Experimente

Daß solche Maßnahmen erst nach sorgfältigen Vorabklärungen bzw. unter Risikenminimalisierung durchgeführt werden und in keiner Weise einfach bloßer Forscherneugier dienen dürfen, sei hier vorausgesetzt. Die entsprechenden ärztlichen Berufsmaximen, wie sie 1964 von der Weltgesundheitsorganisation angenommen worden sind, bieten denn auch weitgehend Gewähr für die Einhaltung solcher Voraussetzungen, wie auch für die Gewährleistung der freien Zustimmung der betroffenen Versuchspersonen. Der Nutzen für die Lebensförderung aus der Erprobung solcher neuer Therapien scheint unter diesen Voraussetzungen daher ein gewisses Risiko des eigenen Lebens sittlich zu rechtfertigen, vor allem, wo dieses ohnehin schon schwer krank ist und wenn damit ein Vorgehen gefunden werden kann, das weiteren Menschen helfen wird, während dort, wo die zwar noch unerprobte Therapie für die vorliegende Krankheit praktisch die letzte Chance zur Heilung darstellt, das Eingehen des Risikos vollends problemlos wird. Entsprechend wird die Ethik auch aus christlicher Verantwortung unter den gegebenen Vorsichtsmaßnahmen ihre Zustimmung zu solchen Versuchen nicht einfach vorenthalten, wohl aber sehr darauf zu achten haben, daß keine bloße Verzweckung des menschlichen Lebens einreißen kann.

Ähnlich reserviert positiv wird die Ethik aber auch hinsichtlich der Organtransplantationen urteilen. Dies gilt zunächst für den Fall der Transplantation von Organen Verstorbener auf Lebende. Noch relativ problemlos bei der Hornhaut des Auges, wo der Zeitfaktor eine untergeordnete Rolle spielt, wird die ethische Frage bei der Transplantation aktiver Organe nicht nur wegen der Größe der Probleme beim Eingriff, sondern vor allem hinsichtlich des Spenders dann aber wesentlich komplexer, zumal die Neuheit des Problems einfache Rückgriffe auf die traditionelle Ethik nicht zuläßt. Immerhin wurde auch dort schon unter Berufung auf das sogenannte Totalitätsprinzip eine Beeinträchtigung einzelner Organe zum Wohl des ganzen Körpers wie etwa die Amputation eines kranken Gliedes als sittlich zulässig betrachtet. In einer eher fragwürdigen Ausdehnung dieses Prinzips von der individuellen Ganzheit auf eine soziale Gesamtheit unter sich verbundener Menschen wurde die Frage der Übertragung körperlicher Substanz ferner dort bejaht, wo dem

Spender aus dem Verlust körperlicher Substanz kein wesentlicher Schaden erwächst, wie dies etwa für Bluttransfusionen, Hauttransplantationen, Knochenmark-Übertragung u. ä. zutrifft. So einsichtig diese Beispiele aber sind, die Gefahr einer solchen Ausweitung des Prinzips ist nicht zu übersehen. Denn es stellen sich sogleich die Fragen: Wo liegt die Grenze zwischen einer möglichen und einer unzumutbaren Schädigung des Spenders? Sind hier nur biologische oder auch psychologische Momente zu beachten? Wer schließlich wehrt möglichen Mißbräuchen z. B. im Sinn eines seelischen oder sogar physischen Druckes auf den möglichen Spender? Besser, als über eine solche Weiterung traditioneller Kasuistik nach Lösungen zu suchen, ist daher grundsätzlich festzuhalten, daß der Mensch, selbst um des Dienstes am Nächsten willen, nicht einfach über sein Leben und damit über seinen Leib verfügen kann und daß so die Pflicht zur Selbsterhaltung und die Forderung zum Nächstendienst auch unter persönlichem Einsatz in einer bestmöglich auszugleichenden Diskrepanz stehen.

Ein solcher Ausgleich scheint vor allem durch die Beachtung folgender Rahmenbedingungen möglich zu werden: Einmal dürfen die Funktionen des geschädigten Körpers des Spenders keine beträchtliche Einbuße erleiden und es muß die begründete Hoffnung auf einen medizinischen Erfolg beim Empfänger bestehen. Gleichzeitig muß der gesundheitliche Verlust beim Spender durch einen entsprechenden Gewinn beim Empfänger aufgewogen werden. Schließlich darf nicht materieller Gewinn u. ä., sondern Mitmenschlichkeit den Spender motivieren. Im Fall eines lebenden Spenders kann dann über die genannte Übertragung regenerierbarer Körpersubstanzen hinaus nur noch die Transplantation paariger Organe als im Rahmen dieser Bedingungen stehend erwogen werden, was einem fahrlässigen Verfügen über Leben den Riegel schieben dürfte.

Ganz anders dagegen verhält sich die zunehmend wichtiger werdende Übertragung von Organen von einem eben gestorbenen Spender. Insofern hier Teile eines toten Organismus dem Leben und seiner Erhaltung dienen, entfallen ethisch die grundsätzlichen Bedenken. Dennoch erfordert die Notwendigkeit einer raschen Transplantation eine erhöhte Gewähr für die unbedingte Sicherheit der Todesfeststellung, die allein verhindert, daß hier nicht hinterrücks doch plötzlich über Leben verfügt wird. Wo allerdings eine klare medizinische Umschreibung des Hirntodes vorliegt und zudem der den Tod feststellende Arzt nicht zum Ärzteteam der Transplantation gehören darf, wie dies entsprechende international anerkannte medizinisch-ethische Richtlinien denn auch festhalten, scheinen diese Bedenken zu entfallen. Unter der zusätzlichen Voraussetzung der Pietät dem Leichnam wie den betroffenen Angehörigen gegenüber, woraus freilich kein absolutes „Recht auf den eigenen Leichnam" abgeleitet werden dürfte, sind daher aus ethischer Sicht gegen derartige Organtransplantationen keine Einwände zu erheben, ja unter bestimmten Umständen kann es zur sicheren Rettung kranken Lebens sogar zur sittlichen Pflicht von Angehörigen werden, Organe eines Verstorbenen zur Transplantation freizugeben.

Empfängnisplanung, extrakorporale Befruchtung, Genforschung

Die Verfügungsmacht des Menschen über sein Leben betrifft jedoch heute nicht nur dessen gesamten Verlauf, sie schließt zunehmend auch dessen Entstehung mit ein. Zwar haben die Menschen schon seit langer Zeit versucht, Empfängnis zu verhüten und damit über Sexualität und Zeugung getrennt zu verfügen. Über ein sicheres und gleichzeitig allgemein zugängliches Mittel dazu verfügt der Mensch aber erst seit Entstehung und Verbreitung der chemischen Ovulationshemmer, d.h. seit der Mitte des 20. Jahrhunderts vorab in den hochzivilisierten Industrieländern, wo denn auch die demographische Entwicklung seither deutlich von der „Pille" beeinflußt wird.

Während so die Verhinderung von Empfängnis praktisch beliebig verfügbar ist, beginnt mit der extrakorporalen Befruchtung (1978 wurde das erste „in vitro" gezeugte Kind in England geboren) auch die Entstehung des menschlichen Lebens zunehmend in den Bereich der Machbarkeit zu rücken. Schließlich machte die Genforschung in letzter Zeit derartige Fortschritte, daß, selbst wenn diese Versuche den menschlichen Bereich noch nicht erreicht haben, mit der Möglichkeit des Eingriffs in das Erbgut des Menschen, also mit einem „genetical engineering", gerechnet werden muß.

Aus ethischer Sicht gilt es für diese noch weitgehend kaum abschätzbaren Verfügungsmöglichkeiten des Menschen grundsätzlich festzuhalten, daß sie zunächst wesentlich zum Menschen, dem sein Leben nicht einfach wie dem Tier bestimmt zugemessen ist, sondern zur Eigengestaltung übertragen ist, gehören, daß sie aber damit ebenso zum Nutzen des Lebens eingesetzt wie mißbraucht werden können. Eine prinzipielle sittliche Ablehnung wäre somit, selbst wenn ein solcher Entwicklungs- und Forschungsstopp praktisch durchführbar wäre, unangemessen, so sehr umgekehrt auf die mit dieser neuen Verfügungsmöglichkeit verbundenen Gefahren aufmerksam gemacht werden muß.

So zeigt sich, daß die langfristige Anwendung von Ovulationshemmern trotz der weitgehenden Beherrschung der organischen Nebenwirkungen zunehmend als eine der gesamten psychosomatischen Natur des Menschen doch zu wenig entsprechende Technisierung erscheint, die sich als schließlich belastend erweist und erneut nach sog. natürlichen Methoden der Empfängnisverhütung Ausschau halten läßt. Neben diesen eher empfindungsmäßigen Reaktionen muß aus ethischer Sicht zudem hinzugefügt werden, daß das völlige Auseinanderreißen von Sexualität und Zeugung die Geschlechtlichkeit des Menschen bei aller Notwendigkeit einer Familienplanung doch um eine wesentliche Sinndimension verkürzt, die christlich zudem als Teilhabe an Gottes Schöpfung zu verstehen ist. In diesem Licht sind dann auch die kirchlicherseits geäußerten Bedenken gegen diese mit der „Pille" mögliche Trennung von Sexualität und Zeugung zu sehen, die übrigens deren Anwendung aus gewissenhaftem Entscheid oder doch zu therapeutischen Zwecken nie völlig ausgeschlossen hat und auch, wie noch zu zeigen sein wird, eine verantwortete Familienplanung durchaus als sittlich anerkennt.

Analog muß dann auch die extrakorporale Befruchtung in ihrer prinzipiellen Ambivalenz gesehen werden. Wo im Fall einer dauernden Konzeptionsunfähigkeit dank diesem allerdings nicht einfachen Vorgehen bei dringendem Kinderwunsch in einer Ehe eine Schwangerschaft zustande kommt, wird man diese Sinnerfüllung ehelicher Partnerschaft ethisch nicht beanstanden dürfen, so sehr umgekehrt die hier vollzogene „Technisierung" der Zeugung keineswegs einfach unbedenklich ist und vor allem jeder Mißbrauch, der menschliches Leben erneut zum Mittel degradiert, vermieden werden muß. Dies bedingt, daß jede mögliche Menschenzüchtung durch eine Trennung der genetischen Eltern von der das Kind in der Schwangerschaft austragenden „Wirt"-Mutter sowie alle Versuche an nicht implantierten befruchteten Keimzellen, aber auch heterologische Inseminationen durch entsprechende fachspezifische und allenfalls sogar gesetzliche Vorschriften verhindert werden.

Noch deutlicher muß allerdings diese Ambivalenz für die in voller Entwicklung begriffene Genforschung beachtet werden. Daß dabei für die Forschung selber die nötigen Vorkehrungen hinsichtlich Sorgfalt und Kontrolle zur Vermeidung der Verbreitung unerwünschter Nebenfolgen gemachter Versuche (etwa eines neu entstandenen Krankheitserregers) getroffen werden müssen, versteht sich und scheint durch entsprechende berufsspezifische Richtlinien heute denn auch ausreichend sichergestellt. Vor allem aber wird es unerläßlich sein, daß jeder Forschungsfortschritt offen und interdisziplinär auf seine menschlich ethische Tragweite hin, z.B. in sog. „Ethik-Kommissionen", diskutiert werden kann und so das Verantwortungsbewußtsein der Forscher selber angesprochen und eingefordert wird.

II. Wahrhaftigkeit als Grundlage menschlicher Kommunikation

1. Ohne Kommunikation kein Menschsein

Wahrhaftigkeit – die Grundlage von Gemeinschaft

Es gehört zu den Urerfahrungen des Menschen, daß er ganz allein und nur auf sich gestellt zugrunde gehen würde. Überdeutlich zeigt es sich beim Kind, das ohne die vielfältige Sorge seiner Eltern in kürzester Zeit umkommen müßte, körperlich würde es verhungern, aber auch geistig seelisch aus Mangel an Liebe und Geborgenheit vor lauter Angst nicht lebensfähig sein. Besser als in früheren Zeiten weiß man heute, welche bleibenden Schäden einem Menschen aus Mangel an Liebe, Sorge und Geborgenheit in seiner frühen Kindheit erwachsen, und entsprechend kann man auch besser ermessen, wie unerläßlich die mitmenschlichen Bezüge sind, damit ein Mensch überhaupt ein Mensch sein und werden kann.

Wenn auch etwas weniger ausgeprägt als beim Kind zeigt sich die gleiche unabdingbare Gemeinschaftsbezogenheit aber auch beim Erwachsenen. Ohne mitmenschliche Anerkennung, ohne Freunde oder einen liebenden Partner nimmt auch er innerlich rasch erheblichen Schaden, ganz abgesehen davon, daß ohne sinnvolle Zusammenarbeit und entsprechende Arbeitsteilung keine höhere Kultur oder Zivilisation denkbar wäre.

So unerläßlich bedeutsam diese Gemeinschaftsbezogenheit aber für den Menschen ist, sie ist nicht zum vornherein gesichert, wie dies etwa durch eine ausgeklügelte Instinktregulierung bei gewissen Insekten, etwa in einem Ameisenstaat oder einem Bienenvolk, der Fall ist. Wie in so vielen andern Belangen ist auch das notwendige Gemeinschaftsverhalten dem Menschen nicht einfach vorgegeben, sondern bedarf der eigenen Gestaltung. Menschliches Zusammenleben ist nicht einfach „Natur", sondern eigengestaltete, gemeinsam geschaffene „Kultur".

Damit so etwas aber überhaupt möglich ist, braucht es ein hohes Maß an Kommunikation mit entsprechenden Verständigungsmitteln, wie vor allem der Sprache, die denn in einer so ausgeprägten Form bezeichnenderweise auch nur dem Menschen eignet. Andererseits genügen Austausch, Aufgabenteilung und entsprechende Kommunikationsmittel allein noch nicht, um wirkliche Kommunikation sicher zu stellen. Dazu braucht es ebenso Sicherheit und Zuverlässigkeit. Denn ich kann mich ruhig und voll einer Teilaufgabe nur dann widmen, wenn ich sicher sein kann, daß der andere erwartungs- oder abmachungsgemäß auch bei der seinen bleibt. Erst wo Absprachen und Abmachungen eingehalten werden, wo das Gesagte also mit der Wirklichkeit übereinstimmt, bzw. wo jeder sich nach besten Kräften um diese Übereinstimmung müht, ist Vertrauen und damit ein sinnvolles Zusammenleben und -wirken von Menschen überhaupt möglich. Diesen festen Willen, solches Vertrauen aufzubauen und zu sichern und es nicht durch das Wecken falscher Erwartungen selbstsüchtig zu täuschen, nennen wir als persönliche Haltung „Ehrlichkeit", und wir meinen damit ein stetes Bemühen um wirkliche Wahrhaftigkeit. Entsprechend ist die Lüge in ihrem tiefsten Kern dann auch nicht einfach eine falsche, unrichtige Aussage, sondern eine menschenzerstörende Falschheit.

Vertragsbruch und Rufmord als zerstörerisches Gegenteil

Wahrhaftigkeit bezeichnet so im menschlichen Gemeinschaftsgefüge zunächst die Haltung der Treue zu Abmachung und Versprechen, die weder aus Bequemlichkeit noch wegen eines möglichen Vorteils gebrochen werden dürfen. Es ist die Haltung von „Treu und Glauben", welche auch für ein modernes Zivilrecht die Grundlage für die vertragliche Rechtssicherheit abgibt. Entsprechend zerstörerisch müssen sich daher Vertragsbrüche für das menschliche Zusammenleben auch auswirken: Mißtrauen, Unsicherheit und Unfrieden sind die Folge. Wenn dadurch auch nicht sogleich das ganze menschliche Zusammenleben auseinanderbricht, so wird es doch durch allerlei Regeln und Vorschriften, die mit ihren entsprechenden Sanktionen die Vertragssicherheit trotz dieses Mangels an Ehrlichkeitshaltung gewährleisten sollen, bald schwerwiegend belastet.

Weniger tiefgreifend als der Mangel an Treu und Glauben, dafür aus der Alltagserfahrung umso deutlicher als unangenehm und belastend empfunden, stört aber auch die einfache Unzuverlässigkeit das menschliche Zusammenleben. Ihr liegt weniger böser Wille oder hemmungsloses Streben nach dem eigenen Vorteil zugrunde, als vielmehr Bequemlichkeit oder Unaufmerksamkeit, wobei allerdings die meist hinter der Unzuverlässigkeit stehende egoistische Bequemlichkeit leicht auch weitere Wortbrüche nach sich zieht und sich so in Lüge und Untreue ausweitet.

Steht hinter Unzuverlässigkeit, Bequemlichkeit und Vertragsbruch zumeist das ungehemmte Verfolgen des eigenen Vorteils, so ist der Schaden, den solches Verhalten für die menschliche Gemeinschaft zeitigt, doch kaum direkt beabsichtigt. Er ist Folge, nicht Ziel des Verhaltens. Dies ist zwar schon schlimm genug für wirkliche Mitmenschlichkeit. Entsprechend schädlicher ist aber eine direkt gewollte Beeinträchtigung des Mitmenschen. Üble Nachrede, Verleumdung, Rufmord und falsche Zeugenaussagen sind verschiedene Formen dieser übelsten Verkehrung von Wahrhaftigkeit, wobei es von untergeordneter Bedeutung ist, ob sie einen besonders skrupellosen Ehrgeiz für den eigenen Vorteil zum Motiv haben oder ob sie Neid, Mißgunst oder Haß entspringen. Dabei sollte man sich über die Auswirkungen nicht täuschen: Mag üble Nachrede in ihren Auswirkungen äußerlich noch recht harmlos aussehen und scheinbar von Betroffenen auch noch einigermaßen gut verkraftet werden, der innerlich-seelisch angerichtete Schaden ist zumeist größer als man vermutet, ganz abgesehen davon, daß ganz allgemein Vertrauen und zwischenmenschliche Harmonie gestört werden. Dies ist dort vollends der Fall, wo Verleumdungen einen Menschen in seinem sozialen Ansehen direkt schädigen oder ihm gar seine soziale Stellung und damit leicht auch seine Existenzgrundlage zerstören. Damit wird die Verleumdung schon zum Rufmord, besonders, wenn sie sich mit öffentlicher falscher Zeugenaussage paart. In einfacheren Gesellschaftsformen mit einem raschen und drakonischen Gerichtswesen, wie sie sich teilweise noch in den alttestamentlichen Schriften spiegeln, konnte das sogar direkt zur Hinrichtung und damit zum Justiz-Mord führen. Aber auch in moderneren Justizformen ist die Tragweite oft kaum weniger tiefgreifend.

Nirgends zeigen sich so die menschlichkeitszerstörenden Auswirkungen der Unehrlichkeit deutlicher als im Fall von Rufmord und falschem Zeugnis. Sie sind der eigentliche Widerpart der gemeinschaftserhaltenden und -begründenden Wahrhaftigkeit und machen daher sozusagen im Gegenlicht deren existentielle Bedeutung für den Menschen noch einmal deutlich.

Die Sicht der Bibel

Bedenkt man so diese zerstörerische Auswirkung von falschem Zeugnis und Rufmord, so erstaunt es eigentlich wenig, wenn die alttestamentlichen sittlichen Weisungen gerade hier einsetzen und in die Hauptliste ihrer Zehn-Gebote auch die fordernde Feststellung aufnehmen: „Du wirst kein falsches Zeugnis geben“ (Ex 20,12 bzw. Dtn 5,20). Erzählungen, wie etwa diejenige von der zu Unrecht von zwei geilen Ältesten des Ehebruchs bezichtigten Susanne, wo nur die geschickte Intervention des jungen Daniel im letzten Augenblick die Hinrichtung verhindert (vgl. Dan 13,1–64), illustrieren, welche konkrete Bedeutung diesem Gebot tatsächlich zukam: Wer den Mitmenschen durch die Verfälschung der Wahrheit in seiner Existenz bedroht und damit Gottes Geschöpf wie auch seine Gemeinschaft als Volk mißachtet, stellt sich selber außerhalb des Gottesbundes.

Auf der gleichen Linie, aber wohl noch feinfühliger für den Wert der Wahrhaftigkeit liegt denn auch die sittliche Ermahnung der neutestamentlichen Botschaft. So fordert der Epheserbrief das Ablegen jeder Lüge, weil ja die Christen untereinander Glieder der einen Gemeinschaft, also Brüder in Christus sind (Eph 4,25). Gegen das Schwören und die übertriebene Wahrheitsbeteuerung fordert zudem das Evangelium die schlichte und klare Rede von Ja und Nein (Mt 5,37). Unwahrheit und Lüge gehören so zu dem, was unter Christen eigentlich nicht einmal genannt werden dürfte. Dennoch muß auch eine christliche Ethik angesichts des menschlichen Hangs zur Unwahrhaftigkeit genauer umschreiben, was genau unter Lüge zu verstehen ist.

Was ist „Lüge“?

Schon die alten Griechen haben die Lüge als „bewußte Falschaussage“ definiert. Etwas genauer nennt dann Augustinus zusätzlich das gemeinschaftsstörende Moment der Lüge, wenn er beifügt, sie sei „eine auf Täuschung angelegte bewußte Falschaussage“. Nicht mehr von der Qualität der Aussage her, sondern ganz aus der Sicht der Kommunikation unter Menschen umschreibt sie dagegen am Beginn der Neuzeit Hugo Grotius als „Verweigerung geschuldeter Wahrheit“.

Damit sind die Dimensionen genannt, welche die ethische Aufmerksamkeit fordern. Es ist erstens die Wahrheitsqualität der Aussage als solche, sei es als Wiedergabe eines bestehenden Zustandes oder als zukunftsgerichtetes verpflichtendes Versprechen, und alsdann die Rolle dieser Aussage im Geflecht der zwischenmenschlichen Beziehungen. Dies bedeutet, daß die unbeabsichtigte Falschaussage, die auf einem Irrtum in der Feststellung, in einer Fehleinschätzung von Konsequenzen und Tragweite, aber auch in einer falschen Interpretation der Verstehensmöglichkeiten des Partners beruht, noch keine Lüge bedingt, vorausgesetzt jedenfalls, man habe sich ehrlich und im vertretbaren Rahmen darum bemüht, solche Irrtumsgefahren auszuschließen. Wo dagegen die Falschaussage bewußt in Kauf genommen wird, weil einem der Aufwand für eine genauere Abklärung der sachlichen Umstände zu aufwendig scheint, oder wo sie sogar direkt zur Täuschung beabsichtigt wird, droht auch schon Lüge und damit Zerstörung von gesichert möglicher Kommunikation, also von Mitmenschlichkeit, zu entstehen.

Gerade weil die Lüge diese menschlich so schwerwiegende Tragweite hat, ist es verständlich, daß ernsthaft um eine menschliche Sittlichkeit bemühte Menschen die ethische Verpflichtung zur unbedingten Wahrheitsaussage so absolut faßten, wie dies etwa Kant in seiner Schrift gegen Benjamin Constant tat, wo er vehement gegen das „vermeintliche Recht aus Liebe lügen" zu dürfen, auftrat. Der große deutsche Philosoph trifft sich in dieser Ansicht übrigens mit einer großen Zahl christlicher Theologen, welche die Lüge als „in sich böse" bezeichnen und sogar der romanhaften Dichtung oder der Scherzlüge mit Skepsis begegnen. In der konkreten Praxis freilich ließ sich eine so rigorose Forderung nicht durchhalten. Entschuldigungsgründe für eine Notlüge wurden dann doch zugelassen oder zum Schutz von Berufsgeheimnissen mit der sog. „restrictio mentalis" eine Art Hintertür offengelassen. Dabei verstand man unter „restrictio mentalis" eine geistige, also nicht ausgesprochene Einschränkung der Aussage, etwa indem man zum Satz „ich weiß nicht" dazu denkt „für dich, da du gar kein Anrecht auf dieses Wissen hast und ich durch mein Berufsgeheimnis gebunden bin". Ebensowenig kann man eine aus der fantasievollen Fabulierkunst eines Erzählers entstandene Geschichte, von der niemand eine sachlich protokollgemäße Richtigkeit erwartet, als Lüge bezeichnen.

Zwischen einem falschen Zeugnis, das als Rufmord dem Mitmenschen existentiellen Schaden bewußt geschehen läßt, oder der beabsichtigten Täuschung in falscher Aussage oder im nicht gehaltenen Versprechen, die alle die Kommunikation unter den Menschen zerstören, und diesen Fällen, wo ja das Menschliche gerade vor unrechtmäßigen Ansprüchen geschützt oder durch die Fabel aufgebaut und erfreut werden soll, besteht offensichtlich ein erheblicher Unterschied. Aber obwohl solche Hintertür-Bewilligungen auch von bedeutenden Sittenlehrern des Abendlandes, wie etwa von Clemens von Alexandrien, von Origenes, Augustinus oder Thomas von Aquin vertreten wurden und obwohl sie die praktische Entscheidungsfindung und Handlungsbeurteilung ohne Zweifel wesentlich erleichtern, vermögen sie aufs Ganze doch nicht recht zu befriedigen; der Eindruck einer gewissen Inkonsequenz und Wortspielerei bleibt als Unbehagen bestehen. Gerade dieses Unbehagen aber scheint nun darauf zu deuten, daß der Ausgangspunkt der ganzen Überlegung zu knapp gefaßt ist: Es genügt offenbar nicht, sich für die Definition der Lüge auf den Wortlaut einer Aussage zu beschränken. Vielmehr gilt es, den Kommunikationszusammenhang gleich zu Beginn der ethischen Überlegung zu berücksichtigen: Wahrhaftigkeit setzt nicht einfach eine blinde Pflicht zur Richtigkeit auf der einen Seite voraus, sondern gleichzeitig Aufnahmefähigkeit und Anrecht auf die Wahrheit auf der andern Seite. Wo also etwa Information, Wissen und Versprechen nur eigennützig zum eigenen Vorteil ohne Rücksicht auf andere gefordert oder gesucht werden, kann von einem Anspruch auf mitmenschliche Kommunikation und damit auf Wahrhaftigkeit entsprechend nicht die Rede sein.

Sinngemäß muß dann Lüge als eine bewußte, auf Täuschung angelegte Falschaussage jenen gegenüber, die ein Anrecht auf Wahrheit hätten, bezeichnet werden, und Wahrhaftigkeit bedeutet, diesem Anrecht mit sachlich richtigen Aussagen konkret Rechnung zu tragen.

Trotzdem sind damit noch nicht alle Schwierigkeiten behoben, denn Sprache beschränkt sich ja in keiner Weise auf die Vermittlung in exakten Begriffen und in einer streng vorgeschriebenen Grammatik, so wie dies etwa in der Sprache der Wissenschaften der Fall ist. Das Kommunikationsspektrum der Sprache ist im Gegenteil viel breiter und bedient sich vor allem zur Vermittlung der lebenswichtigen, persönlich existentiellen Belange, z. T. sehr feiner Nuancen, die jenseits von Begriff und Grammatik liegen und nur den Betroffenen verständlich bleiben. So ist es allgemein bekannt, daß ein Liebesbrief für einen unbeteiligten Dritten nichtssagend ist, für den Betroffenen aber in unscheinbaren Worten Entscheidendes sagt. Aber auch auf andern Gebieten gilt, daß man gewisse Aussagen nicht wörtlich nehmen darf, und zwar nicht, weil hier etwas zur Täuschung übertrieben wurde, sondern weil der Sprechende gar nicht wörtlich verstanden werden will. Wer von einer italienischen Tischrede, die man bezeichnenderweise „fervorino", eine „kleine Gunst", nennt, Sachinformation über einen freundlichen und elegant formulierten Dank hinaus erwartet, ist nicht angelogen, sondern er versteht das Sprachspiel nicht. Ähnlich wollen Legenden nicht über geschichtliche Tatsachen und Zusammenhänge orientieren, sondern auf eine tiefere, menschliche Wahrheit hinweisen, Appelle wollen oft Zielsetzungen in Erinnerung rufen und nicht als Tatbefehle mißverstanden werden usw. Wer somit Sprache nur im

Sprachspiel begrifflicher Richtigkeit versteht, mißdeutet sie, denn das Instrumentarium der Wahrhaftigkeit ist feiner und vielseitiger. Sprache vermittelt so zwischen zwei Menschen, sozusagen zwischen einem „Sender" und einem „Empfänger". Zwischen ihnen ist sie die Brücke. Wahrheit ist so meist mehr als bloße Richtigkeit, die sich in einer allgemein gültigen und einsehbaren Formel ausdrücken läßt. Entsprechend muß für die Kommunikation der wirklich wichtigen, ganz persönlichen Wahrheit ihr Ausdruck stets neu gesucht werden und zwar aus jener oben beschriebenen Haltung der Wahrhaftigkeit heraus. Wahrheit ist so nie voll im Besitz, sondern sie entsteht je neu im zwischenmenschlichen Kontakt aus dem Willen, sich gegenseitig wirklich alles bestmögliche zu vermitteln, um auch bestmöglich gemeinsam gestellte Probleme und Aufgaben zu bewältigen, ja um gemeinsam leben zu können. Damit stellt sich die Frage nach der Wahrhaftigkeit im konkreten Leben.

2. *Wahrhaftigkeit im konkreten Leben*

Notlüge, unterdrückte Wahrheit, Propaganda

Die wohl häufigste und zugleich harmloseste Form eines Verstoßes gegen die Wahrhaftigkeit ist die „Notlüge", hinter welcher nicht einmal eine eigentliche Notlage steckt. Was sie schützen möchte, ist eigentlich nur die vom Umgang und der Konvention geforderte Form. Weil man glaubt, etwas sei unschicklich, scheut man die ehrliche Antwort, die dann etwa die berechtigte Ausnahme von der sonst als Regel bejahten Form begründen müßte und flieht in die bequemere Lüge. Man tut sich darin sogar umso leichter, als ja dadurch niemand einen Schaden zu erleiden scheint. Trotzdem wird aber gerade an dieser Oberfläche der mitmenschlichen Kontakte aus Bequemlichkeit und Mangel an Zivilcourage die Wahrhaftigkeit in Mitleidenschaft gezogen. Zwar hat man sich im mitmenschlichen Umgang daran schon gewöhnt. Gewisse Formulierungen, wie etwa die Auskunft „er ist gerade abwesend", werden gar nicht mehr wörtlich ernst genommen, sowenig wie Versprechen von Politikern vor Wahlen oder der Zweckoptimismus leitender Persönlichkeiten. Aber, und obwohl man sich sozusagen mit dieser Form der Notlüge als einem Mangel an Wahrhaftigkeit etabliert hat, leidet dadurch die Ehrlichkeit und die Zuverlässigkeit der mitmenschlichen Kommunikation gerade auch im öffentlichen Leben doch.

Schlimmer für die Ehrlichkeit wird dieser Schaden dort, wo in einer irgendwie totalitär geprägten Umwelt sich die Wahrhaftigkeit zum eigenen Nachteil auszuwirken beginnt, wo Kinder aus Angst vor übertriebenen Vorwürfen oder gar vor Strafe nicht mehr zu ihrem Denken und Tun zu stehen wagen oder wo man am Arbeitsplatz und Betrieb nicht mehr zu seiner Meinung stehen kann. In solchen Fällen übersteigt die Forderung nach Wahrhaftigkeit dann das Vermögen des einzelnen; Ehrlichkeit würde zu einer heroischen Tugend, die, so wünschenswert sie auch wäre, nicht von jedem geleistet und damit sittlich auch nicht einfach gefordert werden kann. Die Notlüge, die aus solcher Unterdrückung der freien Persönlichkeit folgt und letztlich dem Bedrängten vor allem einen Rest an Freiraum sichern soll, fällt also weniger in dessen Verantwortung als in diejenige des Unterdrückenden. Der Wahrhaftigkeit und damit der menschlichen Kommunikation ist sie deshalb nicht weniger abträglich.

Besonders schlimm aber wird dies, wenn eine solche Unterdrükkung von Wahrhaftigkeit nicht nur in Einzelsituationen auftritt, sondern, wie dies in totalitären Staaten oft genug der Fall ist, die gesellschaftliche Wirklichkeit und deren öffentliche Meinung überhaupt betrifft. Sicher gibt es auch in einer solchen Lage glücklicherweise Menschen, die um der Ehrlichkeit willen auch vor persönlichen Opfern nicht zurückschrecken. In den meisten Fällen aber paßt sich der Mensch der öffentlichen Verlogenheit an: er glaubt keiner offiziellen Meinung; die ohnehin zensurkonformen Massenmedien interessieren nicht, und selber äußert man systemkonforme Sätze, wenn man sich nicht im Schweigen verschließen kann. Die Wahrhaftigkeit verkriecht sich, soweit es irgend geht, in letzte noch nicht überrollte Freiräume, in die Familie oder die Kirchen, wo sie, stets gefährdet, allenfalls knapp zu überleben vermag. Wer je vor einer ihm mißliebigen Meinung, ja sogar angesichts beleidigender Äußerungen versucht war, diese als Äußerung unterdrückt zu wünschen, wer sich also insgeheim nach Zensur und Lenkung der öffentlichen Meinung sehnte, sollte diese Konsequenzen stets vor Augen haben. Unterdrückung von Wahrheit zwingt zur Lüge und an dieser, das lehrt die Geschichte totalitärer Regimes in eindrücklicher Deutlichkeit, geht die Menschlichkeit allmählich zugrunde.

Ähnliches passiert übrigens auch, wo zwar die Wahrheit nicht direkt unterdrückt, sondern wie in Reklame, Werbung und Propaganda durch ein übertriebenes Anpreisen gewisser Vorteile und ein gleichzeitiges Verheimlichen möglicher Nachteile die Wahrheit verschleiert wird. Sicher soll mit dem Mittel der Anpreisung nicht nur informiert werden, sondern es soll nicht weniger im Sinn des gesetzten Zieles animiert und Kauf oder Gebrauch suggeriert werden. Die Information soll zugleich auffordernd und einladend wirken und wird daher, was jedermann erwartet, die jeweiligen Vorteile deutlicher nennen und Nachteile eher verschweigen. Wo aber Reklame dieses Maß überschreitet und eigentlich verfälschende Information bietet, wird sie trotz eines vielleicht kurzen Erfolges, kontraproduktiv, da niemand sich gern zweimal betrügen läßt. Deshalb stellt die einfache Reklame für unsere Fragestellung denn auch kaum ein Problem dar. Sie wirkt letztlich nur, wenn sie sich im Bereich der Ehrlichkeit bewegt und ist daher im eigensten Interesse meist auch weitgehend wirklichkeitsgetreu.

Ganz anders dagegen liegen die Probleme auf dem Gebiet von Werbung und Propaganda, die auf genauen wirtschaftlichen und psychologischen Analysen von Markt und Konsumverhalten aufbauen. Selbstverständlich gibt es auch ehrliche Werbung und Propaganda, die wirklich vorhandene Qualitäten publikumsgerecht herausstellen und damit echten Bedürfnissen entgegenkommen. Nur allzu oft jedoch appelliert Werbung an menschliche Grundbedürfnisse und suggeriert, daß der angepriesene Gegenstand, obwohl er damit eigentlich gar nichts zu tun hat, ein vorhandenes Grundbedürfnis befriedige. So wird etwa an das Geltungsbedürfnis appelliert mit einem Slogan wie „Männer rauchen Pfeife", als ob Rauchen überhaupt männlicher machen könnte, oder es werden Füllfedern und Managerköfferchen angepriesen, als ob damit der Träger seine soziale Stellung verbessern könnte. Aber auch mit dem Bedürfnis nach Gesundheit läßt sich manches erreichen, mit demjenigen nach Geborgenheit und Sicherheit nicht weniger. Wenn eine Versicherung sich gar als helfende Hand, als fester Halt und Trost sowie als tätige Solidarität ausgibt, dann appelliert sie in säkularisierter Form an das letztlich religiöse Bedürfnis des Menschen nach Sinn und

Hoffnung, ohne natürlich auch nur im geringsten für diese Dimension geradestehen zu können. Auf den zur Produktewerbung immer wieder eingesetzten Snob-Appeal und vor allem den Sex-Appeal braucht man kaum hinzuweisen. Dafür ist die Methode zu offensichtlich, aber offenbar trotzdem nach wie vor wirksam.

Durch geschickte Suggestion werden Bedürfnisse des Menschen angesprochen und aktiviert, ohne daß anschließend mehr als eine Scheinbefriedigung geboten werden könnte, was nichts anderes als Verlogenheit bedeutet. Wem also Ehrlichkeit wirklich am Herzen liegt, der wird gerade dem Gebiet von Werbung und Propaganda seine besonders wache Aufmerksamkeit und Kritik widmen, damit nicht aus einer bloß auf Konsumsteigerung angelegten Werbung in der Öffentlichkeit ein Klima der Verlogenheit zunehmend um sich greifen kann. Denn ähnlich wie eine totalitäre Macht mit Propaganda und Meinungsterror ein Klima der Wahrhaftigkeit zu zerstören vermag, kann dies auch durch eine rücksichtslose Werbung geschehen.

Berufsgeheimnis und Wahrhaftigkeit

Während es in den bisher bedachten Problemen stets um ein ungehöriges Verhindern von Wahrhaftigkeit ging, bzw. im Fall konventioneller Umgangsformen eine unwahre Aussage besser als billige Ausflucht bezeichnet würde und sie bei der totalitären Unterdrükkung eigentlich eine letzte Verteidigung der Freiheit des Schwachen darstellt, geht es im Fall des Berufsgeheimnisses um ein echtes ethisches Dilemma: Auf der einen Seite steht das unter Umständen sehr legitime Interesse des Fragenden, auf der andern die vom Berufsgeheimnis etwa des Advokaten, des Arztes oder des Seelsorgers geschützte Intimsphäre eines Betroffenen. Da jedoch der Geheimnisträger sein Wissen ausdrücklich nur unter der Bedingung erhalten hat, daß es ausschließlich für ihn allein bestimmt ist, kann auch ein an sich berechtigtes Interesse eines Dritten die Geheimnispflicht nicht aufheben. Eben deshalb schützt das öffentliche Recht der allermeisten Staaten das Berufsgeheimnis von Berufen mit besonderer Vertrauensstellung und stellt sogar dessen Mißachtung unter Strafe. Rein theoretisch ist somit die Ausgangslage meist völlig klar: Das Geheimnis muß geschützt werden. Trotzdem kann in der Praxis, besonders wenn nicht eine ungehörige Neugier des Fragenden vorliegt, das Problem schwierig werden. Ein Ehegatte ist beunruhigt über den Gesundheitszustand seines Partners, Eltern sorgen sich um den Umgang ihrer Kinder. Sie möchten mehr wissen, nicht aus Neugier und auch nicht nur zur Beruhigung, sondern um eher und besser helfen zu können. Während ungehörige Frager noch recht einfach abgewiesen werden können und auch so abgewiesen gehören, geht eine solche Zurechtweisung in diesen Fällen nicht an. Am einfachsten wäre ohne Zweifel die Antwort eines knappen „ich weiß es nicht" mit dem restriktiven Sinn „für dich kann ich es nicht wissen". Denn vor allem wo es um Amtspersonen geht, kann eine solche Antwort jeden weiteren und vielleicht dann doch irgendwie verräterischen Kommentar zum vornherein verhindern, und so gilt es denn auch meist als allgemeine Konvention, das „ich weiß es nicht" eines Geheimnisträgers in diesem restriktiven Sinn zu verstehen. Insofern wird dann natürlich auch die Wahrhaftigkeit nicht verletzt, obwohl man zugeben wird, daß das im Englischen dafür übliche „no comment" als höfliche, aber klare Aussageverweigerung eindeutiger und damit auch ehrlicher ist.

Bedrängender aber wird das Problem angesichts der Frage, wie weit einem schwerkranken Menschen die volle Wahrheit über seinen Gesundheitszustand zugemutet werden kann. Da man aus langer Erfahrung weiß, wie sehr auch eine medizinisch nicht mehr gerechtfertigte Hoffnung auf Genesung einen Kranken zu tragen vermag und ihn gelegentlich einmal sogar wider alles Erwarten sogar wenigstens zu Teilerfolgen führt, zögert man mit Recht, einem Kranken einfach die volle Diagnose seines Zustandes mitzuteilen. Umgekehrt wird aber gerade durch solche Rücksicht der ohnehin schon weitgehend durch sein Leiden unselbständig gewordene Kranke in seiner Persönlichkeit noch mehr entmündigt. Ähnlich wie bei einem noch unverständigen Kind zweifelt man an seiner Wahrheitsfähigkeit und damit stets auch irgendwie an seiner Persönlichkeit. Wo hier der richtige Mittelweg zwischen dem unziemlichen, ungelegenen und rücksichtslosen Informieren und dem ebenfalls ungehörigen Verschweigen liegt, ist oft nicht leicht auszumachen. Denn das dauernde Verschweigen des wirklichen Zustandes, über welchen man sich letztlich doch schon ungefähr im klaren ist, belastet im einen Fall das Vertrauensverhältnis zwischen dem Kranken, den Angehörigen und den Pflegenden und kann so unnötig das Sterben eines Menschen noch zusätzlich belasten, während die dringend geforderte Mitteilung der Diagnose in einem andern Fall zum Zusammenbruch der Person des Patienten mit akuter Suizidgefahr führen kann. Da man jedoch zum voraus kaum je weiß, welche der Alternativen sich bewahrheiten wird, lassen sich auch keine allgemeinen Regeln für ein kluges Vorgehen angeben. Vielmehr muß es stets neu darum gehen, von den Grundeinsichten her nach einer tragfähigen Lösung zu suchen. D.h. man wird daran zu denken haben, daß Wahrheit stets mehr ist als bloß Richtigkeit, daß sie vielmehr zugleich eine Kommunikationsbrücke zwischen zwei Menschen darstellt und zwar über einen sachlichen Tatbestand, der hier freilich den einen in seiner tiefsten Persönlichkeit betrifft. Auch wird man berücksichtigen müssen, daß einerseits auch die beste Diagnose einer Krankheit und vor allem auch die Prognose über deren weiteren Verlauf nie eine völlige Sicherheit erreichen kann.

So stellt sich denn in diesem Zusammenhang stets die Vorfrage nach der Sicherheit des Urteils über den Tatbestand wie die nach den Verstehensmöglichkeiten der Betroffenen. Erst von da aus wird es möglich sein, abzuschätzen, wie eine Aussage formuliert sein muß, damit sie nicht lügt, sondern, wenigstens im allgemeinen, vielleicht noch ohne alle Einzelheiten soviel an Wahrheit sagt, wie eben noch richtig aufgenommen und verarbeitet werden kann. Leitbild und Motivation für solches Verhalten hat dabei natürlich Achtung und Rücksicht vor dem Kranken zu sein. Erst aus solcher von christlicher Liebe geprägter Mitmenschlichkeit läßt sich dann auch die angemessene Form der Wahrhaftigkeit finden, während Bequemlichkeit oder einfach das Motiv eines ruhigen Funktionierens einer Klinik keinesfalls als ausschlaggebende Kriterien in Frage kommen dürften. Unter diesen Voraussetzungen geht es dann darum, daß alle Beteiligten, Ärzte und Pflegende, die Angehörigen wie auch der Patient selber der grundlegend zum Menschsein gehörenden und theoretisch ja auch immer schon bekannten Wahrheit des Sterben-Müssens auch existentiell zu begegnen versuchen und sie nicht mehr, wie dies im modernen Alltag so häufig geschieht, einfach verdrängen. In diesem Horizont, der nicht unbedingt ausgesprochen, aber hintergründig doch bewußt sein sollte, wird es dann möglich, den Kranken langsam und schrittweise mit seinem Zustand vertraut zu machen.

Die hier sittlich entsprechende Verpflichtung zur Wahrhaftigkeit bedeutet daher nicht einfach unbesehenes Mitteilen des wissenschaftlich Richtigen, sondern z. T. sogar mühsamer und langwieriger Aufbau solcher Verstehenshorizonte.

Eid und Gelübde

Wie alle bisherigen Überlegungen mit zunehmender Deutlichkeit gezeigt haben, ist die Wahrhaftigkeit unter den Menschen trotz ihrer unerläßlichen Wichtigkeit für jedes Zusammenleben ein wenig gesicherter Wert. So erstaunt es denn wenig, daß man immer wieder das Bedürfnis nach zusätzlicher Bestätigung einer Aussage über Vergangenes, wie zur Bekräftigung eines auf Zukunft hin abgegebenen Versprechens empfand. Der Eid als Beschwörung einer solchen Aussage vor Gott und dem Menschen ist bei fast allen Völkern der konkrete Ausdruck dieses Urbedürfnisses, das so auch dem Alten Testament (vgl. etwa 2 Sam 3,35) nicht fremd ist. Allerdings kommt solches Schwören dem Verfügen über Gott zu menschlichen Zwekken als Garantie gegen Untreue und Feigheit, also der Magie, oft sehr nahe. Ganz abgesehen davon, daß solche zusätzliche Sicherungen der direkten Wahrhaftigkeit abträglich sein können, verleitet solches Schwören aber überhaupt zu einem leichtfertigen oberflächlichen Umgang mit der Wahrheit. So wird es verständlich, daß schon die Mitglieder der strenggläubigen jüdischen Sekte der Essener das Schwören als unstatthaft verwarfen und Jesus es sogar vollends ablehnt (Mt 5,33 – 37). Denn wirkliche Liebe und echte Mitmenschlichkeit kommt ohne solche zusätzlichen Verstärkungen aus.

Neben diesem mißbräuchlichen Schwören gibt es aber auch aus der Sicht des Neuen Testaments Anlässe zu berechtigtem Eid, so etwa, wenn Paulus Gott zum Zeugen anruft (2 Kor 1,23). So sehr der Eid somit magisch und leichtfertig mißbraucht werden kann und daher gerade als eine Gefährdung wirklicher Wahrhaftigkeit abgelehnt werden muß, so sehr kann er, wie übrigens auch das Gelübde als verbindliches, die ganze Existenz engagierendes Versprechen vor Gott unter gewissen Umständen doch sinn- und wertvoll sein. Dies trifft vor allem dort zu, wo ein Mensch in wirklich entscheidenden Situationen seines Lebens sich seiner absoluten Dimensionen, also der radikalen Gottesbezogenheit seines Tuns und Lassens, besonders bewußt wird. Hier kann er dann eine Entscheidung ganz bewußt und ausdrücklich auf diesen letzten Wert als Ideal und Richtmaß ausrichten. Ein solcher Schwur vor Gott ist dann kein leichtfertiges Versichern, sondern als Gelübde Richtpunkt und Gebet für ein Leben, das sich auf seine letzte göttliche Ausrichtung besinnt und auch darin vor Gott, vor den Mitmenschen und vor sich selber wahrhaftig sein möchte.

3. Ehrlichkeit als Haltung

Die Besinnung auf unsere Existenz als Menschen führt so zur Einsicht, wie sehr die Wahrhaftigkeit eine wesentliche Grundlage darstellt für jede Form von Kommunikation und damit von Gemeinschaft. Ein Blick in die Heilige Schrift zeigt außerdem, daß schon von den alttestamentlichen Weisungen her die gleiche Erkenntnis für die Verbote von falschem Zeugnis und schließlich von Lüge überhaupt wegleitend gewesen sein muß. Vor allem die Sprache, jenes dem Menschen ureigene Mittel der Verständigung und Kontaktnahme, wird grundlegend verdorben, wenn sie nicht mehr Träger von Wahrheit ist, sondern zur selbstsüchtigen Täuschung des Mitmenschen eingesetzt wird. Im Licht dieser grundlegenden Einsichten lassen sich konkrete Alltagsprobleme einer tragfähig wahrhaftigen Lösung entgegenführen.

Mehr noch aber fordern sie eine im Menschen selber verwurzelte Einstellung, die den Wert der Ehrlichkeit voll bejaht und dafür sich einzusetzen bereit ist. D.h. die Einsicht muß sich mit einer grundsätzlich ehrlichen Haltung oder, wie man früher eher sagte, mit der entsprechenden Tugend paaren, wenn sie konkret wirksam sein soll. Darin gilt es dann, den gegenteiligen, stets irgendwie sündigen, weil egoistischen Hang des Menschen, es mit der Wahrhaftigkeit nicht so genau zu nehmen, in persönlicher Selbstkontrolle wie vor allem im mitmenschlichen Kontakt zu überwinden. Weil sich aber der Mensch, sogar wenn er sich um eine genaue Selbstkontrolle müht, gern in sich verspinnt und für sein Tun und Lassen nur allzu gern viele „gute“ Gründe findet, ist er auf die zwar manchmal schmerzliche, aber doch bei weitem unbestechlichere Korrektur des Mitmenschen angewiesen. Frühere Jahrhunderte waren von dieser Tatsache sogar so überzeugt, daß sie Rat und Zurechtweisung geradezu als mitmenschlichen Dienst, als zwei geschuldete „Werke der geistigen Barmherzigkeit" forderten. Tatsächlich stellen angesichts der Begrenztheit der Erfahrung des einzelnen, wie auch wegen seiner stets interessenbedingt verengten Sicht der horizont-erweiternde Rat, wie vor allem die Kritik (im Sinn einer unterscheidenden Zu-recht-Weisung) zwei für ein Klima sauberer Wahrhaftigkeit unerläßliche Hilfen dar.

Entsprechend gehört zu einer Haltung der Ehrlichkeit nicht nur die Bereitschaft zu einer wachen Selbstkontrolle, sondern ebenso wesentlich die offene Bereitschaft, solche Kritik anzunehmen und sie auf ihren Gehalt ernsthaft zu überprüfen, bzw. der Versuchung zu widerstehen, sie einfach auszuschlagen oder, falls jemand dazu die Macht hat, sie zu unterdrücken.

Umgekehrt ergibt sich aus dieser Tatsache dann aber auch die Forderung nach sachlicher Kritikbereitschaft, die nicht in kleinliche Krittelei abgleitet, sondern den Mut zum korrigierenden Wort findet. Im öffentlichen Leben kann (und muß) dies durch entsprechende Institutionen geschehen, etwa durch eine nicht bloß geduldete, sondern in ihrer Funktion anerkannte Opposition, durch die Institution des Ombudsmannes, durch ein berufsbezogenes Ehrengericht oder und vor allem durch eine freie Meinungsäußerung in den Massenmedien. Im persönlichen Bereich dagegen, wo Kritik nicht weniger nötig ist, bleibt meist nur das offene Wort von Mensch zu Mensch. Daß es dazu angesichts der jedem Menschen eigenen spontanen Empfindlichkeit gegenüber Kritik ein gutes Maß an Zivilcourage braucht, versteht sich, vor allem, wenn diese Kritik an einen sozial höher Gestellten, Mächtigeren gerichtet werden muß. Sie erfordert aber zugleich auch Feingefühl und Takt, um beim Betroffenen nicht unnötig Abwehr und Aggressionen zu wecken. Denn die Kritik im Dienst der Wahrhaftigkeit will ja nicht herunterreißen, sondern aufbauen und öffnen. Kritikbereitschaft, in diesem aktiven wie passiven Sinn, gehört so wesentlich zu einer Haltung der Ehrlichkeit. Entsprechend darf sich eine Ethik der Wahrhaftigkeit keinesfalls auf ein bloßes Verbot der Lüge und allenfalls dessen konkrete Anwendungsfelder beschränken. Vielmehr muß sie diese Haltung ebenso eindringlich fordern, um Lebenslüge, Heuchelei und Täuschung zugunsten echter Mitmenschlichkeit abbauen zu helfen.

III. Die Sorge für die Wohlfahrt des Mitmenschen

Lebenserhaltung und -sicherung wie auch Wahrhaftigkeit zur Schaffung eines mitmenschlichen Vertrauensklimas gehören zu den wesentlichen Problemfeldern einer personal-mitmenschlichen Ethik, nicht weniger bedeutsam ist aber auch die mitmenschliche Sorge um die materielle Wohlfahrt des Nächsten. Negativ bedingt dies das schon von I. Kant in seinem kategorischen Imperativ treffend formulierte Verbot, den andern als bloßes Mittel zur Steigerung des eigenen Wohlergehens zu brauchen, also der Verzicht auf Ausnützung und Ausbeutung. Obwohl der Mensch gerade auch als Christ um seine fundamentale Gleichheit mit allen andern Menschen besonders wissen müßte, ist ihm doch, wie schon hinsichtlich des Lebensschutzes hervorgehoben wurde, ein fataler Hang eigen, den Mitmenschen egoistisch für sich und seinen Nutzen zu gebrauchen. In besonders extremer Form geschieht dies in der Leibeigenschaft und Sklaverei, die auch im Christentum nur sehr langsam überwunden werden konnte, die im Judentum als allerdings gesetzlich gemilderte und eingegrenzte Schuldsklaverei auch den Volksgenossen nicht völlig auszunehmen vermochte und die auch im aufgeklärten 18./19. Jahrhundert für die Negersklaven in den USA als selbstverständlich galt. Solche Ausbeutung geschieht aber nicht weniger am Lohnarbeiter im frühkapitalistischen Proletariat oder in den internationalen Beziehungen zur Dritten Welt durch Kolonialismus oder ungerechte Wirtschaftsordnungen. Obwohl diese Beispiele den mitmenschlich-personalen Rahmen sprengen und den Bereich der gesellschaftlich-sozial-ethischen Bezüge berühren, seien sie doch hier schon erwähnt, weil sich an ihnen die Folgen dieser die mitmenschliche Gleichheit wie die christliche Brüderlichkeit mißachtenden Egoismusneigung des Menschen besonders deutlich abzeichnen. Es gibt aber auch, allerdings meist weniger auffällig, aber deshalb nicht weniger wirksam eine Ausbeutung auf der noch eher privaten zwischenmenschlichen Ebene, welche als partnerschaftszerstörende Belastung ethisch eigens bedacht werden muß.

1. Partnerschaft statt Ausbeutung

Obwohl die Gleichheit aller Menschen sich in der Neuzeit als Idee zunehmend durchgesetzt hat und z. T. sogar in eine die Eigenpersönlichkeit zu wenig beachtende Gleichmacherei und Vereinheitlichung hineindrängt, gibt es dennoch auch weiterhin zwischenmenschliche Beziehungsfelder, in denen die partnerschaftliche Gleichstellung weiterhin problematisch bleibt.

Dies gilt zunächst für die Stellung der Frau, selbst dort, wo sie auf der öffentlich-rechtlichen Ebene formal gleichgestellt ist, obwohl selbst dies noch längst nicht überall der Fall ist und sich teilweise sogar, wie in gewissen islamischen Staaten, restaurative Tendenzen bemerkbar machen. Im zwischenmenschlichen Bereich ist es dann vor allem bezüglich der Partnerschaft in Ehe und Familie, Stellung und Chancen im beruflichen Bereich bis hin zur Rollenverteilung in der Freizeitgestaltung oft nicht die Achtung vor der Verschiedenheit, sondern die Unterordnung, welche die gegenseitige Zuordnung bestimmt, während echte Partnerschaft gerade die Gleichheit im Unterschied als bereichernden Wert pflegen müßte.

Diese partnerschaftliche Grundhaltung müßte allerdings nicht nur das Verhältnis von Mann und Frau, sondern überhaupt das Verhalten in menschlichen Gruppen ganz allgemein prägen, wo christlich nicht das Sich-Bedienen-Lassen, sondern die Bereitschaft zum Dienst für den andern und zugunsten des Ganzen bestimmend zu sein hat. Dies gilt zunächst im beruflichen Bereich: Das Arbeitsteam als produzierende Gruppe braucht zwar eine organisatorische Struktur mit der Position des koordinierenden Leiters, aber das Leitprinzip hätte auch hier gegenseitiger Dienst und Partnerschaft und erst daraus die notwendige Unterordnung zu sein. Die zunächst von rein betrieblichen Interessen wie Produktionssteigerung, Unfallverhütung, Produktionsverbesserungen, geringere Personalrotation u. ä. geleitete Erforschung der sog. „Human Relations" zeigt mit aller Deutlichkeit, wie bedeutsam für ein personal-mitmenschliches Lebens- und Arbeitsklima diese Belange sind und wie sie daher nicht nur aus Nützlichkeitsüberlegungen, sondern aus eigentlich menschlichen, also ethischen Beweggründen beachtet zu werden verdienen. Ein sog. „partizipativer" Führungsstil, der jeden am Fertigungsprozeß Beteiligten auch angemessen an der Entscheidungsfindung mitwirken lassen will, gehört damit nicht von ungefähr zu den wesentlichen Forderungen einer christlichen Ethik. Wo der Mitarbeiter dagegen nur einen Kostenfaktor in der Betriebsbilanz darstellt, dessen Wohlergehen nur hinsichtlich seiner Arbeitskraft interessiert, entsteht nicht nur keine Partnerschaft, sondern eine Klassenkampfstimmung, in welcher dann auch das Gesamt betreffende Schwierigkeiten etwa einer konjunkturellen oder gar strukturellen Rezession nicht mehr gemeinsam angegangen werden können.

Von solcher Zusammenarbeit in Partnerschaft sind aber auch alle andern mitmenschlichen Verhältnisse nicht auszunehmen, selbst dort nicht, wo ungleiche Abhängigkeiten Naturgegebenheiten sind, wie etwa im Verhältnis Eltern – Kinder, Lehrer – Schüler. Auch hier darf nicht Herrschaft Leitbild sein, sondern Partnerschaft, d.h. Dienst und Annahme des andern in der ihm zugewiesenen Rolle. Nur so führt Erziehung zu befreiender Entfaltung und Selbständigkeit, womit übrigens in keiner Weise einem anti-autoritären Verhältnis das Wort geredet ist; nur muß die Autorität partnerschaftlich, d.h. als aufbauender Dienst am andern und nicht herrschaftlich, also aus bloßer Selbstbestätigung begründet sein.

Wie aus all diesen Beispielen klar wird, muß sich als erste ethische Forderung der Verantwortlichkeit für ein Klima echter Mitmenschlichkeit diejenige nach Partnerschaft stellen. Zwar verlangt jede menschliche Gruppe als dynamisches Ganzes nach Rollenverteilungen (Führer, Spezialisten usw.), aber diese sind primär stets als Funktionen im Ganzen zu sehen, und nicht als singuläre Individual-Positionen. Insofern erhalten berechtigte Rollenerwartungen als soziologische Normen stets auch eine ethische Tragweite, die aber nicht in sich, sondern aus ihrer partnerschaftlichen Mitmenschlichkeit begründet ist. So meint Partnerschaft zwar auch gegenseitige Abhängigkeit, aber ebenso gegenseitige Achtung und Verantwortlichkeit zum Nutzen und Wohl des Ganzen, aus dem erst auch das Wohl des Einzelnen gesichert zu werden vermag.

2. *Wohlfahrt und Gemeinnützigkeit*

Zu den Verantwortlichkeitsbereichen der Mitmenschlichkeit gehört aber nicht nur der Aufbau von Partnerschaft als aktive Anerkennung der Gleichheit unter den Menschen. Es gehört dazu nicht weniger die Sorge um das Schaffen der materiellen Voraussetzungen, damit solche Gleichheit auch als eine konkrete Wirklichkeit erfahrbar wird; d.h. es gehört die zwischenmenschliche Sorge für diejenigen dazu, die aus was für Gründen immer von sich aus eine solche Position der Gleichheit nicht erreichen konnten.

Allgemein menschlich, besonders seit dem 18. Jahrhundert von aufgeklärten Humanisten unter dem Stichwort der „Gemeinnützigkeit“ aufgegriffen wird damit aber eigentlich ein genuin christliches Element, nämlich die besondere Sorge um den Bedürftigen oder sonst irgendwie Benachteiligten weitergeführt, so wie sich dies im Mittelalter im spirituellen Ethos der Caritas, bzw. der Werke der leiblichen und geistigen Barmherzigkeit thematisiert hat. Tatsächlich gehen dann auch die meisten Sozialeinrichtungen moderner Gemeinwesen auf solche christlichen Initiativen zurück. Dies gilt für Krankenhäuser und Behindertenheime so gut wie für Schulen für benachteiligte Bevölkerungsschichten oder für die Entwicklungshilfe, ja bis hin zu genossenschaftlichen Selbsthilfeorganisationen. Wenn sich angesichts der komplexeren Strukturen moderner Gesellschaften manche davon auch zu Fürsorgeeinrichtungen der öffentlichen Hand entwickelt haben, so bleibt dennoch auch weiterhin der privaten Initiative ein breiter und notwendiger Raum des Einsatzes, wobei dieser sowohl direkt von Mensch zu Mensch, aber auch im engeren Wortsinn gemeinnützig von einer eigens konstituierten privaten Gruppe getragen sein kann. Insofern in Anbetracht konkreter Notlagen die Möglichkeiten des Einzelnen zu schwach, die Hilfe der öffentlichen Hand dagegen aber oft zu wenig flexibel, zu anonym und als staatliche da und dort auch zu offiziell sind, kommt gerade in einer vermassenden Industriegesellschaft dieser Zwischenstufe eine besonders wichtige Bedeutung zu, sei es als einfache Nachbarschaftshilfe in den alltäglichen Bedürfnissen von Familie und Haushalt, sei es besonders für neu entstehende Bedürfnisse in besonderen Notlagen, wo eine spezialisierte aber flexible Hilfestellung benötigt wird, wie dies beispielsweise für manche Suchtprobleme zutreffen dürfte. Die raschere Anpassungsfähigkeit dank kleiner Verwaltung und die damit oft verbundenen geringeren Kosten, vor allem aber die so mögliche persönlichere Kontaktnahme unter größtmöglicher Diskretion lassen gerade diese mittlere Stufe der Wohlfahrtssorge als Ergänzung zwischen Einzelhilfe und sozialer Gesellschaftsinstitution besonders bedeutsam erscheinen. Es versteht sich, daß dann dafür vom den Bedürftigen besonders in den Mittelpunkt der Sorge stellenden christlichen Liebesgebot her die christliche Ethik gemäß ihrer ureigensten karitativen Tradition auch einen besonderen Akzent der Verpflichtung zu setzen hat.

3. Kultur und Zivilisation

Zum gesamten Bereich menschlich-mitmenschlicher Wohlfahrt gehört aber nicht nur die Vermeidung von Unterdrückung und die Behebung mitmenschlicher Not durch soziale Maßnahmen wie durch den personalen Einsatz eigener Mittel. Diese sind eigentlich nur Voraussetzungen, um die Lebenswelt des Menschen einigermaßen menschlich zu gestalten. Zur wohnlichen Gestaltung einer echten Lebenswelt gehören neben der ökologischen Sorge für eine intakte Umwelt aber auch jene geistig-materiellen Werte, die wir ganz allgemein mit kulturell bezeichnen, also Kunst, Literatur, Gestaltung u. ä. In früheren Jahrhunderten elitär von Fürsten getragen und Symbol für deren Macht und Größe, wurde diese Sorge nicht zuletzt im genannten Sinn der Gemeinnützigkeit später auch zur Aufgabe der Bürger, die ebenfalls als Stifter und Mäzene auftraten und auch entsprechende Organisationen (Bibliotheken, Musikvereine als Träger von Orchestern u. ä.) schufen. Daß die Kirche, und zwar auf allen ihren organisatorischen Stufen von den Päpsten, Bischöfen und Klöstern bis hin zu den Pfarreien, in dieser Hinsicht stets als Kulturförderer wirksam war, braucht kaum eigens betont zu werden und bei aller Kritik an einem darin möglicherweise ebenfalls schlummernden Triumphalismus darf der Dienst an echter Menschlichkeit, der damit auch beabsichtigterweise verbunden ist, dennoch nicht übersehen werden.

Wenn auch in der zunehmenden Vergesellschaftung aller sozialen Belange in der modernen Industriegesellschaft dieses Mäzenatentum im Kultur- und Bildungswesen ebenfalls weitgehend an die öffentliche Hand überging, so muß doch die Bedeutung der „Gemeinnützigkeit" neben der kommerzialisierbaren Massenkunst (dies ist z. B. für Kunstreproduktion oder Schallplatten durchaus positiv gemeint) und der staatlichen Förderung hier als „umweltgestaltender" Faktor herausgestellt und die entsprechende ethische Verpflichtung zu einer auch in dieser Hinsicht nötigen Vermenschlichung der Umwelt betont werden. Weil ohne sie ein Teil von Freiheit und Vielfalt verloren zu gehen droht, könnte gerade ihr noch weiteres Verkümmern zu einer wesentlichen Verarmung führen, ein Moment, das neben freien Vereinigungen auch von den Christen und ihrer Kirche, bei allen direkteren sozialen Verpflichtungen der leiblichen Caritas nicht außer acht gelassen werden sollte, denn eine bloß auf materiellen Komfort bedachte Zivilisation ohne das Moment der kulturellen Gestaltung wirkt, wie man zunehmend wieder zu bemerken beginnt, bei aller objektiven Funktionalität kalt und damit subjektiv entmenschlichend.

Zwischenmenschliche Hilfe und Sorge um Wohlfahrt im direkten wie im übertragenen Sinn einer kulturellen Weltgestaltung bedingt aber zugleich auch den Umgang mit materiellen Gütern und Sachwerten dieser Welt und stellt so auch schon von daher, einmal ganz abgesehen von allen andern Dimensionen ihres Gebrauchs, die Frage nach der Verantwortlichkeit des Christen im Umgang mit Besitz und Eigentum.

IV. Verantworteter Umgang mit Besitz und Eigentum

Eigentumsschutz bei gleichzeitiger skeptischer Distanz gegenüber irdischem Besitz kennzeichnen die jüdisch-christliche Tradition: Das dekalogische Diebstahlverbot steht neben den kritischen Worten Jesu gegenüber allem Reichtum; zusammen begründen sie eine Ethik, welche ein zu schützendes Recht auf privates Eigentum ebenso kennt wie dessen prinzipielle Infragestellung in der Armutsbewegung. Das Verhältnis des Christen dem Eigentum gegenüber ist jedenfalls keineswegs spannungsfrei, und wenn ein völliger Verzicht auf privaten Besitz auch nicht als ein allgemeines Gebot gelten kann, so ist eine Definition des Eigentums im Sinn der altrömischen Rechtsauffassung als ein Recht auf Gebrauch, Verbrauch und Mißbrauch darin ebensowenig denkbar, wie die beständige Neigung, den Wert eines Mitmenschen allein nach seinem Besitz zu bemessen. Um aber diese auf den ersten Blick ambivalente Wertung irdischen Besitzes genau fassen zu können, ist es unerläßlich, auf die Quellen zurückzugreifen.

1. Voraussetzungen in den biblischen Quellen

Obwohl aus biblischer Sicht die Schöpfung als ganze eindeutig dem Menschen zugeordnet ist und ihm zur näheren Bestimmung und zum Gebrauch überlassen ist (vgl. Gen 1,28; 2,19), bedingt diese Zu- und Rangordnung dennoch keine Eigentumsordnung im modernen Sinn. „Besitzer“ der Schöpfung im eigentlichen Sinn ist und bleibt der Schöpfer; der Mensch ist bloß ihr Verwalter (ihr „Schaffner“, wie Zwingli mit Recht sagt), der sie, wie es das Bild des Gärtners andeutet, pfleglich zu nutzen hat, was zwar ihrem Gebrauch, nicht aber einfach ihren Verbrauch erlaubt.

Zu dieser sachbezogenen Einschränkung der Verfügungskompetenz des Menschen kommt aber gleichzeitig auch eine soziale Begrenzung. Ursprünglich ohnehin auf Vieh und Fahrhabe beschränkt, begann sich erst mit dem Seßhaftwerden der (Halb-)Nomaden in Kanaan (völkerkundlich übrigens erwartungsgemäß) auch das Problem von Grundeigentum zu stellen, dessen Sozialbezug gegen individualistisch monopolisierende Tendenzen von der Kritik der Propheten jedoch immer wieder betont wurde (vgl. dazu vor allem die Kritik des Amos, aber auch bei Micha und Jesaja) und auch zu gesetzlichen Schutzmaßnahmen führte, etwa durch Schulderlaß, Freilassung der Schuldsklaven und Rückfall des Bodens an den ursprünglichen Besitzer in den sog. Sabbat- und Jobeljahren, d. h. alle 7 bzw. 49 Jahre. Denn das gelobte Land gehört dem Volk nicht als fester Besitz, sondern es ist ihm als dem Eigenvolk Gottes in einer Art Erbpacht anvertraut: „Mein ist das Land und ihr seid Gäste bei mir und Beisassen“, heißt es so ausdrücklich im Buch Leviticus (25,23). Entsprechend ist es unrecht, es dem Volksgenossen rücksichtslos vorzuenthalten oder sich auf dessen Kosten zu bereichern, was konsequenterweise das Zinsverbot (Dtn 23,20ff) zur Folge hatte.

Dennoch werden Besitz und Eigentum durch solche Kritik und Einschränkung nicht etwa abgeschafft. Vielmehr kann gerechter Reichtum sogar (etwa in der Weisheitsliteratur) Wertschätzung erfahren, obwohl er und die damit verbundene Macht auch immer wieder Anlaß zu Ungerechtigkeit und Mißbrauch geben und entsprechend im Spätjudentum, wie vor allem dann in der Jesustradition in Wort und Lebensbeispiel einer radikalen Kritik ausgesetzt werden: Man kann nicht zugleich Gott und dem Mammon dienen (Mt 6,24), denn eher geht ein Kamel durch ein Nadelöhr als ein Reicher ins Himmelreich (Mt 19,24). Daß sich aus dieser Kritik zwar ein Verzicht auf privates Eigentum nahelegte, zeigen die Bewegung der Essener wie Ansätze in frühchristlichen Gemeinden (vgl. Apg 2,44; 4,32), freilich ohne daß ein solcher Verzicht zu einer allgemeinen und zwingenden Regel für alle Christen gemacht worden wäre, ja die Mission des Paulus basiert zu einem guten Teil sogar auf der Unterstützung durch offenbar begüterte Christen (Apg 16,14ff). Auf alle Fälle aber gehören Gewinnsucht, Habgier, Ausbeutung und Mangel an Hilfe gegenüber Armen und Notleidenden zu den immer wieder gerügten Lastern, die von der apostolischen Predigt des öftern angemahnt werden müssen. Das Almosen, teilweise in der Zehntenabgabe schon im jüdischen Raum institutionalisiert (Dtn 14,28), gehört entsprechend zu den heilsrelevanten Verpflichtungen des Christen (vgl. Mt 25,31–46).

Nimmt man diese knapp skizzierten Elemente der biblischen Sicht zusammen, so ergeben sich für den Umgang mit den irdischen Gütern folgende Leitprinzipien: Die innerweltlichen Güter sind dem Menschen zwar zu- und untergeordnet. Er ist aber nie deren uneingeschränkter Besitzer, sondern sie stehen ihm im Sinn des Schöpfers, und dies heißt vor allem in mitmenschlicher Verantwortlichkeit zum Gebrauch zur Verfügung, und nur in diesem Rahmen verdient Eigentum auch einen Schutz vor dem Übergriff Dritter. Dabei können sich je nach den konkreten zeit- und kulturgeschichtlichen Umständen verschiedene Verwirklichungsmodelle für eine gerechte Zuordnung der einzelnen Elemente anbieten und entsprechend ist es Aufgabe der christlichen Ethik, diese Leitprinzipien auf die jeweiligen Zeitumstände wesensgerecht umzudenken und den berechtigten Besitz und Umgang von und mit Eigentum zu begründen.

2. *Die Notwendigkeit einer Eigentumsbegründung*

Daß Besitz und Reichtum nicht Selbstzweck, sondern Mittel zur Lebensverwirklichung des Menschen sind, wie daß Verteilung und Gebrauch unter dem Vorzeichen des sozialen Ausgleichs zu stehen haben, stand so in der christlichen Ethik theoretisch eigentlich nie unter Zweifel. Der Umgang mit materiellen Gütern ist wesentlich relativiert, er hat im Zeichen des „hōs mè" (zu besitzen, als besäße man nicht) zu geschehen. Dafür hat das in den Orden gelebte Gelübde der Armut als einer freiwillig gewählten Besitzlosigkeit der gesamten Glaubensgemeinschaft mahnender Hinweis zu sein gegen die aus sündhafter Eigensucht gefährliche Verhaftung an den irdischen Besitz. Die Kirchenväter wie die großen mittelalterlichen Theologen vertreten diese Ansicht, wobei Thomas von Aquin sogar, und darin die Distanzierung mildernd, nicht nur das menschliche Verfügungsrecht über die Güter bejaht, sondern, bei aller Bejahung der sozialen Dimension für ihren Gebrauch, aus recht pragmatischen Gründen (größere Sorgfalt, geringere Streitgefahr, klare Zuständigkeiten) sogar ausdrücklich die Erlaubtheit von privatem Eigentum an einer Sache vertritt (vgl. S.th. II / II 66,2).

In einer wirtschaftlich relativ einfach strukturierten Gesellschaft genügte diese Motivation verbunden mit einem Zinsverbot gegen die Ausnützung von Not und mit der Institution des verpflichtenden Almosens (die mittelalterlichen Theologen halten diskussionslos den Aufwand von mindestens 10% des Einkommens für Almosen als eine sittliche Pflicht der Gerechtigkeit) offenbar weitgehend zur Sicherstellung eines einigermaßen ausreichenden sozialen Ausgleichs. Zumindest konnte man sich keine bessere Organisationsform dafür vorstellen und die ethische Weisung mußte sich entsprechend auf die Mahnung, nicht aus der Not des Nächsten Nutzen zu ziehen sowie auf den Appell zur Großherzigkeit beschränken, auf Appelle, die allerdings auch die Dringlichkeit und existentielle Tragweite der mittelalterlichen Armutsbewegungen mit all ihren sozialkritischen Elementen annehmen konnten.

Dennoch machte erst die beginnende Neuzeit mit ihren geistesgeschichtlichen und wirtschaftlichen Entwicklungen die Eigentumsfrage zu einem komplexen ethischen Problem. Vor allem drängte die Betonung der individuellen Persönlichkeit des Menschen durch die Aufklärung das Moment der Sozialpflichtigkeit allen Eigentums zugunsten desjenigen der freien Verfügbarkeit in den Hintergrund, zumal Besitz nun nicht mehr einfach Reichtum an Konsumgütern bedeutete, sondern zunehmend als einsetzbares Kapital zum Produktionsmittel und damit in einer völlig neuen Weise zu einer Quelle von Macht wurde. So sehr für den Umgang auch mit diesen neuen Formen von materiellem Besitz die biblischen Leitprinzipien für eine christliche Ethik wegleitend bleiben, so wenig bieten sie auf dieser Stufe des Kapitalbesitzes noch direkte Möglichkeiten zu verwirklichender Anwendung. Wo dies dennoch versucht wurde, etwa mit Appellen an die Großzügigkeit und Barmherzigkeit der Unternehmer gegen das Proletarierelend, blieben sie erfolglos, wenn sie nicht gar der ungerechten Ausbeutung ein Scheinalibi verschafften. Ebensowenig konnte es fürderhin aber auch genügen, das Eigentum in seiner ethischen Relevanz ganz allgemein als „geschichtlich gegebenen Ort der Bewährung vor Gott" (so der protestantische Ethiker E. Wolf) zu bezeichnen und die nähere Ausgestaltung seiner Ordnungen der innerweltlichen Autorität zu überlassen.

Damit drängte sich der theologischen Ethik vorab im Verlauf des 19. Jahrhunderts eine kritische Neureflexion über Ursprung und Begründung von Eigentum geradezu auf. Erst von daher konnten Grenzen und Rahmen im Umgang mit diesen neuen Formen von materiellem Besitz definiert und in einer zunehmend sich säkularisierenden Gesellschaft auch außerhalb der eigenen Glaubensgemeinschaft begründeterweise vertreten werden. Zudem konnte auch nur auf diesem Weg die Auseinandersetzung mit andern eigentumskritischen, vorab den marxistischen Ansätzen, deren Voraussetzungen man aber nicht zu teilen bereit war, aufgenommen werden. Vor allem aber erlaubte auch erst eine solche Analyse den ethisch verantwortbaren Umgang mit Eigentum im bekannten zwischenmenschlichen, überschaubaren Bereich abzuheben von den wesentlich komplexeren gesellschaftlichen Eigentumsstrukturen im modernen Industriestaat, also eine personal zwischenmenschliche Ethik von einer Sozialethik zu unterscheiden, bzw. neben Konsumeigentum und direktem Eigentum an Produktionsmitteln auch das nun besonders relevante indirekte Produktionsmitteleigentum (vorab in der Form von Wertpapieren) als eigene Kategorie mit je eigenen Gesetzmäßigkeiten, Sachzwängen und Gefahren zu berücksichtigen. Auch erlaubten erst solche Untersuchungen die kulturbedingte Wandelbarkeit und damit auch deren prinzipielle Veränderbarkeit zu erkennen und so die genuin sozialethische Fragestellung nach entsprechender Bewußtseinsbildung und Mitverantwortung eigentlich zu erheben.

3. Die traditionellen Eigentumsbegründungen für die Einzelperson

Da Eigentum zur persönlichen Existenzsicherung unerläßlich zu sein scheint, ist es auch Voraussetzung dafür, daß der Mensch seine Freiheit und damit seine ihm eigene Würde überhaupt wahrnehmen kann. Ohne Eigenbesitz würde der Mensch voll abhängig von andern, von einzelnen (z. B. vom Unternehmer in einem reinen Kapitalismus) oder von der Gesellschaft (etwa vom Staat in einer sozialisierten Gesellschaft). Entsprechend gilt privates Eigentum denn auch als ein „Naturrecht" des Menschen, das ihm von seinem Wesen selber her zukommt. Verfälscht wird diese menschenrechtlich angemessene Sicht allerdings dort, wo Eigentum ausschließlich als Frucht der eigenen Leistung, bzw. aus einem haushälterischen Umgang mit den Gütern angesehen wird. Über solches Eigentum gilt dann der Mensch, vorab das patriarchische Oberhaupt der eigenständigen Familie, als uneingeschränkter Herr; die Gesellschaft hat dies anzuerkennen, allenfalls als „Nachtwächterstaat" solches Eigentum gegen böswillige Übergriffe zu schützen. Wo diese der bürgerlich liberalen Gesellschaft des 19./20. Jahrhunderts selbstverständliche Ordnung in Frage gestellt wird, scheint dies zugleich an die Grundlagen der Gesellschaft als solcher zu greifen, obwohl eine genauere Analyse dieser Sicht rasch bedenkliche Ungenauigkeiten zu Tage fördert.

Denn einmal wird hier langfristiges Konsumgut an Mobilien und Immobilien, zusammen allenfalls mit dem direkten Produktionsmitteleigentum etwa im landwirtschaftlichen oder handwerklichen Familienbetrieb nicht unterschieden vom indirekten Eigentum an

Produktionsmitteln, wie es in der modernen Industriegesellschaft vor allem als Aktienbesitz immer häufiger wurde. Zudem wird in der Frage, wie dieses Eigentum zustande kam, zwar die Eigenleistung betont, aber nicht gefragt, inwiefern darin nicht auch noch Leistung anderer bzw. der Gemeinschaft (Infrastruktur, Umwelt) involviert ist, die dann nach den gleichen Prinzipien zu Recht ebenfalls Eigentumsansprüche anzumelden hätten. Ebenso wird auch für solches Eigentum die Vererbung in der eigenen Familie als selbstverständlich angenommen. D.h. es wird hier zumindest zu wenig gefragt, ob in dieser frei erbrachten, Eigentum begründenden Leistung nicht einfach das Recht der Stärkeren und deren Gruppenegoismus ausschlaggebend ist. Man vertraut vielmehr optimistisch und „aufgeklärt" darauf, daß durch die Wahrnehmung wohlverstandener Eigeninteressen im freien Spiel der Kräfte „wie von unsichtbarer Hand" (Adam Smith) sich alles von selbst zum besten regeln würde. Dem sündhaften Hang des Menschen, seine allfälligen Überlegenheiten auf Kosten von Schwächeren zu nutzen, wurde keine Beachtung geschenkt.

Dennoch fand diese somit letztlich recht undifferenzierte Sicht von Eigentum auch Eingang in die christliche Ethik. So stand etwa im Gegensatz zu Luther, der gewinnerstrebenden Handelsgesellschaften noch skeptisch gegenübertrat, „Calvin der Geldwirtschaft positiver gegenüber und erlaubte eine Verzinsung nach Billigkeit zur Kapitalbildung für den strebsamen Unternehmer. Der entsagende Einsatz des Eigentums dient der Ehre Gottes" (T. Strohm). Auf dieser Linie begründete sich dann auch der beginnende englische wie der europäische Kapitalismus, der sich selber auch in seinen großen Theoretikern wie John Locke oder Adam Smith durchaus auf einer christlichen Linie der richtigen Befolgung der Schöpfungsordnung verstand und darin von den liberalen Theologen der Aufklärung auch nicht in Kritik genommen wurde.

Ein freilich etwas anders gelagertes Verständnis von Eigentum prägte die katholische Tradition, nur daß diese Ordnung hier als Naturrecht, d.h. als Anspruch wirklich jedes Menschen verstanden wurde. So hat Papst Leo XIII. in seiner Sozialenzyklika „Rerum novarum" von 1891 Maßnahmen zur breiten Streuung von Eigentum (vorab im Sinn des Eigenheims) auch an den vermögenslosen Arbeiter verlangt und auch nicht gezögert, für die Arbeiter zur Erreichung eines gerechten Anteils an dem mit ihrer Leistung erarbeiteten Ertrag das Mittel des Streiks zu bejahen. Zugleich wurde damit aber auch die freie Verfügbarkeit über materielles Eigentum eingeschränkt auf den Bereich der langfristigen Konsumgüter, wobei die Sozialverpflichtung selbstverständlich bestehen bleibt, auf dieser Ebene aber weiterhin über Almosen und Nachbarschaftshilfe wahrgenommen werden kann. Das Eigentum an Produktionsmitteln, vor allem seine indirekten Formen (Aktien, Obligationen etc.) werden deutlich in ihre Sozialverpflichtung gestellt. Zwar erwartet man keine Vermenschlichung durch Kollektivierungen, aber die Verpflichtung zu sozialem Einsatz von Eigentum und zu entsprechender Kontrolle wird deshalb nicht weniger als christliche Notwendigkeit herausgestellt.

Trotz der starken Verbindung von Eigentum und Einzelperson, für die es Sicherstellung ihrer Freiheit und Selbstbestimmung bedeutet, bleibt somit die von der Bibel wie der frühen Tradition der Theologie herausgestellte Sicht von der Bestimmung der irdischen Güter zum Nutzen aller Menschen ebenfalls bestimmend. Auch wirkte die Sicht der Kirchenväter von der Eigentumsordnung als einer erbsündlich bedingten Notordnung wenigstens unterschwellig auch in den eben genannten, für den Privatbesitz positiven Begründungsansätzen weiter. Obwohl damit, und zwar entgegen einem unrealistischen Aufklärungsoptimismus von einem „von Natur aus guten Menschen“ (J. J. Rousseau) der sündhafte, also egoistische Mißbrauch von Eigentum niemals einfach ausgeblendet war und ein natürliches sich Einpendeln der sozialen Ordnung aus dem Spiel wohlverstandener Eigeninteressen nicht einfach angenommen wurde, blieb über weite Strecken die ursprüngliche Gemeinbestimmung der Güter doch fast nur noch spürbar in der allgemein akzeptierten Ausnahme-Notsituation, in welcher der Mensch ohne Schuld sich an fremdem Gut, etwa im sog. Mundraub, vergreifen dürfe, wie in der Betonung der Gemeinbestimmung gewisser Güter, wie Wasser und Luft (aber auch der Meeresböden), die niemals als Privatbesitz beansprucht werden dürfen. Für andere Vorschläge zur Betonung des Gemeineigentums aber fehlte lange jedes Verständnis.

4. Personal bedingte Gemeinbestimmung von Eigentum

Wenn so der Begründungszusammenhang in der Gemeinbestimmung aller irdischen Güter als notwendige Ergänzung zu einem personal individuellen Ansatz lange Zeit in der christlichen Ethik wenig ausgeprägt war, und nur indirekt deutlich wurde (so vor allem in der Forderung an den Staat um des Gemeinwohles willen über die gerechte Verteilung von Eigentum zu wachen und durch Lohn- und Steuergesetzgebung regelnd einzugreifen), so haben sich in den letzten Jahren die Gewichte deutlich verschoben. Das Moment einer innergesellschaftlichen wie einer weltweiten Solidarität tritt als typisch christliche Forderung immer deutlicher in den Vordergrund, so daß man ganz allgemein von der „sozialen Hypothek, die auf jedem Eigentum liege" redet, weil privates Eigentum für niemand ein unbedingtes und unumschränktes Recht darstellt und deshalb auch nie zu Schaden des Gemeinwohls genutzt werden darf.

Im Einklang mit ihren biblischen Quellen und der eigenen kirchlich theologischen Tradition haben somit nach einer christlichen Ethik die materiellen Güter der Welt dem Aufbau des Menschen als Person in Gemeinschaft zu dienen. Sie stehen damit in einer doppelten spannungsvollen Finalität, indem sie der individuellen Persönlichkeit wie der Menschheitsgesellschaft als ganzer zugeordnet sind, und zwar so, daß die Vernachlässigung eines der beiden Finalitätspole, stets beide in Mitleidenschaft zieht. Entsprechend wird von einer christlichen Ethik privates Eigentum prinzipiell bejaht, dieses aber stets und zugleich in seiner sozialen Pflichtigkeit gesehen.

Dies gilt zunächst für den Besitz an Konsumgütern wie an direkten Produktionsmitteln, deren Gebrauch und Nutzung stets auch unter sozialer Rücksicht zu sehen ist hinsichtlich der Mitverantwortung für den irgendwie Bedürftigen, wie es traditionell in der Almosenforderung anklang, so gut wie, und heute zunehmend hinsichtlich der verschiedenen Umweltbelastungen, die mit dem Gebrauch von Eigentum verbunden sein können. Dabei ist diese Rücksichtnahme keineswegs bloß als eine sittliche Forderung an Gutwillige zu verstehen, sondern auch als ein von gesellschaftlicher Autorität sogar rechtlich durchzusetzender Anspruch mit entsprechenden Auflagen, Verordnungen, Abgaben usw. Aber der Christ darf sich auch dort nicht aus der sittlichen Verantwortung entlassen fühlen, wo dieser gesellschaftlich gesetzliche Zwang nicht mehr wirkt, wie etwa im staatenübergreifenden Bereich hinsichtlich Armut und Ungerechtigkeit. Die Aufrufe zu Einsatz für entsprechende Information bzw. Bewußtseins- und Gewissensbildung durch Wort, Zeichenhandlung, Lebensstil und konkrete tätige Hilfeleistung, welche die praktische christliche Ethik (etwa im Bereich der Hilfswerke) prägen, sind daher nicht als unverbindliche Einladung zu verstehen, sondern als ernstzunehmende Hinweise auf eigentliche sittliche Verpflichtungen.

Die allgemeinen Grundsätze personalbedingter Gemeinbestimmung von Eigentum beziehen sich aber ebenso auf das indirekte Eigentum an Produktionsmitteln, wo, wie vor allem bei transnational tätigen Kapital- und Aktiengesellschaften, dem einzelnen Besitzer u. U. relativ wenig direkter Einfluß auf die das Unternehmen bestimmenden Entscheidungen zukommt und wo doch weitesttragender Einfluß, also Macht, ausgeübt wird. Auch eine solche Ansammlung an Produktionsgütern bleibt als Eigentum sozialpflichtig. Nur ist es auf dieser Ebene nicht mehr unbedingt durchsichtig, wie diese Sozialpflichtigkeit erhoben und durchgesetzt werden kann, zumal Entscheidungsträger (Manager) und Besitzer (Aktionäre) ja in keiner Weise identisch zu sein brauchen. Entsprechend übersteigt diese Problematik denn auch den Rahmen der personal-zwischenmenschlichen Ethik und betrifft die eigentliche Sozialethik. Dennoch sei dazu hier schon festgehalten, daß eine christliche Ethik die Lösung dieser Probleme von Ausnahmen abgesehen nicht in der Patentlösung einer allgemeinen Sozialisierung sieht, obwohl sich angesichts der Komplexität und der gesamtgesellschaftlichen Bedeutung großer transnationaler Unternehmungen mit zunehmender Größe immer mehr deren Vergesellschaftung, also ihre Unterstellung unter staatliche Leitung und Kontrolle als mögliche Lösung anbietet. Denn nicht nur sind die Ergebnisse der geschichtlichen Erfahrung mit solchen Sozialisierungen alles andere als ermutigend, sondern sie setzen, soll wirklich eine allgemeine Sozialpflichtigkeit gewährleistet sein, eine echte Kontrolle gerade auch der nun bestimmenden politischen Macht voraus, was wohl nur in den wenigen wirklich funktionierenden Demokratien einigermaßen gewährleistet sein könnte. Daher geht es vielmehr darum, nach Wegen zu suchen, auf welchen die soziale Hypothek auch für diese Formen von Eigentum eingelöst werden könnte.

Folgende Ansätze haben sich dabei als brauchbar erwiesen: Auf der direkt politischen Ebene hat eine angemessene Steuer- und Sozialpolitik dafür zu sorgen, daß die unmittelbaren sozialen Verpflichtungen abgegolten werden, wobei dies etwa für die verschiedenen Sozialversicherungen und durch verbindliche Rahmengesetze ohne direkte staatliche Organisationen gewährleistet werden kann. Voraussetzung dafür ist allerdings, daß solche Gesetze nicht über eine korrupte Verwaltung billiger umgangen werden können, ein Faktor, der von der christlichen Sozialethik wohl bislang noch zu wenig in seiner Bedeutung herausgestellt worden ist und nach einer Ethik der personalen Verantwortung und Ehrlichkeit als entscheidenden sittlichen Haltungen ruft, den Menschen also erneut, vorab auf der personalethischen Ebene, in Pflicht nimmt.

Besondere Bedeutung kommt dabei ferner der durch die industrielle Produktion entstehenden Umweltbelastung zu, deren Kosten besonders dort sozialisiert werden, wo diese zur Sicherstellung von Beschäftigung leicht auf die Gemeinwesen überwälzt werden können. Daß hier streng nach dem Verursacherprinzip Kosten berechnet und Maßnahmen zur Verminderung von Umweltbelastungen durchgesetzt werden müssen, gehört damit zu den unbezweifelten, wenn auch noch keineswegs durchgesetzten Forderungen einer humanen und damit auch einer christlichen Sozialethik, welche die genannte soziale Hypothek auf allem Eigentum wirklich ernst zu nehmen gewillt ist.

Darüber hinaus sah man jedoch schon in den Anfängen der christlichen Sozialethik in einer breit gestreuten Vermögensbildung einen Ansatz zur besseren Wahrnehmung der Sozialpflichtigkeit. Hinsichtlich Eigenheimen und persönlichen Ersparnissen wurden diesbezüglich denn auch schon seit längerem erhebliche Fortschritte in den Industrieländern erreicht, die heute auch in den sog. Schwellenländern die große Abhängigkeit der Arbeiter von den Eignern der Produktionsmittel abbauen helfen könnte. Einer eigentlichen Mitbeteiligung am Produktionspotential selber und damit einer Verteilung der Macht an die direkt Betroffenen ist dagegen wenigstens bisher ein durchschlagender Erfolg trotz mancher Ansätze versagt geblieben. Dagegen hat die Idee der Mitbestimmung aller an einem

Unternehmen Beteiligten (also nicht nur der Kapitaleigner, sondern auch der Arbeiter und zwar auf allen, auch auf der unternehmerischen Ebene) in der christlichen Sozialethik als direktes Postulat zur Wahrnehmung der Sozialpflichtigkeit von Eigentum unter den konkreten Gegebenheiten der heutigen industriellen Wirtschaftsorganisation fest Fuß gefaßt. Hinsichtlich des wirtschaftlichen Ungleichgewichts zwischen reichen und armen Ländern schließlich setzt sich zunehmend die Erkenntnis durch, daß das freie Spiel der Kräfte nicht genügt, um der sozialen Dimension in angemessener Weise zum Durchbruch zu verhelfen. Deshalb fordert christliche Ethik die Bemühung um eine sozial gerechtere Weltwirtschaftsordnung, auch wenn sich dafür bis heute noch kaum praktische Lösungen abzeichnen.

Bewußtseinsbildung hinsichtlich der Einsicht in die Notwendigkeit dieser Forschung, sowie bestmögliche Beteiligung an solchen Forschungsprojekten sind daher und wieder auf der personalen Ebene die ethische Konsequenz aus solchem Befund. Schließlich wird christliche Ethik aber auch versuchen müssen, das soziale Verantwortungsbewußtsein bei den politischen und vor allem den wirtschaftlichen Entscheidungsträgern zu fördern. Zusammengenommen zeigen dann diese Ansätze, wie christliche Ethik ohne die personal konstitutive Dimension von privatem Eigentum zur Sicherstellung von Freiheit und Unabhängigkeit des einzelnen anzutasten, doch auch der sozialen Gemeinschaftsbestimmung wirksam Rechnung trägt. Deutlicher noch als in andern ethischen Belangen zeigt sich hier aber auch, wie eine sittlich konsistente Begründung stets in zwei Schwerpunkten, dem individuell personalen wie dem gesellschaftlich sozialen ruhen muß, wenn sie menschengerecht sein will, eine Doppelung, die natürlich auch alle konkreten Einzelforderungen prägen muß und individualistische wie kollektivistische Vereinfachungen stets gleichermaßen zu meiden hat.

V. Die Familie als mitmenschliche Kerngruppe

Daß die Ehe als ausschließliche und in lebenslanger Treue partnerschaftliche Bindung in allgemein menschlicher wie vor allem in christlicher Sicht Grundlage und Voraussetzung für die personale Erfüllung des Menschen als Geschlechtswesen ist, wurde schon in den ethischen Überlegungen zur menschlichen Sexualität herausgestellt. Wenn Sexualität aber derart auf Ehe hin finalisiert und darin auch auf Zeugung und Fortpflanzung angelegt ist, dann ist diese partnerschaftliche eheliche Gemeinschaft zugleich wesentlich auf ihre zwischenmenschliche Ausweitung in die größere Gemeinschaft, auf die Familie hin, offen, die damit zu Recht als Zelle jeder menschlichen Gesellschaft bezeichnet wird. So muß das, was unter dem noch eher individualethischen Gesichtspunkt für die Ehe bedacht wurde, notwendigerweise auf der zwischenmenschlichen Ebene in die Dimension der Familie weitergedacht werden.

Dabei darf freilich nicht übersehen werden, daß die Familie wie jede andere menschliche Institution ebenfalls dem geschichtlichen Wandel unterworfen ist. So bedingten frühere weitgehend landwirtschaftliche und gewerbliche Zivilisationsformen einen wesentlich engeren Zusammenhang der Familienglieder, die sich zudem aus mehreren Generationen zu eigentlichen Großfamilien formierten, in denen zudem aus wirtschaftlichen Gründen wie angesichts der hohen Kindersterblichkeit die Kinderzahl groß war. Die heutige, nur zwei Generationen umfassende Kleinfamilie, die mit wenigen Kindern zudem meist auch keine wirtschaftliche Produktionseinheit mehr darstellt, ist somit eine relativ neue Erscheinung, die neben den erheblichen Vorteilen (vorab der Möglichkeit zu intensiveren, freieren Personbeziehungen) auch ihre eigenen Schwierigkeiten (wenig Ausweichmöglichkeit, wenig äußeren Zwang zum Zusammenhalt und damit u.U. personale Überforderung) mit sich bringt. Insofern aber verschiedene derzeit erwogene Alternativformen, vor allem die sog. Kommunenmodelle, bislang noch kaum, zumindest keine dauerhaften Lösungen erbrachten, ist die Kleinfamilie dennoch jener Typ dieser „Zelle der Gesellschaft“ geblieben, mit welchem sich die Ethik zu befassen hat. Dabei wurde eine eigentliche Familienethik im Gegensatz zu einer Sexual- und Eheethik gerade auch im christlichen Bereich allerdings erst in den letzten Jahren aktuell, während früher in noch geschlosseneren Gesellschaften offenbar wirtschaftliche und soziale Zwänge Rollenerwartung und -verhalten so stabilisierten, daß kaum Raum zur freien Gestaltung blieb und ethische Überlegungen sich entsprechend weitgehend erübrigten.

1. Personale Achtung als Grundlage mitmenschlicher Zuordnung

Dennoch finden wir schon in der Bibel Ansätze zu einer Familienethik, so wenn schon in den Zehn Geboten das „Ehren von Vater und Mutter“ (Ex 20,12) gefordert wird, diese Pietätsforderung der älteren und schwächeren Generation gegenüber aber als Gegengewicht die Verpflichtung bedingt, den Kindern über die Heilswirklichkeit Rede und Antwort zu stehen und sie in den Forderungen Gottes zu unterweisen (vgl. Ex 12,26 und Dtn 6,6). Entsprechend verlangt aber auch die urkirchliche Moralverkündigung die gegenseitige Verantwortlichkeit nicht nur der Gatten untereinander, sondern fordert auch im Gegenzug zur Gehorsamsforderung an die Kinder die Väter auf, diese nicht einzuschüchtern (vgl. Kol 3,18ff). Obwohl auch hier an die Großfamilie gedacht ist (der gleich anschließende Hinweis auf die Behandlung des Gesindes zeigt dies deutlich) ergeben sich doch aus diesen biblischen Hinweisen deutliche sittliche Leitsätze, die jede christliche Familienethik wird beobachten müssen, selbst dann, wenn das Bewußtsein dafür zeitweilig nur sehr mangelhaft war.

In erster Linie ist dabei die in der durchaus anerkannten Verschiedenheit der Rollen und Aufgaben grundlegende Achtung vor der Persönlichkeit des andern hervorzuheben, ein Personalismus, der sich primär in einer partnerschaftlich bestimmten Gleichberechtigung von Mann und Frau auszudrücken hat und dennoch eine die spezifischen Unterschiede der Geschlechter und damit die Person als ganze erneut mißachtende Gleichmacherei ausschließt. Daneben sind aber auch die Kinder in diesen Personalismus einbezogen und zwar nicht nur insofern ihnen ein Anrecht auf eine ausreichende Erziehung und Bildung zugesprochen wird, sondern auch in der Forderung, daß sie selber nicht eingeschüchtert, also als Persönlichkeiten ernst genommen werden sollen. Daß dies in einer offenen, pluralistischen und rasch sich verändernden Gesellschaft, in der zudem die Ausbildung längst zu einem guten Teil nicht mehr von der Familie allein geleistet werden kann und von gesellschaftlichen Institutionen übernommen worden ist, ganz andere Ansprüche stellt als noch in der spätantiken Großfamilie, versteht sich. Dennoch ist dieses Anliegen gegenseitiger Achtung eben deshalb wohl nur noch dringender als damals.

Die Familie ist somit der Ort, wo Zwischenmenschlichkeit als gegenseitige Ergänzung, Bereicherung und Ermöglichung von Selbstwerdung originär erlebt bzw. gegebenenfalls fast unaufarbeitbar gestört wird. In diesem Sinn vor allem ist sie Zelle jeder Gesellschaft, auch der Kirche, der sie sogar als eine Art Kleinkirche (Johannes Paul II.) gilt. Da sie diese Funktion von Aufbau und Vorleben gegenseitiger, persönlich mitmenschlicher Achtung freilich nur in einer auch im öffentlichen Leben gesicherten Stabilität wahrzunehmen fähig ist, ergibt sich auch von daher jene Forderung nach Ausschließlichkeit und Treue, wie sie schon aus der partnerschaftlichen Zuordnung der Gatten erhellte. Von daher ist es auch verständlich, daß das Eingehen einer Ehe und damit die Gründung einer Familie in keiner Gesellschaft je eine reine Privatsache war, sondern immer einen öffentlichen Charakter hatte, wobei diese Öffentlichkeit sehr wohl auch eine bestätigende schützende Stabilisierungsfunktion haben wollte. Analog bedeutet denn der kirchliche Eheabschluß im Sakrament eine solche Bestätigung in der kirchlichen Öffentlichkeit des Gottesvolkes wie vor Gott selber und ist keinesfalls ein bloßer und letztlich beliebiger Zusatz zu einer privaten Verbindung.

Entsprechend können Trennung und Scheidung einer Ehe in diesem Verständnis daher auch niemals als ein Recht der einzelnen angesehen werden, auf das man sich zu einer vermeintlichen größeren Selbstverwirklichung berufen könnte, selbst dann nicht, wenn sie in gegenseitigem Konsens erfolgen sollte. Dies ergibt sich schon aus den allgemein feststellbaren negativen Folgen, vor allem für die Kinder gescheiterter Ehen. Wenn Ehescheidungen daher ethisch dennoch erwogen werden müssen, dann nur, um in einem ohnehin nicht mehr zu behebenden Auseinanderfallen und Versagen durch eine solche öffentlich rechtliche Maßnahme noch größeres Übel zu verhüten. Damit ist auch klar, daß eine solche Scheidung niemals einen einfachen Freipaß für das Eingehen einer neuen Ehe darstellen kann. Anderseits kann nicht übersehen werden, daß in einer trotzdem und wider die prinzipielle Unauflöslichkeit der Ehe eingegangenen Verbindung auch neue, nicht einfach aufgebbare Verpflichtungen entstehen können, auf die eine allseits befriedigende Antwort in der kirchlichen Praxis noch nicht gefunden ist.

Dies alles bedeutet freilich nicht, daß nicht auch in dieser konstitutiv primären Gruppe menschlicher Gemeinschaft mit Spannungen der Persönlichkeiten und ihrer respektiven Bedürfnisse, also mit Interessengegensätzen und Konflikten gerechnet werden muß. Nicht eine konfliktfreie Dauerharmonie, die wohl unter Menschen nur über die unbedingte Dominanz einer starken Persönlichkeit und damit auch bloß scheinbar zu haben wäre, ist daher das, was unter der Zielsetzung einer umfassenden gegenseitigen Achtung als Ideal anzustreben ist, sondern die Praxis einer fairen Konfliktregelung, die immer neu nach gerechtem Interessenausgleich zu suchen und gegebenenfalls auch zu fairem Verzeihen bereit ist. Daß dieser Interessenausgleich vor allem auch in der Aufteilung der Aufgaben der beiden Ehegatten in einer offenen, pluralistischen Gesellschaft mit relativ wenig festen Rollenzuteilungen zwar eine höhere eigene Gestaltungsfreiheit bringt, aber damit gleichzeitig auch ein größeres persönliches Bemühen um gerechte und auch für die Kinder tragbare, oft auch je nach Lebensalter und -situation verschieden flexible Lösungen verlangt, versteht sich, verdient aber, da dafür soziale Normen weitgehend entfallen, doch eigens hervorgehoben zu werden.

2. *Familienplanung*

Diese aktiv schöpferische Eigengestaltung der Familie in der gegenseitigen Achtung und auf gemeinschaftliche Harmonie und Selbstentfaltung des einzelnen ausgerichtete Zuordnung ihrer einzelnen Mitglieder als ethische Aufgabe betrifft in den modernen Gesellschaften mit geringer Kindersterblichkeit und hohen Bildungsansprüchen aber auch die Bestimmung ihrer Größe und ihres Wachstums, die keinesfalls einfach dem biologischen Zufall überlassen bleiben dürfen. Familienplanung, also aktive Eigengestaltung des naturhaft Vorgegebenen ist damit auch hier sittliche Verpflichtung und zwar hinsichtlich der einzelnen konkreten Familie von ihren wirtschaftlichen, aber auch von ihren gesundheitlichen Möglichkeiten her sinnvoll zumutbaren Kinderzahl wie hinsichtlich der allgemeinen demographisch sozialen Verhältnisse. Dabei kann es freilich selbst da keine einheitlichen Normen geben, weil in gewissen Gebieten, vor allem in weniger entwickelten Ländern, eine Überbevölkerung zerstörerisch zu werden droht, während anderswo die Überalterung der Bevölkerung ein Maß annimmt, daß längerfristig nicht einmal mehr die Altersvorsorge unbedingt gewährleistet zu sein scheint. Die persönliche Verantwortlichkeit für die Familienplanung muß daher angesprochen werden, nicht zuletzt auch, weil sonst nur allzuleicht durch gesellschaftlichen Druck, wenn nicht gar Zwang (z.B. über Zwangssterilisationen, Entzug von Ressourcen u.ä.) in menschenunwürdiger und zumeist auch ungerechter Weise Regelungsversuche durchzusetzen versucht werden.

Diese persönliche Verantwortlichkeit steht dann einerseits unter dem grundsätzlichen Ideal ehelicher Partnerschaft, sich schöpferisch fruchtbar zur Familie mit eigenen Kindern zu entfalten, was eine prinzipielle Kinderfreundlichkeit bedingt und andererseits unter dem Anspruch der sinnvoll angemessenen Familienplanung, für welche eine im Sinn der genannten ethischen Überlegungen je angemessene Weise der Empfängnisregelung gefunden werden muß. Obwohl dafür angesichts der individuellen physischen wie psychischen Gegebenheiten, aber auch angesichts der kulturellen Umstände sich keine Methode einfach als die allein zweckmäßige aufdrängt – man denke nur etwa daran, welche zivilisatorischen Unterschiede zwischen der Methode der Temperaturmessung und der Selbstbeobachtung der Mukusausscheidung bestehen –, kann allgemein dazu doch festgehalten werden, daß sie keinesfalls die Last der Familienplanung zum vornherein einfach der Frau aufbürden darf, wie auch daß jeweils dem die biologischen Abläufe am wenigsten belastenden Vorgehen der Vorzug zu geben ist. Nicht in Frage kommen damit alle Formen des Frühaborts, welche, wie vor allem die sog. Nidationshemmer, den Abgang der schon befruchteten Eizelle bewirken sollen; aber auch Sterilisationen mit dem alleinigen Zweck der Empfängnisverhütung stellen, so sehr sie unter therapeutischer

Rücksicht gegebenenfalls erwogen werden müssen, keinen ethisch gangbaren Weg der Familienplanung dar. Dagegen gilt es, wie schon betont, die vom Gewissensentscheid der Ehepartner geforderte Verantwortlichkeit für die Erhaltung der persönlich schöpferischen Dimension der Ehe ethisch herauszustellen, weil diese mit einer Mentalität der rein technischen Machbarkeit nie ausreichend wahrgenommen werden kann.

Ohne Zweifel stellt es jedoch eine Verengung dar, wenn Familienplanung auf Empfängnisplanung eingeschränkt wird. Im Grunde gehört dazu nicht weniger die bewußt partnerschaftliche (was den angepaßten Einbezug der heranwachsenden Kinder ebenfalls miteinschließt) Planung und Gestaltung des Familienlebens überhaupt etwa hinsichtlich Freizeitgestaltung, Arbeitsverteilung, wirtschaftlichen Vorhaben usw., wobei entgegen einer noch immer verbreiteten Übung gerade die finanziell-wirtschaftlichen Belange vor allem zwischen den Gatten partnerschaftlich und nicht einseitig vom Mann her geregelt werden sollten. Daß dabei freiwillige, gegenüber gesetzlichen Regelungen (verpflichtender Hausfrauenlohn u. ä.) bei weitem vorzuziehen sind, versteht sich, wie auch, daß dies keineswegs einen wirtschaftlichen Zwang zum Mitverdienen der Mutter und Hausfrau bedingen dürfte. Der zahlenmäßig unschätzbare Wert des mütterlichen Erziehungseinsatzes wie der wirtschaftliche Anteil, der durch eine sorgfältige Haushaltführung erbracht wird, verlangt dabei auch ethisch nach einer eigens zu beachtenden Wertschätzung.

3. Erziehung und Bildung

Wenn auch die Kleinfamilie in einer hochkomplexen Industriegesellschaft längst nicht mehr alle Bildungs- und Erziehungsaufgaben und schon gar nicht die berufsspezifischen Ausbildungsbedürfnisse zu erfüllen vermag, so bleibt die familiäre Gruppe doch und gerade in der komplexen, mobilen und pluralistischen Gesellschaft mit all den dadurch bedingten Rollenunsicherheiten der Ort existentieller Geborgenheit, Sinnerfüllung und Herzensbildung. Damit ist sie aber nicht nur für den in der arbeitsteiligen Wirtschaft und Gesellschaft oft zu wenig erfüllten Erwachsenen meist der Ort, wo er noch zu seiner existentiellen Identität zu finden vermag, sondern noch viel mehr für den heranwachsenden Jugendlichen eine unerläßliche Voraussetzung für seine Persönlichkeitsfindung. Während heute die Entwicklung der schulmäßig vermittelbaren intellektuellen und handwerklichen Fähigkeiten weitgehend an gesellschaftliche Spezialinstitutionen (Schule, Lehre usw.) delegiert werden muß, bleibt die emotional existentielle Persönlichkeitsbildung wie der Aufbau von Gemeinschaftsfähigkeit und Sinnvertrauen im wesentlichen eine Aufgabe der Familie, die vor allem auch als Gegengewicht zu stets irgendwie totalitären Vermassungstendenzen außer in Notlagen keinesfalls an die Gesellschaft übertragen werden sollte, sondern, wie es z. B. die kirchlich angeregte „Charta der Familienrechte" von 1983 zu Recht fordert, deren aktive Unterstützung erheischt. Wenn daher eine völlige Sozialisierung von Erziehung und Bildung einer personalistischen und damit gerade auch einer christlichen Ethik zuwiderläuft, dann gilt es nicht nur, für die Familie das Freiheitsrecht auf einen solchen Erziehungsspielraum zu fordern, sondern auch die damit verbundenen Verpflichtungen und allenfalls die dadurch für die Eltern bedingten Einschränkungen herauszustellen bzw. die dafür nötige Unterstützung durch die gesellschaftlichen Institutionen (Mutterschaftsurlaub, Kindergelder, Stipendien usw.) als sozialethische Erfordernisse zu erkennen.

Dabei geht es bei dieser familiären Persönlichkeitsbildung weit weniger um ein Erlernen bestimmter Verhaltensweisen und Fertigkeiten als um ein Erleben und Erfahren, das zu einem existentiellen Einüben von Haltungen von Sittlichkeit, also zu dem, was man klassisch Tugend nannte, führt. Dies gilt schon für den zwischenmenschlichen, also im engeren Sinn ethischen Bereich; es gilt noch vermehrt für die religiös christlichen Belange eines gläubigen Vertrauens wie einer spontanen tätigen Nächstenliebe, weshalb man nicht zu unrecht von der Familie als der Kirchenwirklichkeit im Kleinen redet (Johannes Paul II.).

Gerade in dieser Perspektive erweist sich die Familie denn auch, so sehr sie die primäre menschliche Kleingruppe als gesellschaftliche Lebenszelle ist, in keiner Weise als privatistisch geschlossene Einheit. Als solche Grundeinheit verlöre sie sonst ihr Wesen, wenn sie nicht offen wäre für Zusammenarbeit im interfamiliären, etwa nachbarschaftlichen Bereich wie für den irgendwie bedürftigen Mitmenschen überhaupt. Gerade so erst wird sie zum Strukturelement der Gesellschaft, zur Zelle der Gesellschaft.

4. Die Familie als Zelle der Gesellschaft

So sehr die Gesellschaft damit anerkennen muß, daß „die Familie eine Gemeinschaft eigenen und ursprünglichen Rechtes ist" (Familiaris Consortio 45), so wenig können die beiden sozialen Größen Familie und Gesellschaft jedoch getrennt betrachtet werden. Vielmehr sind sie stets in einer sich gegenseitig bedingenden Verschränkung zu betrachten. Wo eine Aufgabe dann von der Familie allein, wie z. B. im Bildungswesen, nicht mehr zu bewältigen ist, da darf nicht einfach ihre sozialisierende Übernahme durch den Staat die Folge sein. Vielmehr hat eine im Sinn des Subsidiaritätsprinzips zu gewährleistende Unterstützung das unter personaler Rücksicht angepaßt Erforderliche zu leisten. D. h. daß der Familie all jene Bereiche zur freien gemeinschaftlichen Gestaltung belassen werden sollten, die sie selber zu gewährleisten vermag, bzw. daß ihr, vor allem wo sie gewisse Aufgaben nicht mehr allein zu bewältigen vermag, soweit als möglich diese Belange nicht etwa abgenommen werden, sondern durch zusätzliche Hilfe weiterhin deren Erfüllung ermöglicht wird.

Nicht dem Kollektiv, sondern dem einzelnen und seiner familiären Gemeinschaft hat daher die erste Sorge der ethischen Bemühungen zu gelten. Dies bedeutet keineswegs ein prinzipielles Mißtrauen der größeren gesellschaftlichen Einheit gegenüber, sondern einfach die gerade der christlichen Sicht besonders vertraute Achtung vor dem einzelnen Menschen als personalem Geschöpf Gottes wie gegenüber seiner spontanen Primärgruppe, die sich sogar bis in die ausdrückliche Formulierung eigener Familien-Rechte fortsetzt, die etwa das Recht auf Familiengründung mit der Sicherung eines angemessenen Unterhalts, das Recht auf die Intimität im familiären Bereich, der freien religiösen Praxis und Erziehung, des freien Zusammenschlusses zur politisch öffentlichen Interessenvertretung usw. stipulieren läßt (Familiaris Consortio 46/Charta der Familienrechte).

Mit dem Verweis auf das Subsidiaritätsprinzip als dem Zuordnungsgrundsatz der kleineren, sozialen Einheit zur größeren Gesellschaft übersteigt die Ethik jedoch den Bereich der noch direkt überschaubaren Belange des zwischenmenschlichen Lebens und führt auf die Ebene der Sozialethik, von der nun direkt zu handeln ist.

Teil C
Der sozial-gesellschaftliche Lebensbereich

Einleitung

Schon den alten Griechen galt es als selbstverständlich, daß der Mensch als „Selbstling“ (griech.: idiotes) eigentlich gar nicht im vollen Sinn des Wortes Mensch ist, daß er vielmehr, wie Aristoteles sagte, ein „zoon politikon“, ein gesellschaftliches Wesen, ist und entsprechend dieser mitmenschlichen Gemeinschaft gegenüber auch Pflichten hat, Pflichten, die ethisch begründet und rechtlich festgelegt werden können. Aber auch das Alte Testament versteht den Menschen nicht so sehr als einzelnen, sondern als Glied des Volkes. Mit diesem schließt Gott seinen Bund, ihm macht er seine Heilszusage, in der es durch die Geschichte getragen wird. Was die Griechen in eher abstrakten Begriffen theoretisch formulierten, sagen die biblischen Erzählungen nicht weniger deutlich: Der Mensch, das von Gott geschaffene Ebenbild Gottes, ist wesentlich gemeinschaftlich; „es ist nicht gut für ihn, daß er allein sei“ (Gen 2,18). Letztlich aber, und dies ist vor allem die Botschaft des Neuen Testaments, ist dieser Mensch nicht bloß einem bestimmten Volk verbunden und verpflichtet, sondern der Menschheit überhaupt: Jeder ist in dieses neue Gottesvolk in Jesus Christus gerufen, in ihm sind alle solidarisch und in letzter Liebesverpflichtung aufeinander verwiesen, so sehr, daß diese Solidarität, gerade auch mit den Armen, Schwachen und Benachteiligten letztentscheidend ist für das Heilsschicksal des Menschen (vgl. Mt 25,31–46).

Eben dieses christliche Grundverständnis vom Menschen gilt es, tätig in die konkrete gesellschaftliche Wirklichkeit umzusetzen. Daß die Christen sich mit dieser Solidaritätsverpflichtung bei weitem nicht immer leicht taten, davon legt nicht nur die Geschichte der Christenheit mit ihren Glaubenskriegen und einer stets neu drohenden Ausbeutung der Schwächeren durch die Stärkeren ein belastendes Zeugnis ab, sondern auch schon in der Urkirche scheint diese Versuchung erheblich gewesen zu sein. Die harten Mahnungen, die Paulus in seinem ersten Brief an die junge Christengemeinde in Korinth aussprechen muß, sind dafür nur ein besonders eindrücklicher, aber nicht der einzige Beleg (vgl. z.B. Jak 2,14f; Joh 4,20).

Sozusagen aus der negativen Perspektive sind aber gerade diese Mahnungen Zeichen für die ungemeine Bedeutung, welche diesen sozialen Verpflichtungen aus genuin christlicher Sicht zukommt. Tatsächlich haben sie die Christen trotz aller Rückschläge und Fehler denn auch immer wieder sehr ernst genommen. So sind die meisten uns heute völlig selbstverständlichen Sozialeinrichtungen aus einem wirklichen Glaubensengagement entstanden: die mittelalterlichen Hospize der Klöster so gut wie die Spitäler frommer Bruderschaften, die Behindertenheime so gut wie die volksgünstigen Sparkassen, und die Verpflichtung zu solchen Werken der Barmherzigkeit ging so weit, daß, wie oben schon ausgeführt, nach der allgemeinen Meinung der damaligen Moraltheologen der Aufwand von 10% des Einkommens als unter Sünde geboten galt. Es versteht sich, daß mit all diesen Initiativen nicht nur Hilfsstrukturen für Einzelfälle aufgebaut wurden, sondern auch das Gemeinwesen als ganzes geprägt wurde. Wer also meint, christliche Frömmigkeit, die sich auf solche zwischenmenschliche Aktivitäten der Nächstenhilfe einließ, sei privatistisch gewesen, täuscht sich. Trotzdem können diese Ansätze, so beachtlich und prägend sie auch waren, noch nicht im vollen Sinn des Wortes als „gesellschaftlich“ angesehen werden. Eine globale Sicht, die sich über Einzelprobleme und vor allem über ihre lokalen Begrenzungen hinaus für die sozialen Strukturen als solche interessiert und nach deren Veränderung hinsichtlich größerer Gerechtigkeit fragt, war damals noch nicht möglich. Denn erst mit der modernen Entwicklung von Wissenschaft und Technik und damit der die lokalen Grenzen sprengenden Industrie und Wirtschaft erschienen auch die sozialen Strukturen nicht mehr einfach als feste Gegebenheiten, sondern als prinzipiell ebenfalls gestaltbare, ja angesichts der mit dieser industriellen Revolution einhergehenden Proletariernot sogar als unbedingt umzugestaltende.

Damit ist aber auch Ansatz und Bereich einer christlichen Gesellschaftslehre schon umrissen. Sie entstand angesichts der Proletariernot, die engagierte Christen betroffen machen mußte: so der Mainzer Bischof W. E. v. Ketteler († 1877), der 1848, also im selben Jahr, als Karl Marx sein Kommunistisches Manifest veröffentlichte, das Problem in seinen Predigten aufgriff, aber auch die unter dem nachmaligen Kardinal G. Mermillot († 1892) stehende „Union de Fribourg", welche wesentliche Vorarbeiten für die erste gesamtkirchliche Stellungnahme zur Arbeiterfrage, für die Enzyklika „Rerum Novarum" von Papst Leo XIII. (1891) leistete. Schon 1893 nahm man dann an der Universität Münster die Anregung dieser Enzyklika auf und errichtete einen eigenen Lehrstuhl für „katholische Soziallehre"; andere Hochschulen folgten, vor allem in Deutschland, und es entstand unter diesem Namen eine eigene theologisch-ethische Spezialdisziplin, die die weiteren päpstlichen Stellungnahmen in den sozialethischen Belangen bis heute mitzutragen geholfen hat. Von 1891 an kann man daher von einer bewußten sozialethischen Verantwortung in der Kirche sprechen.

Aber nicht nur unter den katholischen Christen hatte die gesellschaftliche, wirtschaftlich-politische Entwicklung entsprechende Verantwortlichkeit geweckt. Im protestantischen Raum entstanden Initiativen, die, vor allem von C. Blumhardt († 1919) und Bad Boll ausgehend, eine zwar nicht in sich geschlossene, aber doch vom Evangelium angeregte Bewegung auslösten, die unter dem Namen des „religiösen Sozialismus" bekannt wurde und für die der Zürcher L. Ragaz († 1945) als einer der bedeutendsten Vertreter gelten kann. Unter dem Stichwort „Sozialethik" fanden diese Impulse besonders nach 1945 ebenfalls Eingang in den Fächerkanon der theologischen Fakultäten, was seither auch einen regen ökumenischen Austausch ermöglichte, so daß man aus dem Zusammenfluß dieser beiden Traditionen heute füglich – wenigstens den Anliegen nach – von einer „christlichen Gesellschaftslehre" reden kann, die sich aber in keiner Weise mehr bloß auf die Ausgangsfragen beschränkt, sondern weltweit Probleme von Abhängigkeit, Gerechtigkeit, Friede und Menschlichkeit aufgreift. Eben darin trifft sie sich dann auch mit aus ähnlichen Anliegen gewachsenen, außereuropäischen Ansätzen: im engeren Sinn der Proletarierprobleme mit der ursprünglich protestantischen, nordamerikanischen sog. „Social Gospel"-Bewegung, für welche W. Rauschenbusch († 1919) als Initiator zu nennen wäre, und zunehmend mit der ganz allgemein die weltweiten Abhängigkeiten aufgreifenden südamerikanischen Befreiungstheologie.

So unerläßlich angesichts der drängenden weltweiten Sozialprobleme, hinsichtlich des wirtschaftlichen Nord-Süd-Gefälles, der Umweltbelastung, der Friedensbedrohung usw. die konkret praktischen Sorgen aber auch sind und so groß angesichts skrupelloser Ausbeutung und schreiender Not die Versuchung zu raschen und radikalen, also revolutionären Veränderungen auch sein mag, so sehr hat gerade auch eine christliche Gesellschaftsethik die Fragen doch prinzipiell aufzurollen, d.h. von der grundlegenden menschlichen Doppeleinsicht auszugehen, daß der Mensch individuelle Person ist und daß er doch nur in Gemeinschaft voll Mensch zu werden und zu sein vermag, daß er also wesentlich eine sozial verfaßte Person ist. Damit steht er stets in einer auf zwei Pole bezogenen Spannung: Einerseits soll er als Individuum eine volle Persönlichkeit werden, was er aber nur in Gemeinschaft zu verwirklichen vermag; Aufbau von sozialen, gesellschaftlichen Strukturen ist ihm also wesensnotwendig, obwohl er gerade darin verpflichtet wird, seine Interessen, ja sich selber an die gemeinsamen Bedürfnisse anzupassen und sich ein-, oft sogar unterzuordnen. Andererseits aber darf er gerade darin nicht so aufgehen, daß er selber nur noch außengeleitet zum bloßen Teil des größeren gesellschaftlichen Ganzen wird. Deshalb kann auch weder ein Individualismus, der die Gesellschaft und damit letztlich alle anderen Menschen als bloßes Instrument für die Eigenentfaltung braucht, noch ein Kollektivismus, der den einzelnen völlig der Gemeinschaft und ihren Zielen unterordnet, als wirklich menschliches Konzept für die Zuordnung von einzelnen und Gemeinschaft in Frage kommen. Denn weder der reine „Selfmademan" noch die völlige Arbeitsbiene sind humane Idealtypen. Einer wahrhaft menschlichen Sozialordnung wird es daher immer darum gehen müssen, einen Ausgleich zu finden, der das labile Gleichgewicht der beiden Pole behält als ein „fester und dauerhafter Wille, jedem das Seine zukommen zu lassen". Genau dies aber ist die schon seit der Antike gebräuchliche Umschreibung für die Gerechtigkeit, die so als Grundprinzip jeder humanen und damit auch jeder christlichen Gesellschaftslehre zu gelten hat.

Dabei ist Gerechtigkeit stets in einem dreifachen Sinn zu verstehen: Einmal als Anspruch an den einzelnen der Gemeinschaft gegenüber, der, weil er sicn besonders häufig in staatlichen Gesetzen äußert, oft als Forderung der „iustitia legalis" bezeichnet wird; zweitens als sog. Verteilgerechtigkeit, welche die Ansprüche des einzelnen an die Gemeinschaft umschreibt und zur ersten daher in einem ausgeglichenen Wechselverhältnis stehen muß; sowie schließlich drittens als Tauschgerechtigkeit, welche die Beziehungen zwischen den einzelnen bestimmt und so die Sozialethik nur insofern interessiert, als sie deren prinzipielle Mißachtung als wesentlich gemeinschaftszerstörenden Faktor zu denunzieren hat, im einzelnen aber, wie oben ausgeführt, von der zwischenmenschlichen Ethik zu bedenken ist.

Die Gerechtigkeit, von welcher alle zwischenmenschlichen Beziehungen geprägt sein müssen, wenn sie als wirklich menschliche gelten wollen, ist somit ein Grundelement, welches eine humane Gesellschaftsethik herauszustellen und im einzelnen auf die konkreten, geschichtlich immer neu verschiedenen Lebenssituationen zu reflektieren hat. Als christliche jedoch wird sie darüber hinaus stets noch zu bedenken haben, daß sie für diesen Anspruch Gott direkt Verantwortung schuldet, wie auch, daß sie stets unter dem Aufruf des Liebesgebotes Christi steht. Dies bedeutet konkret, daß die christliche Sozialethik es einmal mit der Gerechtigkeitsforderung besonders ernst zu nehmen hat und etwa bestehende Benachteiligungen in weltweiten Zusammenhängen wie auf nationaler Ebene nicht einfach als Sachzwänge ansehen darf, sondern vor allem aus dem Impuls des Liebesgebotes, stets neu nach Verbesserung und Abhilfe streben muß. Es bedeutet ferner, daß sie dem Vorbild Jesu selber entsprechend, diese Sorge um Gerechtigkeit besonders auf die Benachteiligten und irgendwie Unterdrückten konzentrieren muß, und zwar nicht, weil diese irgendwie mehr wert wären als andere, sondern weil diese, von denen ja kaum entsprechende Gegendienste erwartet werden können, besonders leicht vergessen und übergangen werden.

Christliche Verpflichtung zur Gerechtigkeit und damit die unbedingte Achtung der personalen Würde eines jeden Menschen bedeutet schließlich (und auch da wieder in bewußter Jesus-Nachfolge), daß es gilt, eine Einsatzbereitschaft auch dann ohne Resignation zu bewahren, wenn kein direkter Erfolg sich abzeichnet oder sogar mit eigenen Nachteilen gerechnet werden muß. Dabei gründet ein solches konkret tätiges Durch- und Festhalten an den eigenen als menschlich verbindlich anerkannten Zielsetzungen nicht nur in einer bloß menschlichen Treue, sondern auch in der sicheren Glaubenshoffnung auf die endgültige Erfüllung dieser Gottesreich-Werte, ohne daß dadurch freilich eine resignative Verschiebung und Vertröstung auf das Jenseits (Religion als Opium) erfolgen dürfte. Denn ansatzhaft ist dieses Gottesreich von Christus als mit seiner Existenz und Botschaft schon angebrochen verkündet und stellt gerade so stets neu eine Herausforderung für die Vermenschlichung der Gesellschaft dar, die zugleich auch verbietet, erreichte konkrete innerweltliche Werte je als endgültig zu verabsolutieren, sondern sie je neu kritisch zu hinterfragen verlangt.

I. Leitprinzipien

Das Verwirklichungsfeld, in welchem sich diese christlich motivierte sozialethische Gerechtigkeitsforderung zu bewähren hat, sind somit die gesellschaftlichen Institutionen, die, anders als primäre Gruppen und spontane Gemeinschaften, nicht mehr direkt überblickbar sind, sondern wie alle größeren Gemeinwesen, sei es im wirtschaftlichen wie im politischen Bereich, einer eigenen Organisation bedürfen. Dabei stehen natürlich die besonders deutlich in sich stehenden als Staaten formierte Sozialgebilde im Mittelpunkt des Interesses; nur sollte dies nicht vergessen lassen, daß auch große Verbände und regionale, geschichtlich wie kulturell bedingte Gruppierungen, sowie vor allem und angesichts einer immer mehr schicksalhaft verknüpften Menschheit auch zunehmend die Weltgesellschaft als ganze das sozial-ethische Interesse zu beanspruchen haben. Immer aber wird dabei jene spannungsreiche Zweipoligkeit des Menschen als ebenso soziale wie individuelle zu beachten sein. Dies führte die Sozialethik zur Umschreibung von sich je gegenseitig ergänzenden Leitprinzipien, die bei jeder Erarbeitung konkreter Verhaltensrichtlinien für das gesellschaftliche Verhalten zu beachten sind. Zwei solche Prinzipienpaare stehen dabei besonders im Vordergrund, nämlich Person- und Gemeinwohlprinzip bzw. Subsidiaritäts- und Solidaritätsprinzip.

1. Person- und Gemeinwohlprinzip

Ziel jeder christlichen Ethik ist es, durch klärende Überlegung Grundsätze und Leitlinien herauszuarbeiten, welche die volle Entfaltung jeder menschlichen Persönlichkeit bestmöglich erreichen helfen. Als Ebenbild Gottes ist diese von einer so unveräußerlichen und unbedingten Würde, daß sie niemals andern Zielen als Mittel untergeordnet werden darf. Die menschliche Person ist in sich trotz all ihrer Endlichkeit ein wenn auch bedingter Selbstzweck. Ihre Achtung hat daher, wie vor allem auch der große deutsche Philosoph I. Kant in seinem kategorischen Imperativ betonte, als sog. „Personprinzip" Ausgangspunkt jeder Sozialethik zu sein. Gleichzeitig aber ist Gemeinschaft unerläßliche Voraussetzung für eine personale Entfaltung des Menschen, und so ruft das Personprinzip nach dem „Gemeinwohlprinzip" als seinem notwendigen Korrelat: Das Gemeinwohl als das gemeinsame, je beste Wohl einer in gegenseitiger Verflechtung ihrer Daseinsgestaltung und Bedürfnisbefriedigung lebenden Vielheit von Menschen ist daher Ziel jeder Form von Gesellschaft, von der Familie bis zum Staat, ja sogar für die Menschheit schlechthin, und dies nicht trotz, sondern wegen (und zugunsten) der Achtung der einzelnen Personen. Gemeinwohlsicherung aus personaler Verpflichtung, und zwar letztlich ohne gruppenmäßige oder nationale Grenzen, ist daher die erste von einer Gesellschaftslehre zu betonende Verpflichtung, die zudem unter dem Anspruch der universalen Tragweite des Evangeliums, das keine Grenzen von Stand, Herkunft oder Rasse gelten läßt, dem Christen noch zusätzlich bedeutsam sein muß.

Dabei lehrt die Geschichte, entgegen einem aufklärerischen Optimismus und dem darauf fußenden Wirtschaftsliberalismus, daß sich ein solches Gemeinwohl nicht einfach im freien Spiel der Kräfte einstellt. Wenn nicht einfach das Recht des jeweils stärkeren sich durchsetzen soll, bedarf es der aktiven, gestaltenden Pflege, welche durch konkrete Regelungen die Möglichkeiten zum Egoismus (und das heißt christlich zur Sünde, zu welcher der Mensch noch immer neigt) einschränkt, ohne allerdings dabei einen freien Spielraum, der zum Menschen als Person ebenfalls wesentlich gehört, einfach in totaler Planung zu vereinnahmen. Damit würde nämlich der Mensch als Individuum dem Kollektiv grundsätzlich untergeordnet, was, auch dies lehrt die Geschichte, ebenfalls nicht automatisch zu einer Harmonie von Person in Gemeinschaft führt. Vielmehr besteht gerade so die Gefahr, daß dem Kollektiv der einzelne und seine Interessen geopfert werden.

Dies bedeutet aber, daß, so sehr diese beiden Prinzipien je neu in der konkreten Wirklichkeit einander zugeordnet werden müssen, die Extreme, wo ein Prinzip zugunsten des andern praktisch aufgegeben wird, unter ethischem Gesichtspunkt nicht in Frage kommen können, selbst wenn unter gewissen Umständen bessere funktionale Abläufe in einem Sozialkörper denkbar schienen. D.h. weder Individualismus noch Kollektivismus können als Organisationsmodelle in Frage kommen, sondern allein Formen einer je nach konkreten Umständen anders gewichteten Zuordnung. Um diese aber konkret zu bestimmen, empfiehlt es sich, zwei andere, diesmal weniger inhaltlich als formal bestimmte Prinzipien ins Spiel zu bringen.

2. Subsidiaritäts- und Solidaritätsprinzip

Dabei versteht man unter dem vor allem in der katholischen Soziallehre seit der Enzyklika „Quadragesimo anno" von Pius XI. (1931) hervorgehobenen Subsidiaritätsprinzip die Forderung, daß überall dort, wo der einzelne oder eine kleinere Gruppe das Gemeinwohl auf eine alle befriedigende Weise sicherzustellen vermag, keine größere, übergeordnete Instanz eingreifen soll und darf. Wo sie dagegen dazu nicht oder wegen veränderter Umstände nicht mehr fähig ist, ergibt sich für die je größere gemeinschaftliche Einheit die Verpflichtung zu einer Hilfestellung (= subsidium). Ein alles regelnder Zentralplan und schon gar ein Kollektivismus werden hier also wiederum als dem Personal- wie dem Gemeinwohl abträglich ausgeschlossen. Umgekehrt aber – und dies betont nun nicht weniger intensiv das von den neueren päpstlichen Rundschreiben, vor allem von der Enzyklika „Populorum progressio" (1968) besonders herausgestellte weltweite Solidaritätsprinzip – darf eine solche Eigenständigkeit in der Selbstentfaltung niemals auf Kosten anderer gehen. Solidarität verlangt damit vom irgendwie Stärkeren eine stets wache Rücksicht auf die Bedürfnisse und Interessen des Schwächeren, wobei sie die helfend ordnende Autorität des Stärkeren anerkennt und in Pflicht nimmt, aber im Bewußtsein um die Gefährdung in selbstsüchtiger Überbordung auch deren wache Kontrolle zu fordern hat.

So ist es auch verständlich, daß in einer Zeit, wo vor allem zentralistische Totalitarismen, wie Nationalsozialismus und kommunistischer Stalinismus, die Situation prägten, von einer christlichen Gesellschaftslehre mehr die Subsidiarität betont werden mußte, während heute, in einer Zeit zunehmender weltweiter wirtschaftlicher Ungleichgewichte, in erster Linie die Solidarität hervorgehoben zu werden verdient. Gerade diese geschichtlichen Hinweise zeigen aber erneut die wesentliche Komplementarität der beiden Prinzipien, welche die individuell personale wie die soziale Wesensart des Menschen in eine bestmögliche Verwirklichung überführen helfen wollen. Dabei geben sie allerdings als heuristische Prinzipien nicht schon konkret an, wie das gesellschaftliche Zusammenleben organisiert und geregelt werden muß. Vielmehr zeigen sie als Kriterien, welchen Anforderungen konkretere Maßnahmen in jedem Fall zu entsprechen haben, um sowohl einen unkontrollierten und darin stets für das Menschliche zerstörerischen Individualismus wie auch einen nicht weniger fatalen, zentralistischen Kollektivismus gar nicht erst zum Zug kommen zu lassen. Dies bedeutet jedoch in keiner Weise, daß eine Gesellschaftslehre es mit dem Aufzeigen solcher Prinzipien bewenden lassen dürfte. So wichtig diese als Impuls wie in einer Kontrollfunktion auch sind, es gilt weiter zu konkreten normativen Grundsätzen, wie sie vor allem auf einer allgemein menschlichen Basis die Menschenrechte darstellen, voranzuschreiten.

3. Die normativen Grundsätze der Menschenrechte

Daß die Menschenrechte, wie sie beispielsweise von der UNO in ihrer Charta von 1948 festgehalten und von den Unterzeichnern der europäischen Menschenrechtserklärung sogar rechtsverbindlich angenommen wurden, solche normativen Grundsätze für das menschliche Zusammenleben ganz allgemein abgeben, liegt nahe. Tatsächlich sichern sie in ihrem seit dem 18. Jahrhundert traditionellen Katalog der individuellen Grundrechte von Freiheit und Gleichheit die Integrität der Person und garantieren ihr in den erst im 20. Jahrhundert ausformulierten Sozialrechten auch die gegebenenfalls nötige Unterstützung der Gemeinschaft, etwa hinsichtlich Gesundheitserhaltung, Bildung, Arbeit und Lebensunterhalt. In diesem Zusammenspiel von Individual- und Sozialrechten haben somit Subsidiaritäts- und Solidaritätsprinzip als Leitkriterien Beachtung gefunden, was um so bedeutsamer ist, als die Menschenrechtserklärung der UNO wenigstens theoretisch von praktisch allen Staaten der Welt grundsätzlich anerkannt ist und diese so, trotz aller Verletzungen in der Praxis, wohl erstmals in der Geschichte eine Art Weltethik im Ansatz darstellt. Während so auf der Seite der Rechte der Person eine schon ziemlich ins einzelne gehende Rahmenethik vorliegt, bleiben die Aussagen über die sich daraus ergebenden Pflichten weitgehend unausgeführt. Sie sind eher einschlußweise genannt, obwohl die beiden letzten Artikel der UNO-Charta auch die Gemeinwohlverpflichtung ausdrücklich benennen. Im wesentlichen setzen somit die modernen Menschenrechte die grundsätzlichen Leitideen einer christlichen Gesellschaftslehre in eine konkrete gesellschaftliche Wirklichkeit um und stellen damit eine Basis für eine menschenwürdige Entfaltung der Einzelpersonen wie ihrer verschiedenen Gruppierungen dar.

Auch wenn unter den konkreten geschichtlichen Umständen der Aufklärung sich deren Emanzipationsidee leider oft gegen die damalige Haltung vieler kirchlicher Stellen durchsetzen mußte, so ergibt sich aus der Erkenntnis solcher Übereinstimmung im Grundsätzlichen doch und gerade für eine christliche Sozialethik die Verpflichtung, besonders wach auf diese grundlegenden Normen der Menschlichkeit zu achten und ihrer konkreten Verwirklichung ihre besondere Sorge zuzuwenden. Sie setzt damit nicht nur ihre besten Traditionen der hochscholastischen Naturrechtslehre wie auch der großen Völkerrechtler des 16. Jahrhunderts fort, die sich damals mutig für die Rechte der Indianer als Menschen einsetzten, sondern sie folgt damit auch der von der Pastoralkonstitution des II. Vatikanischen Konzils hervorgehobenen Linie. Diese wurde seither von Päpsten wie Bischofskonferenzen mehrfach bestätigt und hinsichtlich der personalen wie der sozialen Rechte als genuin christlicher Auftrag betont. Daß dies dann gleichzeitig die Forderung nach demokratischen Formen im staatlichen Aufbau mit den entsprechenden Möglichkeiten der Machtkontrolle und Gewaltentrennung bedingt, ist an sich schon in den Menschenrechtslisten ausgesagt. Als konkret politische Zielsetzung, der sich dann (auch unter widrigen Umständen mit entsprechenden Gefährdungen) die Christen nicht weniger, sondern eher intensiver zu stellen haben, verdient sie aber doch auch eigens erwähnt zu werden.

So hilfreich nun aber für die Ethik die Feststellung solcher Prinzipien als Standortbestimmung und Ausgangspunkt für den kritischen Umgang mit konkreten sozialethischen Weisungen ist, so kann die praktische Bewährung ihrer theoretischen Einsicht doch erst im gesellschaftlichen Anwendungsfeld selber erfolgen, wobei der eine christliche Sozialethik bestimmende Rahmen sich in folgenden, für alle weitere Überlegungen maßgebenden Thesen zusammenfassen läßt.

- Der Mensch ist eine gemeinschaftsbezogene Person, und er hat die Möglichkeit (und damit auch die Verpflichtung), diese Gemeinschaft menschenwürdig (und zwar für alle) zu gestalten.
- Diese allgemein menschliche Sicht wird vom christlichen Selbstverständnis sowohl hinsichtlich der Personwürde wie einer universalen Solidarität noch verstärkt, insofern sie in die Unbedingtheit des Gottesbezugs eingebracht wird und unter dem Anspruch des Liebesgebotes Christi steht.
- Als Grundkriterium dieser spannungsgeladenen Zusammenordnung von Individuum und Gemeinschaft erweist sich die Gerechtigkeit in ihrer mannigfachen Beziehung als die Basis, welche auch von der Liebe im christlichen Sinn vorausgesetzt ist.
- Gerechtigkeit im gesellschaftlichen Rahmen läßt sich finden,

wenn das Gemeinwohl als Zielprinzip, die Personwürde aber als Grundprinzip festgehalten wird. Deren wechselseitige Zuordnung erfolgt nach den ebenfalls heuristischen Kriterien von Solidarität und Subsidiarität, die wiederum in christlicher Sicht die Liebe als Achtung vor Fähigkeit und Bedürftigkeit des Mitmenschen (bzw. seiner Gruppen) in einer pluriformen und universalen Solidarität zum Tragen bringen will.

- Inhaltlich äußert sich diese Achtung der Personwürde in der Anerkennung eines menschenrechtlichen Rahmens.
- Innerhalb dieses Rahmens hat jede gesellschaftliche Gruppe gerade auch in ihrer Organisation von Autorität und Macht ihre konkrete Gestalt zu finden, um sich an der Zielsetzung eines personalen Gemeinwohls stets neu auch kritisch bemessen lassen zu können.
- Erst aus und in diesen ethischen Rahmenbedingungen ergeben sich die sozialen Verpflichtungen für den einzelnen wie für die verschiedenen sozialen Gruppierungen unter- und zueinander, die schließlich in ihrer gegenseitigen Zuordnung eine ethisch verantwortete Gesellschaftsgestaltung oder Politik ausmachen.

Dabei sei hier unter Politik dem ursprünglichen Wortsinn folgend jedes Handeln verstanden, das auf eine geordnete Gestaltung eines Gemeinwesens bezogen ist, so wie man recht undifferenziert von Personal-, Unternehmens- oder Kirchenpolitik redet, sich in erster Linie aber doch auf die gesamtgesellschaftliche Ordnung im staatlichen wie im zwischenstaatlichen Bereich bezieht. Denn selbst wenn vom üblichen Sprachgebrauch her das seit der Renaissance (Macchiavelli) vordergründige rein funktionale Moment der Machtverwaltung und -erhaltung im Vordergrund steht und so auch von den Politikwissenschaften untersucht wird, so verschafft sich doch die ursprüngliche Antike und Mittelalter noch selbstverständliche Einsicht wieder vermehrt Geltung, daß nämlich Politik als ethische Disziplin zu verstehen sei und damit nur in einem menschenrechtlichen Rahmen Berechtigung haben kann. In diesem Sinn kann sich auch eine christliche Sozialethik mit Gesellschaftsgestaltung, also mit Politik befassen. Nur genügt es dazu dann nicht, sich lediglich über die Leitprinzipien im klaren zu sein; nicht weniger bedeutsam ist es, die funktionalen Strukturen der zu gestaltenden Gesellschaft zu kennen, um sie unter den genannten Leitwerten kritisch beurteilen und verändern zu können.

II. Strukturen der Gesellschaft unter sittlichem Anspruch

Die heutige Menschheit kann zunächst gekennzeichnet werden als eine Industriegesellschaft, wobei der Industrialisierungsprozeß teilweise noch in seinen Anfängen steckt und seine Intensivierung den Betroffenen noch als erstrebenswert erscheint, während andere schon das „Ende des Industriezeitalters" als gekommen vermuten. Jedenfalls bedingte die industrielle Revolution in den letzten ca. 150 Jahren die wohl tiefste gesellschaftliche Veränderung, welche die Menschheit seit je erfahren hatte. Umschichtung in der Bevölkerung, Umwälzung in allen Lebensbereichen, Umwertung in den Verhaltenskoordinaten kennzeichnen diesen tiefgreifenden Wandel, der offenbar noch in keiner Weise abgeschlossen und in seinen materiellen wie geistigen Folgen auch noch kaum absehbar ist, weil weitere Veränderungen etwa durch die Einführung von Mikroprozessoren, durch vermehrte Energieverknappung oder Umweltbelastung sich weltweit eben erst abzuzeichnen beginnen.

Dennoch lassen sich folgende von einer realistischen Ethik dann auch zu berücksichtigende Haupteigenschaften als höchstens sehr langfristig zu ändernde, die Gesellschaft also weitgehend bestimmende „soziologische Tatsachen" (É. Durkheim) festhalten.

1. Charakteristiken der modernen Gesellschaft

Eine globale Weltgesellschaft als Industrie- und Konsumgesellschaft

Obwohl die Hauptträger der Politik, d.h. die Gestalter der Gesellschaft, nach wie vor die souveränen Einzelstaaten sind, so ist doch eine zunehmende gegenseitige Abhängigkeit nicht zu übersehen. Die mittelalterliche Definition des Staates als einer in Ziel und Mittel sich genügenden „Societas perfecta" wie das neuzeitliche Staatsideal einer Autarkie (allein oder evtl. durch Kolonien) gehören offensichtlich endgültig der Vergangenheit an. Die „Welt- oder Globalgesellschaft“, die schon Kant in seiner Schrift zum „Ewigen Frieden“ postuliert hatte und die dem christlichen Universalismus übrigens wesentlich mehr entspricht als ein nationalstaatliches System, ist in mancher Hinsicht im Wachsen. Manche Anzeichen deuten darauf hin: Auf der politischen Ebene ist dabei an die UNO und ihre zahlreichen, das gesellschaftliche Leben in den verschiedensten Bereichen betreffenden Untersektionen zu denken. Auf der Ebene von Information und Kommunikation ermöglichen vorab die elektronischen Kommunikationsmittel von Radio und Fernsehen eine weltweite Information, die sich selbst mit den Mitteln totalitärer Diktaturen nicht völlig unterdrücken läßt, und moderne Verkehrsmittel sichern gleichzeitig weltweit rasche und sichere Kontakte. Auf der wirtschaftlichen Ebene spielen zwar nationale Grenzen noch immer eine hemmende Rolle (Schutzzölle, Devisenbewirtschaftung u. ä.), aber an sich ist die Wirtschaft längst zur Weltwirtschaft geworden, die in völliger Interdependenz zwar Belastungen und Krisen fast sofort weltweit spürbar werden läßt, die aber zu deren Bewältigung auch die nötigen Mittel zunehmend bereitzustellen fähig ist. Obwohl es in dieser Weltwirtschaft Ungleichgewichte gibt, die zudem derzeit eher zu- als abnehmen, ist dieser Trend zu einer weltweiten Interaktion und dessen Chancen nicht zu übersehen. Schließlich findet auch auf der kulturellen und zivilisatorischen Ebene sozusagen im Windschatten von Information und Wirtschaft, ebenfalls ein zunehmender Austausch statt, der prägend wirkt, teilweise in einer egalisierenden und damit unerfreulichen Tendenz, teilweise aber auch in einer bereichernden „Pluralität in der Einheit“.

Vor allem aber ist diese moderne Weltgesellschaft als Globalgesellschaft zugleich und wesentlich auch eine Industriegesellschaft, da ihre Eigenschaften weitgehend erst dank der industriellen Technik entstanden sind. Charakteristisch für die Industriegesellschaft ist, daß ein stets geringer werdender Teil der Bevölkerung in der Landwirtschaft tätig ist und auch das handwerkliche Gewerbe zugunsten einer hochspezialisierten, arbeitsteiligen Produktion abnimmt, zu deren Organisation gleichzeitig ein zunehmender Anteil an Dienstleistungen (der sog. Tertiärsektor) benötigt wird.

Mit diesem arbeitsteiligen System ist es möglich, eine hohe Produktion zu erzielen, die zu vergleichsweise günstigen Preisen breit gestreut werden kann und systementsprechend auch verbreitet werden muß. Die Industriegesellschaft wird so aus innerer Notwendigkeit auch zu einer Konsumgesellschaft. Daß dies für die Bequemlichkeiten des Alltags, wie vor allem auch für Hygiene, Gesundheit, Bildung und Freizeit erhebliche Chancen bietet, steht außer Zweifel. Dennoch zeigen gerade die schon länger industrialisierten Staaten auch die Grenzen dieser Entwicklung: Konsumzwang, unverhältnismäßiges Wachstum der Sozialkosten in Umweltbelastung und Übernutzung des Ackerlandes, geistige Überforderung durch undurchsichtige Überorganisation, Machtkonzentrationen mit einem enormen Waffenpotential sind die Hauptprobleme, die sich hier abzeichnen und nach ethischer Bewältigung rufen.

Vor allem aber sind es die Trennung von Arbeitsplatz und Familie, die technische Arbeitsteilung mit Konzentrationstendenz für die Menschen in der Verstädterung, bzw. der Landflucht wie der Ressourcen von Kapital und Arbeit unter den Kriterien von Leistung, Effizienz und erhöhter Rationalität, mit einer rasch zunehmenden Automatisierung, welche als herausstechende Eigenschaften dieser Industriegesellschaft auch besondere ethische Fragen aufwerfen, so vor allem hinsichtlich des Schutzes vor Vermassung und Entpersönlichung, der Sicherung einer Mitsprache aller Beteiligten an wichtigen, alle betreffenden Entscheiden in direkter Form oder über legitimierte Vertreter sowie der kritischen Offenheit für notwendigen Strukturwandel unter gerechter Verteilung der anfallenden Lasten.

Eine pluralistische Gesellschaft in Sekundärsystemen

Eine solche globale Industriegesellschaft kennt im übrigen keine sozial geschlossenen Räume: Die geschlossene primäre Gruppe mit festem Brauchtum und Weltbild weicht einer aus verschiedensten Menschen zusammengesetzten, sog. pluralistischen Gesellschaft. Damit entfällt ein einheitliches Weltbild als unbedingt geltender Orientierungsrahmen. Verschiedene Konzeptionen, die stets auch verschiedene Denk- und Verstehenshorizonte mit sich bringen, stehen nebeneinander und drohen miteinander in Konflikt zu geraten.

Entsprechend wird ethisch Toleranz, die über das bloße Lebenlassen des andern hinaus die gegenseitige Anerkennung der positiven Werte miteinschließt, zu einer Überlebensfrage. Gleichzeitig erfordert diese Pluralität aber gegen Tendenzen zu einer einheitlichen Vermassung und weltanschauungsfreien Standpunktlosigkeit, ein dichtes Netz von Untergruppierungen oder „Sekundärsystemen" (Verbände, Parteien, Landsmannschaften u. ä.), die dem Menschen dennoch Heimat, Standpunkt und Weltorientierung sichern.

Schließlich bedingen die internationale Verflechtung der Industriegesellschaft, die globale Informationsmöglichkeit, vor allem aber auch der hohe Grad an Spezialisierung und Organisation einen raschen und sicheren Austausch von Erfahrung und Information und setzen daher ein relativ hohes Bildungsniveau, mindestens aber eine universale Alphabetisierung voraus und charakterisieren diese Gesellschaft auch als eine Bildungsgesellschaft mit der Chance, der ihr innewohnenden Vermassungstendenz durch wache Kritik, Mitbestimmung und sekundäre Gruppierungen (Gewerkschaften, Pressure-groups u. ä.) begegnen zu können.

2. Gliederungen in der Gesellschaft

Daß gerade eine globale Gesellschaft Untergliederungen aufweisen muß, ergibt sich schon aus der phänomenologischen Schilderung ihrer wichtigsten Eigenschaften, wobei sich vor allem die folgenden Einheiten als für die Gesellschaftsstruktur relevant erweisen.

Die Staaten als Glieder der Weltgesellschaft

Die Staaten als souveräne gesellschaftliche Gebilde mit einer erheblichen (wenn auch offensichtlich abnehmenden) Selbständigkeit und langen geschichtlichen Dauer bleiben dabei die ersten und wichtigsten sozialen Einheiten einer Weltgesellschaft. Obwohl Entstehung und Bestand von Staaten weder „natürlich" durch das Bestehen eines National-Volkes, noch „willentlich" durch einen freigeschlossenen Staatsvertrag allein erklärt werden können, bilden doch natürliche Faktoren (Gelände, Volksrasse, Sprachen u. ä.) wie auch Willensakte, die aus was für Gründen auch immer eine Interessengemeinschaft begründen und am Leben erhalten, wichtige Ursachen für die staatliche Existenz, welche jede Politik als soziale Gegebenheiten zu beachten hat. So bleiben Mehrnationen-Staaten, die nicht aus Volkswillen, sondern durch Dekret zustande kamen, in ihrer Einheit stets lange gefährdet, während ein geschichtlich gewachsener Staatswille mehrerer kulturell sprachlichen Nationen gegenüber nationalstaatlichen Einheitsideen skeptisch bleiben kann ohne in seiner Existenz beeinträchtigt zu werden. Schließlich gibt es auch Nationen, die über Jahrhunderte ohne Staat doch erhalten bleiben und ihre Volksidentität bewahrten. Was den Staat daher auszeichnet, ist neben einer internationalen Anerkennung auch der aus Natur oder Geschichte gewachsene Zusammengehörigkeitswille, den jede humane Politik zu achten hat.

Während so die Weltgesellschaft sich vor allem in Staaten gliedert, wirken innerhalb dieser Staaten selber wiederum zahlreiche Subsysteme, welche die staatliche Gesellschaft gliedern. Lokale Organisationen (Provinzen, Regionen usw.), Interessenverbände (Gewerkschaften, Gewerbe etc.) und politische Parteien ergeben ein vielfältiges Geflecht, das ebenfalls nötig und in seinen konkreten Formen höchstens langfristig veränderbar ist. Auf dessen Organisation wird daher eine politische Ethik hinsichtlich umfassender Menschlichkeit (bzw. gegen die stets latenten Privilegierungsgefahren) besonders wach zu achten haben, weshalb denn auch im Folgenden darauf näher einzugehen sein wird.

Staatsübergreifende Sozialgebilde

Daneben gibt es aber auch noch staatsübergreifende Subsysteme, deren Zahl und Bedeutung derzeit deutlich zunimmt. Unter den traditionellen übernationalen Gemeinschaften ist die katholische *Kirche* ohne Zweifel die wichtigste. Während die protestantischen Kirchen von ihrem Ursprung her Landeskirchen waren und ein internationaler Zusammenschluß erst seit 1948 im sog. Weltkirchenrat Wirklichkeit wurde, war trotz aller Konkordate und trotz allem säkularen Einfluß die katholische Kirche immer ein internationales, von den Staaten mehr oder weniger unabhängiges Gebilde, das sich selber sogar wie ein Staat als eine „Societas perfecta“ verstand und über diese Unabhängigkeit sogar bis zu einer eigenen Staatsgründung im sog. Kirchen- oder Vatikanstaat eifersüchtig wachte. Entsprechend war die Kirche denn, wie übrigens in neuester Zeit auch der Weltkirchenrat, stets auch ein politischer Faktor, der von einer Sozialethik beachtet werden muß.

Neben der Kirche gab es alsdann immer auch weltliche staatenübergreifende *Staatenbündnisse,* deren Träger aber praktisch ausschließlich die souveränen Staaten waren und die zumeist nur so lange hielten, als das gemeinsame Interesse blieb. Insofern aber solche Bündnisse Wohlfahrt fördern und Frieden sichern helfen, gehören sie weiterhin zum Instrumentarium einer verantwortungsvollen internationalen Politik und sind damit ebenfalls von ethischer Relevanz.

Neu und erst mit der modernen Industrialisierung treten dagegen im überstaatlichen Bereich heute zunehmend private Sozialgebilde von erheblichem gesellschaftsgestalterischen (also politischen) Potential auf, deren Einfluß als *transnationale Konzerne* eben erst als ein auch ethisch erheblicher Faktor bewußt wird und ganz allgemein dazu zwingt, den weltwirtschaftlichen Zusammenhängen als wichtigen Gestaltungselementen größere Beachtung zu schenken als in der Vergangenheit, wo der Bereich politisch-ethischer Reflexion meist mehr auf den staatspolitischen und direkt machtpolitischen Bereich beschränkt blieb.

Parallel zu diesen wirtschaftlichen staatsübergreifenden Entwicklungen auf der Unternehmensebene erfolgen mit einer gewissen Verzögerung schließlich auch die Zusammenschlüsse von *Interessenverbänden* (Gewerkschaften, Parteien und kulturellen Assoziationen) und bilden ein noch kaum durchschaubares, aber politisch ebenfalls wirksames Potential, das sozialethisch gleichfalls nicht außer acht gelassen werden sollte.

Alles zusammen genommen bilden in diesem konkreten Geflecht der heutigen Gesellschaft aber die Staaten doch noch immer das tragende Netz und entsprechend wird eine politische Ethik, ohne die andern Faktoren außer acht zu lassen, sich doch wesentlich mit ihnen zu beschäftigen haben und nach Zielsetzung und entsprechenden Rahmenbedingungen fragen müssen.

3. Der Staat in sozialethischer Sicht

Demokratie in ethischer Begründung

Die Gestaltung der Gesellschaft geschieht als Politik somit vorwiegend in und durch den Staat, durch welchen die öffentlichen Angelegenheiten geregelt werden. Damit diese Politik aber ethisch als verpflichtend gelten kann, darf sie nicht nur den Erfordernissen einer reibungslosen Funktionalität, sondern muß auch den Zielsetzungen von Menschlichkeit und Gerechtigkeit genügen, wozu für ein heutiges Selbstverständnis des Menschen die UNO *Menschenrechtscharta* eine demokratische Ordnung vorsieht, welche jedem Menschen gleicherweise die Möglichkeiten der Mitbestimmung im aktiven und passiven, periodisch wahrzunehmenden, allgemeinen gleichen und freien Wahlrecht erschließt (Art. 21), ihm in einer sozialen Ordnung seine Rechte und Freiheiten gewährleistet (Art. 28), aber auch die Pflichten der Gemeinschaft gegenüber betont (Art. 29). Allerdings ist diese hier als dem Menschen wesentlich erklärte demokratische Ordnung alles andere als selbstverständlich, so wenig, daß sie Plato sogar als die denkbar schlechteste Staatsform bzw. als die unmittelbare Vorstufe zur Tyrannis vorkommen konnte.

Entsprechend wichtig ist denn auch die ethische Begründung des hier festgehaltenen ethischen Anspruchs. Denn schon die Leitung der öffentlichen Angelegenheiten, also die staatliche Autorität, die das Gemeinwohl zu sichern hat, wurde im Verlauf der Geschichte sehr verschieden erklärt und etwa im Gottesgnadentum des Absolutismus zu Beginn der Neuzeit (17./18. Jahrhundert) als allein von Gott kommend und dem Herrscher übertragen verstanden, wie sich das besonders sinnfällig in den quasi-sakramentalen Königssalbungen durch die Kirche ausdrückte. Im klaren Gegensatz dazu wurde staatliche Autorität dann in der Aufklärung vor allem von J. J. Rousseau als allein vom Volk ausgehende „Volonté générale" begriffen, die keiner andern Norm auch nur irgendwie verpflichtet ist.

Zwischen diesen extremen Meinungen liegen ferner die vor allem auch von der katholischen Soziallehre vertretenen Mischformen, so die sog. Designationstheorie, nach welcher die Träger von Autorität zwar vom Volk bestimmt, die Autorität selber aber von Gott stammt, oder die die Demokratie stützende Delegationstheorie, nach welcher die Autorität vom Volk ausgeht, aber von den staatlichen Organen ausgeübt wird (so vor allem bei den spanischen Völkerrechtsmoralisten des 17. Jahrhunderts). Diese auf klassische (Thomas von Aquin, Cajetan, Bellarmin, Suárez u. a.) Autoren zurückführbare und von modernen Soziallehren (wie J. Messner oder O. v. Nell-Breuning) vertretene Theorie scheint dem christlichen Bild vom gemeinschaftsbedingten Menschen am besten zu entsprechen. Denn insofern menschliche Gemeinschaften sich stets aus Individuen mit personaler Würde aufbauen und deren Gemeinwohl zum Ziel haben, sind diese Personen auch die Träger all jener Organisationen, die zur Erreichung dieses Ziels nötig sind, die staatlichen Formen nicht ausgenommen. Träger der Autorität im Staat sind somit die zum Staatsvolk vereinten Menschen, wobei für die Ausübung dieser Autorität die angemessenen, unter diesen Voraussetzungen stets irgendwie „demokratisch" strukturierten, konkreten Formen je neu gefunden werden müssen. Dagegen droht jede Theorie, welche menschliche Staatsautorität direkt von Gott herleitet, in eine Ideologie abzugleiten, welche der in der stets in menschlicher Hinfälligkeit ausgeübten Staatsautorität die notwendige Kontrolle entzieht und so diese zwar an sich gottgewollte, aber dennoch stets menschlich gesellschaftliche Autorität absolut zu setzen beginnt.

Trotzdem bedingen all diese Überlegungen noch nicht unbedingt die in der Menschenrechtscharta von 1948 vorgesehenen demokratischen Formen. Eine Legitimation von staatlicher Autorität kann ja prinzipiell auch durch eine implizite Anerkennung eines monarchischen Herrschers erfolgen, wie umgekehrt allgemeine Wahlen bei einer weitgehend noch aus Analphabeten bestehenden Bevölkerung als authentischer Ausdruck des Volkswillens problematisch bleiben, ganz abgesehen von den jeder „One man – one vote"-Theorie anhaftenden latenten Ungerechtigkeiten, wo z. B. zwei Ledige gleichviel Stimmgewicht haben wie das für eine Familie verantwortliche Ehepaar. Dies bedeutet aber nichts anderes, als daß auch demokratische Formen der Staatsorganisation, besonders wenn man auch noch die Irrtumsmöglichkeiten des demokratisch erhobenen Gemeinwillens mitberücksichtigt, nur einen Näherungswert an eine gerechte Gesellschaftsordnung darstellen und diese an sich noch in keiner Weise einfach garantieren. Dennoch bieten sie unter allen in der Geschichte entwickelten Staatsformen offenbar die größte Chance, die auf der staatlichen Gemeinschaft als ganzer ruhende Autorität wirksam und kontrolliert zur Geltung zu bringen. Insofern eine lange geschichtliche Erfahrung diese Einsicht immer neu bestätigt, wird sie dann zu Recht als die dem Menschen am besten entsprechende betrachtet und als Zielsetzung für jede Organisation menschlicher Gemeinschaft unter Betonung der entsprechend nötigen Kontrollinstanzen auch als ethisches Postulat, herausgestellt werden können.

Die wohl bedeutsamste und aus der Geschichte meist mit dem Demokratiegedanken direkt verknüpfte derartige Kontrollmöglichkeit ist die Idee der sog. *Gewaltentrennung*. Sachlich entstand sie in den langen Auseinandersetzungen zwischen „Krone und Adel" in England, die seit der Magna Charta (1215), vor allem aber mit der von Wilhelm III. von Oranien anerkannten „Bill of Rights" von 1689 langsam zu einer faktischen Unterscheidung der „Gewalten" geführt hatten, indem die königliche Machtausübung durch das Parlament und seine Gesetze beschränkt wurde und die Gerichte sich Unabhängigkeit von der Krone zu sichern wußten. Diese faktische Entwicklung, die sich in den amerikanischen Kolonien noch akzentuiert hatte, faßte der Franzose Ch. de Montesquieu († 1755) dann in seinem Werk „de l'esprit des lois" zur Theorie der Trennung der legislativen von der exekutiven und der richterlichen (heute auch die Verwaltungskontrolle umfassenden) Gewalt zusammen. Scharfsinnig hatte er nämlich erkannt, daß durch eine solche Verteilung der jedem Gemeinwesen eigenen Machtfunktionen gegenseitige Kontrolle möglich wird und dem Mißbrauch wie der Ideologisierung ein Riegel geschoben, dem Gemeinwohl also besser gedient werden kann.

Obwohl nun Demokratie ohne eigentliche Gewaltentrennung und Gewaltentrennung ohne Demokratie theoretisch denkbar sind, so lehrt doch die Erfahrung der Geschichte, daß, wie Montesquieu selber schon vermutete, erst ihre Kombination eine hinsichtlich Gerechtigkeit und Menschlichkeit wirklich kontrollierte Machtausübung in einem Gemeinwesen sicher zu stellen vermag. Dies führt dann ethisch zum praktischen Urteil, daß sittlich eine Staatsautorität nach den Prinzipien von Demokratie und Gewaltentrennung aufgebaut sein sollte. Allerdings wird in dieser aus der europäischen Aufklärung stammenden Idee der Gewaltentrennung oft zu wenig beachtet, daß sie nur die direkt politischen Gewalten in ihre Überlegungen einbezieht und vor allem drei ein Gemeinwesen potentiell ebenfalls wesentlich prägende Gewalten nicht weiter reflektiert werden, nämlich die „Presse“, wie auch die militärische und die wirtschaftliche Gewalt. Gerade diese Machtpotentiale, besonders wo sie monopolartigen Charakter haben, bedürfen aber einer eigenen Kontrolle durch die andern Gewalten, vorab durch Legislative und Exekutive, damit nicht sie allein und zumeist auf Kosten des Gemeinwohls Macht ausüben können, sondern diese im Rahmen der gesetzlich geregelten und demokratisch kontrollierten Ordnung bleibt. Pressegesetze mit fairem Recht auf Gegendarstellung, strikte Unterstellung des Militärs unter die zivile Gewalt und Öffentlichkeitspflicht über Geschäftsgang und Bilanzen für die wirtschaftlichen, gerade auch die transnationalen Unternehmen sind Ansätze zu einer solchen weitergehenden Gewaltenkontrolle, auf die aus ethischer Sicht am gegebenen Ort wird insistiert werden müssen.

Grenzen der staatlichen Macht

Wenn die Menschenrechtscharta eine demokratische Organisation als von der menschlichen Würde gefordert festhält und diese sich außerdem nur unter der Voraussetzung von Gewaltentrennung als effizient kontrollierbar erweist, sind zwar einer den einzelnen wie einzelne Untergruppen überspielenden Machtkonzentration in einer Gesellschaft erhebliche Grenzen gesetzt. Grenzen, die sich aus der Erfahrung als nützlich, ja nötig erwiesen haben und die daher unter dem sittlichen Anspruch des Gemeinwohls auch als geboten anzusehen sind. Noch grundlegender als diese institutionellen Bedingungen sind jedoch jene, die von der Würde der menschlichen Person her der Gemeinschaft und ihren Organen direkt gesetzt sind, in den von den persönlichen Menschenrechten schon zum vornherein festgelegten Rechten auf Rechtsschutz, auf die persönlichen Freiheiten des Glaubens, der Meinungsäußerung und des Zusammenschlusses wie der sozialen Ansprüche auf Sicherheit, Bildung, Gesundheit, Arbeit und Freizeit. Es versteht sich, daß damit unter dem grundlegenden Prinzip des Gemeinwohls dem staatlichen Gemeinwesen Zielsetzung und Rahmen gegeben sind, die eine ethische Verpflichtung für jeden Beteiligten, vor allem aber für die Funktionsträger eines Gemeinwesens darstellen. Gerade der Christ wird dann von seinem Glaubensverständnis aus diese Gesichtspunkte besonders kritisch im Bewußtsein halten müssen, nicht zuletzt, weil er weiß, wie rasch sich die Staatsmacht in dieser noch unvollkommenen Welt von ihrem Grund, d. h. von dem von allen getragenen Gemeinwohl lösen kann und sich sogar zum sakralisierten Selbstzweck hochstilisiert, dem der einzelne dann nur allzuleicht geopfert wird, und zwar im alten Gottesgnadentum so gut wie in ideologisch begründeten Totalitarismen unserer Tage. Darauf zu achten, daß die Menschenrechte die Ordnung des Staates, vorab auch deren Verfassung bestimmen, wird damit zur besonderen Aufgabe gerade auch einer christlichen Sozialethik. Denn wenn die „Achtung der Menschenrechte ein Teil der Verherrlichung Gottes ist" (Freiherr von Gutenberg vor dem deutschen Bundestag) und deren Vollzug durch die konkreten Verfassungen gesichert werden muß, ist hinsichtlich des Verfassungsrechtes eine christliche Sozialethik besonders angesprochen. D.h. sie muß mit dazu beitragen, daß die „Menschenrechte" „Grundrecht" werden und jeder rechtspositivistischen Anmaßung staatlicher Rechtssetzung entgegengetreten wird, wobei diese Aufgabe den einzelnen Christen so gut wie die kirchliche Gemeinschaft als solche, bzw. deren Amtsträger betrifft.

In der Anerkennung und konkreten Förderung der Menschenrechte liegt daher eine erste und wesentliche Aufgabe jeder politischen Ethik. Dennoch kann sie sich in der konkreten Lebenswirklichkeit nicht auf den kritischen Rückverweis auf diesen Rahmen, bzw. auf die entsprechende Bewußtseinsbildung beschränken. Vielmehr gehört es ebenso zu einer wachen politischen Verantwortlichkeit, sich auch um die Mittel und Wege zu kümmern, wie ein solcher demokratischer und menschlicher Staat sich konkret aufbaut und in steter Selbstkontrolle verwirklicht. Mit dem Hinweis auf die Verfassung als der situativen Übersetzung der allgemeinen Menschenrechte in die konkrete geschichtliche Wirklichkeit einer Gesellschaft ist eine erste, ethisch wichtige Aufgabe benannt. Darüber hinaus geht es aber weiter darum, die gewachsene, soziale Wirklichkeit mit all ihren verschiedenen gesellschaftlichen Werten und Tatsachen im Licht der menschenrechtlichen Prinzipien zu gewichten, zu ordnen und allenfalls zu verändern, um in Gesetz und Lebensstil die jeweils beste Form für einen menschlichen Lebensvollzug zu finden.

Dabei steht auch unter dem Leitbild des größtmöglichen Gemeinwohls nicht schon zum vornherein fest, ob etwa eine mehr föderalistische oder eine mehr zentralistische Lösung einer konkreten Gesellschaft besser entspricht. In der politischen Praxis gibt es nur scheinbar unbedingte Argumentationen. Hier geht es vielmehr um Optimierungen, d. h. um brauchbare und damit auch stets verbesserbare Kompromisse.

Auch eine christliche Ethik weiß daher nicht von vornherein die je beste Lösung, noch läßt sich diese aus den menschenrechtlichen Prinzipien einfach ableiten. Dagegen soll Ethik von diesen Prinzipien her an der konkreten Lösungsfindung mithelfen als Aufmunterung und als Kontrolle, also stimulativ und kritisch und vor allem auch hinsichtlich der konkreten staatlichen Organisation, bzw. der Umschreibung der darin zu erreichenden sozialen und politischen Ziele. Daß sie als christliche dabei ein besonderes Augenmerk auf die Schwächeren haben muß und so in der allgemeinen Debatte der Interessen die „Stimme der Stummen" zu vertreten hat, versteht sich ebenso, wie daß sie nicht allein, sondern nur im interdisziplinären Dialog an dieser politischen Gestaltungsaufgabe im Sinn der Gerechtigkeit mitwirken kann und soll.

4. Aufbauelemente einer demokratischen Gesellschaft

Die Elemente, welche hier zur Sprache kommen sollen, sind nicht diejenigen der formellen Machtstrukturen in den Behörden und deren Verwaltung, bzw. deren gegenseitige Überwachung durch die genannte, auch die Verwaltungskontrolle umfassende Gewaltentrennung. Vielmehr geht es hier um den inneren Aufbau der Gesellschaft eines Staates, also um die gesellschaftlichen Subsysteme, welche zusammen die Infrastruktur einer funktionierenden demokratischen Gesellschaft ausmachen, soziologisch gesprochen also um die „informelle Organisation". Denn neben den natürlichen Gruppierungen von (Groß-)familie, Dorf oder Talschaft (= Region), die vor allem in den vorindustrialisierten Gesellschaften ein Gemeinwesen strukturierend prägten, sind es heute vor allem sekundäre Gruppierungen, denen diese strukturierende und damit kontrollierende Funktion zufällt. Die auf die Kleinfamilie reduzierte Primärgruppe dagegen bildet zwar nach wie vor die Zelle einer Gesellschaft als Ort des Heranwachsens und der Integrierung des einzelnen in die Gesellschaft wie umgekehrt als Hort der Geborgenheit und individuellen Privatsphäre; eigentlich gesellschaftsstrukturierend aber wird sie kaum mehr. Das zunehmende Verschwinden der eigentlichen Familienbetriebe und -unternehmen dürfte dafür ein typisches Symptom darstellen.

Damit ragen unter diesen Subsystemen vor allem folgende heraus: Die Träger der öffentlichen Meinungsbildung, die politischen Parteien, die Interessenverbände, die Kirchen sowie private Vereine aller Art. Insofern es wesentlich von der inneren Ausrichtung und Zielsetzung dieser Subsysteme abhängt, wie weit eine staatliche Gesellschaft als Ganze die Würde des Menschen achtet und wahrt, hängt ethisch die Sittlichkeit eines Gemeinwesens denn auch wesentlich von der Sittlichkeit dieser Subsysteme ab und entsprechend bedeutsam ist die sozialethische Auseinandersetzung mit ihnen.

Die Träger der öffentlichen Meinungsbildung

In der UNO-Charta der Menschenrechte wird (Art. 19) das personale Recht auf freie Meinungsäußerung festgehalten: Dieses individuelle Personalrecht hat aber, neben seiner Funktion der Sicherung der zur individuellen Entfaltung nötigen freien Ausdrucksmöglichkeit zugleich eine eminent soziale Funktion: Denn einmal ist eine allgemeine politische Meinungsbildung im demokratischen Sinn nur dann möglich, wenn jeder seine Meinung wie seine Interessenlage offen und ohne Nachteile in Kauf nehmen zu müssen, äußern kann. Zweitens ist eine solche Meinungsbildung nur dort möglich, wo Sachinformation in ausreichender Weise offen angeboten wird, wodurch die Meinungsäußerung und Information in Konsequenz zur ethisch bejahten Demokratie zur Pflicht werden kann. Denn wo immer es gelingt, wesentliche Informationen der Öffentlichkeit faktisch oder gar prinzipiell vorzuenthalten, entsteht ein unkontrolliertes Machtpotential, das statt freiem Austausch von Meinung Meinungsmanipulation begünstigt. Ethisch gilt es daher als erstes einen freien Meinungs- und Kommunikationsaustausch zu sichern, der nur durch das Gemeinwohl etwa hinsichtlich des Informationsrechtes von Beamten oder der Schweigepflicht von Vertrauenspersonen gewisse Begrenzungen erfahren darf. Als weiteres ist sodann eine Informationspflicht immer dort zu postulieren, wo das Gemeinwohl von einem entsprechenden Sachverhalt wesentlich berührt wird. Das Recht auf Privatsphäre beispielsweise, das die Menschenrechtscharta mit Art. 12 schützt, erhält damit dort eine Grenze, wo das allgemeine Interesse berührt wird. Auch wenn unter dem Druck von Neugier und dem Geschäft mit der Sensationslust diese Begrenzung verständlich und nötig ist, so ist z. B. im wirtschaftlichen Bereich eine Verheimlichung über den Geschäftsgang unter Hinweis auf die privaten Eigentumsrechte dann nicht mehr berechtigt, wenn eine größere, etwa regionale Gemeinschaft von einem einzelnen Unternehmen abhängt. Als drittes muß aber auch eine technische Infrastruktur vorgegeben sein, damit ein Meinungsaustausch überhaupt zustandekommt: Was in einer sehr einfach strukturierten Gemeinschaft noch durch eine Volksversammlung und im persönlichen Gespräch sichergestellt werden kann, bedarf mit zunehmender Komplexität des Gemeinwesens eigener Kommunikationsträger, wie sie vor allem durch die Presse und die elektronischen Medien von Radio und Fernsehen angeboten werden.

Entsprechend ist diese Kommunikations-Struktur als für die demokratische Staatsform wesentliches Subsystem aufzubauen, bzw. zu schützen, gerade weil es dauernd in Gefahr steht, von den jeweiligen Machtträgern in seiner Kritik als störend empfunden zu werden und somit die Gefahr besteht, daß es mundtot gemacht oder vereinnahmt wird. Während aber gegen die Unterdrückung der freien Meinungsäußerung die Gewährleistung einer wirklichen Pressefreiheit ohne Zensur und willkürliche Sanktionen ausreicht, ist die Vereinnahmung wesentlich schwieriger abzuwenden, ja oft sogar nicht einmal leicht festzustellen: Finanzieller Druck (z. B. über die Werbebudgets), Monopolisierung durch Aufkauf u. ä. lassen sich oft erst spät ausmachen. Meinungssteuernde „Voraussetzungen“ für die interne berufliche Karriere, welche die Meinungsfreiheit der Mitarbeiter vor allem großer Medien mit wenig Alternativen hemmen, sind sogar kaum je nachweisbar.

In einem demokratischen Gemeinwesen muß daher vor allem auch solchen manipulativen Tendenzen wach begegnet werden: Dies geschieht einmal dadurch, daß man für die Freiheit der Presse uneingeschränkt, auch dort, wo Kritik einen selber oder die eigene Gruppe trifft, einsteht, wie auch durch eine aktive Erhaltung einer vielfältigen Presse, wobei die ausgesprochene Meinungspresse mit klaren Abhängigkeiten der sog. „neutralen“ Presse mit meist finanziellen Abhängigkeiten – und wäre es nur von den Inserenten oder vom Geschmack des kaufenden Publikums – wohl vorzuziehen ist. Da aber auch Subventionen durch die öffentliche Hand leicht Abhängigkeiten schaffen, wird sich der einzelne (bzw. die einzelne Gruppe) die Auseinandersetzung der Meinungen selber etwas kosten lassen müssen. Besondere Wachsamkeit erfordern überdies allfällige Monopolmedien, auf deren interne Pluralität sehr zu achten ist. Denn selbst, wenn von außen (etwa von staatlichen Behörden) überhaupt keine Einflußnahme versucht wird, so stellt das Monopol an sich schon einen erheblichen Machtfaktor dar, der ohne Kontrolle sehr bald in irgendeiner Richtung die Meinungsvielfalt beschneidet.

Aus diesen Feststellungen ergeben sich sozialethische Konsequenzen, welche für den einzelnen bedeuten, daß er Information nicht auf dem denkbar billigsten Weg, sondern aktiv kritisch aufnimmt, für die Behörden, daß sie kritische Stimmen nicht nur zulassen, sondern fördern, bei Monopolmedien für unabhängige Kontrollen besorgt sind wie auch daß sie, wo allgemeine Interessen berührt werden, eine entsprechende Informationspflicht durchsetzen. Entsprechende Gesetzgebungen sind daher keine Frage bloß organisatorischer Beliebigkeit, sondern gehören wesentlich zu einem Gemeinwesen, das seine universale und demokratische Menschlichkeit sichern will. Entsprechend darf sich weder der ethisch verantwortliche Mensch und schon gar nicht der Christ, der sich von der befreienden Botschaft des Evangeliums her in besonderer Weise gegen jede Unterdrückung, Verfälschung und Manipulation der freien Meinungsäußerung in der Gesellschaft allgemein wie sogar in der Kirche selber wehren müßte, an dieser Rechtssetzung passiv desinteressieren.

Schlimmer noch als die Unterdrückung durch Zensurmaßnahmen und die Verfälschung durch Fehlinformation ist jedoch die bewußte und gezielte Manipulation, wie sie einerseits von der Konsumwerbung und anderseits von der politischen Propaganda betrieben werden kann. Zwar ist, wie früher schon betont, nicht jede Reklame (Anzeigen und Anpreis) schon Werbung (= gezielte Kampagne auf Grund von Marktforschung) und noch lange nicht jede Werbung auch schon Manipulation. Es ist aber offensichtlich, daß die erforschte Marktsituation nicht nur echte, sondern auch unterschwellige Bedürfnisse erhebt und unter der Scheinbefriedigung dieser Bedürfnisse ihr Ziel erreicht, sei es nur den Verkauf des Produkts oder sei es die politische Unterstützung einer bestimmten Gruppe, die es versteht, ihr „Geschäft mit der Angst“ oder dem Bedürfnis nach Sicherheit zu machen.

Während es aber für die Produktewerbung „Internationale Verhaltensregeln für die Werbepraxis“ gibt (seit 1955), gibt es eine solche für die politische Propaganda nicht, obwohl die totalitären Parteien aller Richtungen ein ganzes Instrumentar (Begriffstechnik, Tarnung, Verleumdung etc.) propagandistischer Werbemittel entwickelt haben. Die Abwehr, die nicht auf eine vielleicht sogar härtere, aber letztlich nicht weniger primitiv-brutale Anti-Propaganda aufbauen will, kann daher nur über vermehrte Bewußtseinsbildung, d. h. durch das Aufdecken der Transfer-Mechanismen, durch Selbstkritik, Informationspluralismus u. ä. erfolgen. Eine demokratisch orientierte Gesellschaft, die in der freien Meinungsbildung und Information einen Lebensnerv erkannt hat, ist somit ethisch um der menschlichen Würde willen verpflichtet, alles daran zu setzen, um eine entsprechende kritische Bildung zu vermitteln.

Zusammengefaßt bedeutet dies dann unter einem allgemein ethischen wie unter einem christlichen Gesichtspunkt, daß eine aus ethischer Überlegung geforderte demokratische Gesellschaftsordnung, die den einzelnen an allen Entscheidungsprozessen möglichst teilhaben lassen und ihn im voll personalen Sinn ernst zu nehmen gewillt ist, kritisch informierte Partner und damit die entsprechenden Informationsmöglichkeiten voraussetzen muß. Dies bedingt einerseits sozialethische Forderungen an die verantwortlichen politischen Leitungsfunktionen, vorab an die Behörden; gegengleich dazu steht aber anderseits auch die individualethische Forderung, den Aufwand für eine kritische, also plurale Selbstinformation auf sich zu nehmen. Denn wo die eine oder die andere dieser Forderungen nicht ernst genommen wird, ist in eben dem Maß Demokratie und damit die Menschlichkeit im Sozialbereich gefährdet.

Politische Parteien

Politische Parteien sind Vereinigungen, deren Mitglieder und Anhänger einen gemeinsamen Einfluß auf die Staatsgestaltung und die staatliche Willensbildung erstreben, die also unter einem gemeinsamen Teilziel als „pars“ (= Teil) des Ganzen, an dessen Gesamtziel (= Gemeinwohl) teilhaben und mitwirken. So definiert gehören Parteien zu jedem Gemeinwesen, das nicht totalitär jede Meinungspluralität unterdrückt. Sie erhalten aber ihre eigentliche Bedeutung erst in der plebiszitären Demokratie, in welcher sie sich bei Wahlen und Abstimmungen als Meinungsbrücke zwischen Individuum und Gesamtheit erweisen, Einzelmeinungen und -interessen bündeln und so wirksam werden lassen. Ihre Bedeutung mißt sich entsprechend daran, inwiefern sie der Sicherung des Staatsziels, also dem Gemeinwohl dienen. Gerade dazu aber scharen sich Parteien um ein einer bestimmten Gruppe gemeinsames und von dieser als interessant anerkanntes Ziel, das meist einem bestimmten „Weltbild“ entspringt.

Solche „Weltbilder“ datieren bei den traditionellen Parteien aus bestimmten Interessenkonstellationen, die ihr Entstehen seinerzeit bedingt haben wie etwa der Zusammenschluß des landbesitzlosen, aber sonst einflußreichen Bürgertums zum Liberalismus hinsichtlich politischer Stellung wie wirtschaftlicher Entfaltungsmöglichkeiten. D.h. dem traditionellen Einfluß, der sich bei Patriziern und den mit ihnen verbundenen Bauern fand und den „konservativen“ Zusammenschluß brachte, wurde das Gegenmodell der möglichst freien Konkurrenz des Tüchtigen entgegengestellt, während der Sozialismus dann aus einer neuen Interessenlage heraus, nämlich der allein wehr- und machtlosen Lohnarbeiter der Industrie zum Zusammenschluß in Gewerkschaft und Partei fand.

Daneben können aber auch neu auftretende Interessen wie der Umweltschutz oder regionale Bedürfnisse, aber auch Schutz und Sicherung religiöser Weltanschauungen im engeren Sinn des Wortes wie schließlich dynamische Einzelpersönlichkeiten berechtigterweise zu parteiähnlichen Gruppierungen und schließlich zu neuen Parteien führen. Unter der Voraussetzung der Anerkennung des Gemeinwohls und der politisch akzeptierten Spielregeln, die allerdings geschichtlich sehr verschieden sein können, ist der freien Gruppierung keine Grenze gesetzt, ja hinsichtlich eines in den geschichtlichen Veränderungen dynamischen Gemeinwohls sind solche Verschiebungen im Interessengeflecht sogar als wünschbar anzusehen, während Einparteiensysteme aller Regel nach sogar bei besten sozialen Absichten längerfristig zu totalitären Strukturen führen. Im Kräftespiel der Meinungen wird dabei jeweils, allerdings unter der Voraussetzung des menschenrechtlichen Rahmens und der Gemeinwohlzielsetzung, eine der Interessengruppen die Vorherrschaft erhalten, wobei zu deren Bestimmung und Kontrolle die UNO-Menschenrechtscharta mit Recht regelmäßige, periodische und freie Wahlen vorsieht (Art. 21). Die übrigen Parteiungen sind damit in die Rolle der Opposition, also der Kontrolle und Korrektur versetzt. Entgegen einer idealistischen (d.h. realitätsfernen und damit falschen) Staatsauffassung ist daher nicht die prästabilisierte Harmonie, die es unter verschiedenen Menschen mit verschiedensten Interessen nie stabil geben wird, das Leitbild, sondern die faire Auseinandersetzung und die gegenseitige Kontrolle, durch welche bestehende Konflikte nicht zugedeckt, sondern ausgetragen werden können.

Die christliche Sicht, die eine volle Harmonie als Eschaton versteht und nicht vorwegnehmen will, wird dies ebenfalls zugestehen müssen, sogar für den Aufbau der Kirche selber. Denn aller demokratischen Erfahrung nach ist, von Ausnahmesituationen wie etwa Katastrophenfällen, welche letzten Einsatz und daher Einheit fordern, abgesehen, die Opposition keine allenfalls zu duldende Störung. Es kommt ihr im Gegenteil eine unverzichtbare Funktion zu, durch welche die gerechte Mitte stets neu korrigierend zur Sprache gebracht werden muß. Entsprechend wird der Schutz einer freien Parteienvielfalt seinerseits zu einem sozialethischen Postulat, das nur bei erwiesener Staatsgefährlichkeit Begrenzungen legitim erscheinen läßt.

Unter diesen Voraussetzungen können sich dann zum Schutz der eigenen religiösen und kirchlichen Interessen wie auch dort, wo Menschen aus dem Impuls des Evangeliums und seinem umfassenden Liebesgebot sich immer neu und besser um die Achtung menschlicher Würde zu mühen bereit sind, auch eigene, sich christlich nennende Parteigruppierungen bilden. Nur bedeutet dann „christlich" nicht eine vielleicht gar exklusiv verstandene Eigenschaft oder Prärogative einer solchen Partei, sondern einen Auftrag an den einzelnen wie an die Gruppierung selber.

In Anbetracht der Bedeutung der Parteien für die Sicherstellung einer demokratischen Staatsordnung stellt sich schließlich auch die Frage, ob es für den einzelnen nicht zur sittlichen Pflicht werden kann, sich als Mitglied oder wenigstens als Anhänger einer Partei zu konstituieren. Obwohl ein gezieltes Engagement in der Gesellschaftsgestaltung ohne direkte Parteizugehörigkeit unter gegebenen Verhältnissen sehr oft kaum realistisch denkbar ist, scheint eine solche Forderung dennoch übertrieben, würde sie doch selber wieder der Meinungsvielfalt widersprechen. Denn Parteiprogramme sind ja immer irgendwie Kompromisse und noch mehr ist es die daraus abgeleitete konkrete Politik. Entsprechend ist für den einzelnen eine Identifikation mit irgendeinem Programm zumeist höchstens teilweise möglich und eine kritische Distanz kann daher u. U. auch die einzig ehrliche Haltung sein. Wo allerdings eine solche Distanz nur Deckmantel ist, um aus Bequemlichkeit nicht an der politischen Gestaltungsarbeit teilnehmen zu müssen, wäre sie ethisch nicht mehr zu verantworten, da man entweder die notwendige Arbeit bloß andern überläßt, um davon selber zu profitieren, oder aber sich sogar um die gesellschaftliche Verantwortung überhaupt drückt. Damit wird allenfalls sogar einer ungerechten Ordnung Vorschub geleistet, weil nur eine wie auch immer geartete aktive Teilnahme am politischen Leben der Politik die notwendige Kritik und Kontrolle sichert.

Interessenverbände

Ähnlich wie die Parteien, aber weniger unter einem allgemeinen politischen Gestaltungsinteresse, dafür mehr unter bewußter Vertretung der Einzelinteressen ihrer Mitglieder, stehen ferner die Interessenverbände (Gewerkschaften, Gewerbeverbände, Handels- und Industrievereine, Bauernverbände, Jugendverbände etc.) im Kräftespiel der Politik. Insofern sie hier wirksam werden, aber ihre Macht nicht der direkten demokratischen Kontrolle ausgesetzt ist, muß von ihnen eigens die Rede sein. Im Vordergrund stehen dabei die wirtschaftlichen Interessenverbände, welche einerseits ihre partikulären Interessen gegenüber der staatlichen Gesellschaft vertreten, andererseits aber auch die gegenseitigen Interessengegensätze ausgleichen können. Beide Aufgaben sind ethisch bedeutsam.

Gegenüber dem Staat vertritt der Verband so vor allem jene partikularen Interessen, bei denen sich das Gesamtwohl zu Lasten einer Gruppe auswirkt (man denke etwa an die Tiefhaltung der Lebensmittelpreise durch Importe, die gleichzeitig die Existenzgrundlage des Bauern angreifen) und entsprechend nach sekundärem Ausgleich ruft. Insofern in solchen Fällen die Interessenverbände die Anliegen einer u. U. leicht vergessenen Gruppe zur Sprache bringen und deren berechtigte Berücksichtigung durchsetzen helfen, sind sie ein unentbehrliches Korrektiv jeder Planung im Blick auf ein in Gerechtigkeit ausgewogenes Gemeinwohl. Entsprechend ist es ein sozialethisches Postulat, ihre Gründung und Existenz zu fördern und verfassungsmäßig zu sichern. Eine weitere Ebene im Zusammenspiel von Interessengruppen und Staat ist die der Gesetzgebung, wo der jeweilige Entfaltungsspielraum in Rahmenordnungen festgelegt werden muß, weil sonst der ohnehin Stärkere sich leicht auf Kosten aller andern entfalten kann und ein fairer Interessenausgleich ausgeschlossen wird. Regelungen gegen unlauteren Wettbewerb oder Kartellgesetze u. ä. sind Beispiele für solche Rahmenordnungen.

In beiden Fällen bedingt eine solche Wahrnehmung wohlbegründeter Eigeninteressen also nicht einen Gruppenegoismus auf Kosten des Gemeinwohls, sondern ein im demokratischen Spiel der Kräfte unerläßliches Korrektiv zum Schutz übergangener oder doch leicht übersehener Anliegen. Denn ähnlich wie für die Auseinandersetzung unter den politischen Parteien ist auch hier nicht die totale Harmonie, sondern die faire Regelung von Interessenkonflikten die dem Gemeinwohl dienlichste Form gesellschaftlicher Strukturierung. Wo dagegen Konflikte überspielt werden, ist die Gefahr groß, daß Benachteiligungen heimlich wachsen und sich dann in einer für das Gemeinwesen bedrohlichen Weise explosiv entladen können.

Umgekehrt darf aber diese Bejahung berechtigter Interessenwahrnehmung nicht außer acht lassen, daß sich gerade mächtige Interessenverbände einen Einfluß sichern können, der es ihnen direkt oder indirekt ermöglicht, die gesamte Politik als Gesellschaftsgestaltung zu ihren Gunsten zu verfälschen. Die Mittel dazu können von Interessenverfilzungen über Lobbies bis zur Bestechung oder Erpressung reichen.

In all diesen Fällen wird aber nicht mehr in fairer Weise eigenes Interesse wahrgenommen und zur Diskussion gestellt, sondern eine, aus was für Gründen immer vorgegebene Machtposition skrupellos (d.h. auf Kosten anderer und im Extremfall bis zum Zusammenbruch der staatlichen Gemeinschaft) ausgenützt. Die damit ethisch geforderte Wachsamkeit gegen Mißbräuche, die je nach Situation bei jedem Interessenverband möglich sind, darf aber dennoch nicht dazu verleiten, die vermittelnde Funktion der Verbände als solche zu verneinen; denn den Interessenverbänden kommt nicht nur eine Funktion als Vertreter einzelner Gruppen gegenüber dem Gesamt einer staatlichen Gemeinschaft zu. In mancher Hinsicht noch bedeutsamer ist der durch sie mögliche Ausgleich gegenläufiger Interessen, der aus direkten Verhandlungen (allenfalls unter einer Schiedsaufsicht der staatlichen Instanzen) hervorgeht. Der bedeutendste Bereich für solchen Ausgleich sind in der modernen Industriegesellschaft die Verhandlungen der sog. Sozialpartner, also zwischen Arbeitgeber- und Arbeitnehmerverbänden. Regelmäßig in solchen Verhandlungen erneuerte Gesamtarbeitsverträge ermöglichen einen Interessenausgleich, ohne daß die eine Seite jeweils zu machtmäßigen Druckmitteln (etwa den sog. Kampfmaßnahmen von Streik oder Aussperrung) greifen muß und damit letztlich dem gesamten Gemeinwohl Schaden zugefügt wird. Was aber so auf dem Gebiet der Sozialpartnerschaft beispielhaft eingeübt ist, könnte auch auf andere Sektoren ausgedehnt werden wie etwa auf das nie einfach harmonische Zusammenspiel von Produzent – Verteiler – Konsument, und zwar ohne daß die staatliche Autorität normierend eingreift. Anstatt einen staatlichen Machtzuwachs zu fördern, bzw. den Einfluß der stets irgendwie anonymen Verwaltung zu vermehren, wird die Rolle der öffentlichen Hand beschränkt auf eine minimale schiedsrichterliche Garantenstellung, bzw. auf die Festlegung allgemeiner Rahmenrichtlinien für die sozialen Zielsetzungen.

Interessenverbände sind damit, ob sie nun einzelne Berufsgruppen oder ganze Schichten einer Bevölkerung (Arbeitnehmer, Gewerbetreibende u.ä.) vertreten, wünschenswerte eigene Machtfaktoren, die aber, sobald sie eine gewisse Ausschließlichkeit erlangt haben, leicht eine Monopolstellung erreichen können. Soll eine solche

Machtposition nicht zu Auswüchsen führen, die letztlich das Gemeinwohl stören, müssen dagegen Rahmenbedingungen geschaffen werden, die machtbegrenzend und -kontrollierend wirken. Trotzdem ist es nicht unbedingt sinnvoll, daß diese Begrenzungen direkt durch die staatliche Autorität erlassen (obwohl allenfalls kontrolliert) werden, ja in den meisten Fällen wäre dies, vor allem mangels ausreichender Branchen- und Fachkenntnisse nicht einmal besonders wirkungsvoll. Wesentlich besser sind daher öffentlich bekannte sog. Ehrenkodices von Normen, welche sich einzelne Verbände in für ihre Mitglieder verbindlicher Weise selber auferlegen, wie dies etwa für das Werbefach seit längerem der Fall ist, oder wie es für die Ärzte gegen das Verhehlen von Kunstfehlern oder bei exzessivem Verdienst u. ä. neuerdings gefordert wird oder auch wie es sich teilweise auch dank des entsprechenden Druckes seitens der öffentlichen Meinung für multinationale Konzerne und Großbanken anbahnt. Wer solche Selbstbeschränkungen dagegen nicht auf sich zu nehmen gewillt ist, ruft implizit der Intervention durch die staatliche Gesetzgebung mit polizeilicher Kontrolle und damit der größeren Machtkonzentration beim Staat, wo doch gerade demokratische Leitbilder nach einer besseren Verteilung von Gewalt und Macht rufen würden. Entsprechend groß ist denn auch die sozialethische Verantwortlichkeit der Verbände und entsprechend nötig eine diesbezügliche ethische Gewissensbildung.

Kirche und Staat

Das Schlagwort Ch. Montalemberts († 1870) von der „freien Kirche im freien Staat" dürfte zwar heute für das gegenseitige Verhältnis der Kirche als einer Art „religiösen Interessenverbandes" zum Staat weitgehend als Leitbild anerkannt sein. Es ist aber aus der Geschichte weder selbstverständlich, noch in seinem Inhalt völlig klar. Sicher schließt es die aus der Tradition bekannte und keineswegs bloß auf das Christentum beschränkte enge Verbindung von Staat und Religion, welche nach dem Vorbild der antiken Großreiche eine einheitliche Staatsreligion forderte, aus. Ebensowenig steht hinter diesem Schlagwort aber auch die Forderung nach einer völligen Trennung von Staat und Kirche, nach welcher diese auf den Status eines privaten Vereins reduziert würde, sondern es geht offensichtlich um eine eigene Form besonderer Beziehung irgendwo in der Mitte zwischen Identifizierung und Trennung von Staat und Kirche.

Obwohl die Kirche trotz der schlimmen Erfahrungen, die sie mit der römischen Staatsreligion in den zahlreichen Verfolgungen der ersten Jahrhunderte gemacht hatte, nicht zögerte, in der konstantinischen Wende selber zur Staatsreligion zu werden und über Jahrhunderte an der Verbindung von Thron und Altar festzuhalten, vermag nämlich dieses Leitbild für die gegenseitige Beziehung auch in seiner gemilderten Form vom „katholischen Staat", in welchem die Kirche in den sie interessierenden Belangen die Gesetzgebung direkt mitbestimmt, nicht zu genügen. Denn weder ist so die menschenrechtlich geforderte Religionsfreiheit voll zu gewährleisten, noch ist die Kirche davor geschützt, ins Schlepptau des Staates genommen zu werden. Deshalb gilt es seitens der Kirche, vom Staat die tolerante Neutralität gegenüber verschiedenen Bekenntnissen wie auch ihre Anerkennung als der legitimen religiösen Interessenvertretung ihrer Gläubigen zu fordern, während seitens des Staates die Anerkennung einer legitimen Pluralität im staatlichen Gemeinwesen von den Kirchen verlangt werden kann.

In diesem so abgesteckten Spielraum ergeben sich dann je nach den zeitweiligen Umständen die verschiedensten Formen einer im Dienst des staatlich gesellschaftlichen Gemeinwohles stehenden Interaktion und Zusammenarbeit, so, wenn z. B. die öffentliche Hand gewisse soziale Dienste etwa in den Bereichen von Bildung, Erziehung und Sozialwesen subsidiär teilweise den Kirchen überläßt, von wo sie geschichtlich ja zumeist auch ihren Ursprung haben, oder wenn sie hinsichtlich sozialer Belange für die Gesetzgebung die ebenfalls oft auf langer Erfahrung beruhende Meinung der Kirche als eines bedeutsamen Interessenverbandes konsultativ einholt. Vor allem aber ist es die von engagierten Christen in die öffentliche Meinung eingebrachte christliche Sicht von einer vom Evangelium geprägten sozial gerechten Ordnung, welche kritisch wie stimulativ die politisch gesellschaftliche Wirklichkeit zu prägen vermag, wofür die konkreten Möglichkeiten wiederum sehr unterschiedlich sein können: Vielfältig über die freie Presse, die Mitarbeit in Sachkommissionen oder die Formation eigener „pressure-groups" in den weitgehend frei demokratischen Staaten, beschränkt sie sich auf demonstrativen Protest (vielleicht sogar unter Gefährdung der eigenen

Sicherheit) in andern, mehr oder weniger totalitären Systemen, wo dann den von ihren Gläubigen getragenen Kirchenleitungen eine besondere Bedeutung für die Führung wie zum Schutz der Gläubigen und ihrer Freiheit zukommt.

Immer aber fordert eine vom Evangelium getragene Sozialethik die kritische und aktive Mitgestaltung der politischen Ordnung, in welcher es gilt, Menschlichkeit und Gerechtigkeit als schon wirklichen Ansatz des Gottesreiches voranzubringen. Meinungsäußerungs- und Religionsfreiheit auch als einen, wenn auch nicht einzigen und ausschließlichen Mitspracheanspruch anzumelden, ist daher ebenso sozialethisch zu respektierendes Recht wie ethische Pflicht. Daß diese Pflicht in einer pluralistischen Gesellschaft wohl wirksamer über die vielfältigen Kanäle der öffentlichen Meinung als über juristisch einmalig fixierte Staatsverträge wahrzunehmen ist, zeigt die innerkirchliche Entwicklung dabei selber. Denn hier wurde vor allem seit dem II. Vatikanischen Konzil die Konkordatspolitik abgelöst durch eine vielfältige sozialethische Verkündigung an eine alles andere als desinteressierte Weltöffentlichkeit. Dies setzt freilich für die Glaubwürdigkeit solcher Stellungnahmen voraus, daß die Argumentation einerseits klar von den Idealen des Evangeliums, d.h. vor allem von der besonderen Sorge um die Armen und Geringen und nicht etwa von eigenen Gruppeninteressen geprägt ist wie andererseits, daß die Probleme hinsichtlich des Istzustandes wie der möglichen Folgen in sachlicher, wissenschaftlich sorgfältig belegter Weise angegangen werden. Ferner sollten sie in der Haltung im konkreten auch für die Kirche selber kritikoffen und im sozialen Bereich veränderungsbereit erscheinen, auch dann noch, wenn davon eigene kirchliche Positionen betroffen werden. Im Ton angemessen und taktvoll, im Vorgehen bestimmt aber zurückhaltend, können solche Beziehungen der Kirche zur gesellschaftlichen und staatlichen Öffentlichkeit aller Erfahrung nach Wesentliches beitragen zur Vermenschlichung und Gerechtigkeit im Zusammenleben gerade auch einer pluralistischen Gesellschaft. Daß daraus einmal mehr auch eine entsprechende sozialethische Verpflichtung erwächst und zwar nicht etwa nur für die Amtsträger der Kirche als ihren beglaubigten Sprechern, sondern für alle fachlich dazu qualifizierten Gremien der Glaubensgemeinschaft, braucht kaum mehr besonders betont zu werden.

Damit stehen Kirche und Staat ohne Identifizierung und direkte Verflechtung doch in einem engen Beziehungsrahmen, wobei die Kirche als soziologisch betrachtet „weltanschaulich ethische Interessengemeinschaft“ ihr Gesellschaftsverständnis aktiv in die staatliche Gesellschaft einbringen kann und soll, ja in gewissen Gemeinwesen wird ihr sogar im Unterschied zu anderen Großgruppen, welche doch eher partielle Interessen vertreten, ein „qualitativ anderes Verhältnis“ zum Staat zuerkannt. Als Minimum wird sie jedenfalls den eigenen Existenz- und Entfaltungsrahmen postulieren, allerdings nicht nur für sich, sondern als Gleichberechtigte mit andern geistig-weltanschaulichen Interessengemeinschaften. Wo ihr dies verweigert wird, wird sie im Namen der menschenrechtlichen Meinungs- und Gewissensfreiheit ihr Recht verteidigen und sich als geschlossene gesellschaftliche Gruppe, u. U. sogar als weltanschaulich gebundene Partei den politischen Einfluß sichern. Normalerweise aber wird sie über ihre Glieder allgemein oder über ihre Amtsträger als ihre Sprecher und Interessenvertreter die normalen Kanäle politischer Meinungsbildung nutzen und auf die Qualität ihrer Motivation und ihrer Argumente und nicht auf irgendwelche Sonderstellungen oder Privilegien bauen, in extremer Gefährdung von Recht und Menschlichkeit aber auch vor dem klaren und dann oft gefährlichen Zeugnis im Sinn einer „martyria“ nicht zurückschrecken.

Private Vereine

Neben den das politische Geflecht des staatlichen Gemeinwesens deutlich tragenden Gruppierungen, den Trägern der öffentlichen Meinung, den politischen Parteien, den Interessenverbänden und den Kirchen, gibt es aber in jeder Gesellschaft noch zahlreiche weitere, lockerere, aber für die gesunde Soziabilität des Menschen und damit auch für das Gemeinwohl ebenfalls bedeutsame Gruppierungen, nämlich die Vereine und Verbände aller Art; Größe, Organisationsform, Bindungsgrad usw. sind dabei ungemein verschieden. Die Zielsetzungen sind es nicht weniger. Während aber in den bisher genannten, politisch direkt relevanten Gruppierungen relativ allgemeine menschliche Belange verfolgt werden (die Information als Mittel zur Übersicht und Überprüfung gesellschaftlicher Zusammenhänge, die politische Machtverteilung sowie die materielle und weltanschauliche Interessenvertretung), sind es hier die verschiedensten Interessen menschlicher Selbstverwirklichung vom Kartenspiel bis zum Sport, von kulturellen Vorlieben bis zu Bildungsfragen. Dabei ist eine klare Trennung zwischen eher allgemeinen und mehr privaten Vereinigungen praktisch unmöglich. Selbstverständnis wie Anerkennung durch die Gesellschaft spielen dabei eine Rolle, Ermessenskriterien sind bedeutender als objektive Merkmale.

Trotz dieser wenig faßbaren gemeinsamen Eigenschaften bilden aber diese freien Vereinigungen eine unerläßliche Grundstruktur für die freie und spontane Entfaltung des Menschen in sozialen Bezügen. Ohne schon das Ganze zu engagieren, ermöglichen sie den Zusammenschluß und die Verwirklichung partikulärer Interessen, die stets latent auch die gesamte Gesellschaftsgestaltung als Politik stimulierend wie kritisierend betreffen können. Wie bedeutsam ihre Funktion im größeren Sozialkörper ist, zeigt dabei nichts so deutlich wie die Tatsache, daß totalitäre Regimes die Möglichkeit zu solchen freien Zusammenschlüssen meist sehr rasch hintertreiben und durch staatliche Verbände zu ersetzen trachten.

Aber nicht nur in den Bereichen von Freizeit und Kultur, auch in einer für die Not des Nächsten feinfühligen Gemeinnützigkeit bewähren sich solche kleine und freie Vereinigungen (Bruderschaften, Vinzenzvereine u. ä.) seit jeher und bilden eine zwischenmenschliche Infrastruktur, die Hilfe bietet, meist lange bevor die Gesellschaft als solche aktiv werden kann. Daß gerade auf dieser Ebene eine christliche Ethik besonders angesprochen ist, wurde schon dargelegt. Entgegen einer staatsplanerischen (sozialistisch-kollektivistischen) Konzeption sind daher solche spontan-initiativen Vereinigungen in einem echt menschlichen Gemeinwesen nicht bloß zu dulden, sondern aktiv zu fördern, einmal wegen ihrer höheren Flexibilität, dann aber auch wegen ihrer leichteren Korrekturfähigkeit wie auch wegen ihrer erheblich geringeren Kosten.

Obwohl es der rein theoretischen Vernunft und ihrer Planung zu widersprechen scheint, läßt sich somit die Erfahrung hoher Wirksamkeit solcher vielfältiger Gruppierungen nicht bestreiten. Eine reichhaltige Vereinsstruktur ist daher nicht nur unter dem Gesichtspunkt einer wirklich humanen Ethik zu fördern; sie ist stets und zugleich auch Zeichen einer gesunden, lebendigen Gesellschaft, die es nicht nötig hat, die private Initiative zentralplanerisch zu vereinnahmen und damit weitgehend zu ersticken. Vielmehr sucht sie sie im Interesse des Gemeinwohls zu fördern, weil sie sich zugleich stark genug weiß, Übergriffe rechtzeitig abzuwehren.

Mit diesen Hinweisen auf die freie Gruppierung im Vereinswesen schließt diese christlich ethisch motivierte Übersicht über die organisatorischen Elemente einer demokratischen Staats- und Gesellschaftsstruktur. Sie distanziert sich dabei von der Idee des Einheitsstaates mit Einheitspartei und zentralistischer Verwaltung, die höchstens in Ausnahmezuständen innerer und äußerer Not und damit auch nur vorübergehend dem Ideal eines humanitären Gemeinwohls zu entsprechen vermag. Wo immer sich ein solcher Ausnahmezustand dagegen verfestigt, wird er, wie die Geschichte nur allzu deutlich lehrt, zum unterdrückenden Totalitarismus, vor welchem zu bewahren Hauptzweck einer politischen Ethik ist.

Weil diese als christliche außerdem besonders deutlich darum weiß, wie sehr alles Menschliche und so auch die an sich nötige politische Macht dem Mißbrauch durch Egoismus und Stolz ausgesetzt bleibt, also der Kontrolle bedarf, wird sie, so sehr sie um die primäre Bedeutung der Selbstkontrolle als der biblischen Sinnesänderung weiß, zugleich auch für einen Gesellschaftsaufbau eintreten, der solche Kontrolle, aber auch neue Initiativen zuläßt und fördert, nicht zuletzt, weil ohne den äußeren kritischen Impuls die Selbstkontrolle leicht in satte Selbstgefälligkeit umzuschlagen vermag.

5. Zielsetzungen ethisch verantworteter Politik

Die fundamentale Zielsetzung jeder Gesellschaftspolitik ist und bleibt das Gemeinwohl, also die größtmögliche Entfaltung aller am Gemeinwesen beteiligten Personen. Dies gilt in besonderer Weise für den Staat als der prägendsten Gesellschaftsform. Diesem Gemeinwohl müssen entsprechend in subsidiärer Gegenseitigkeit auch alle Untergruppierungen in Staat und Gesellschaft dienen. Ob die einzelnen Aspekte des Gemeinwohls dann eher von einzelnen Gruppierungen oder vom Staat als ganzem gewährleistet werden, ist dabei nicht zum vornherein theoretisch auszumachen. Je nach der geschichtlichen Entwicklung werden sich verschiedene Formen einer eher zentralistischen oder eher föderalistischen Organisation anbieten, von denen, die Beachtung des Subsidiaritätsprinzips stets vorausgesetzt, nicht zum vornherein schon klar ist, welche Form besser dient und noch weniger, in welcher Richtung eine allfällige Verbesserung zu suchen ist. Jedenfalls aber scheint die Maxime, daß der materielle, zivilisatorische Fortschritt mit höherer Komplexität auch größere Zentralisierung mit entsprechender Planung und Steuerung bedinge, in manchem fragwürdig. Dezentralisation im politischen wie im wirtschaftlichen Bereich bleibt also durchaus diskutierbar. Dennoch scheinen gewisse Zielsetzungen, wenigstens in ihren Rahmenbedingungen nur durch zentrale, also staatliche Organisation sichergestellt werden zu können; von ihnen soll daher zunächst die Rede sein.

Dabei ist ganz allgemein zu beachten, daß die Sicherung sozialer Zielsetzungen notwendigerweise Beschränkungen der individuellen Freiheit mit sich bringt als einen Preis, den das Individuum sozusagen für seine eigene Sicherheit zu zahlen hat. Freiheit ist, so paradox es tönt, nur durch Begrenzung von Freiheit zu sichern, und so schränkt gerade der moderne Sozialstaat den individuellen Freiheitsraum wesentlich mehr ein, als man gemeinhin denkt. Dabei geht es hier nicht einmal in erster Linie um Auswüchse von Freiheitsbeschränkungen, die sachlich keine Begründung finden, obwohl sich sogar dafür juristisch meist noch gute Gründe beibringen lassen, welche solche Beschränkungen vor Verfassung und Menschenrechtscharta als berechtigt und angemessen erscheinen lassen.

Vielmehr geht es um einschränkende Einzelverpflichtungen, wie etwa Zwangsuntersuchungen für Lehrpersonen, allgemeine Schulpflicht, sanitätspolizeiliche Obduktion von Leichen, Schutzimpfungen usw., die aus der Anerkennung des Gemeinwohls, etwa der Sicherung der Volksgesundheit oder des Bildungsstandes als selbstverständlich hingenommen werden. Nur bedeutet diese soziale Akzeptanz noch nicht, daß solche Beschränkungen persönlicher Freiheiten damit auch schon ethisch berechtigt wären. Wo sie einfach aus Bequemlichkeit ohne sichere Notwendigkeit hingenommen werden, sind auch sie fragwürdig und müssen hinterfragt werden nach dem Grundsatz: So viel Beschränkung wie nötig, so viel Freiheit wie möglich.

Bedeutsamer als solche, die persönliche Freiheit beschränkende Einzelverpflichtungen sind aber jene Lebensbereiche, in welchen der Staat zugunsten des vorgegebenen Gemeinwohls ganze Zielsetzungsbereiche wie etwa Bildung, Information oder Verkehr zu verwalten beginnt und entsprechend auch die notwendigen Beschränkungen auferlegen muß. Es versteht sich, daß auch diese Auswahl nach dem Grundsatz des Subsidiaritätsprinzips festzulegen ist und entsprechend nicht immer und überall sinnvollerweise die gleiche ist. Trotzdem lassen sich vordringlich folgende Bereiche als für die staatliche Einflußnahme besonders wichtig festhalten: Die Sicherung der sozialen Gerechtigkeit, einer wirtschaftlichen Ordnung, der internationalen Beziehungen und Verantwortungen sowie die Friedenssicherung, ferner die Gewährleistung von Rechtsschutz und ökologischem Gleichgewicht und Bildung. Entsprechend muß sich die sozialethische Überlegung dann auch vordringlich mit diesen Belangen ausdrücklich befassen.

Soziale Sicherheit

Soziale Sicherheit für den Bürger wird in der Menschenrechtscharta der UNO umschrieben als Anspruch des Menschen, „durch innerstaatliche Maßnahmen und internationale Zusammenarbeit unter Berücksichtigung der Organisation und der Hilfsmittel jedes Staates in den Genuß der für seine Würde und die freie Entwicklung seiner Persönlichkeit unentbehrlichen wirtschaftlichen, sozialen und kulturellen Rechte zu gelangen" (Art. 22). Obwohl damit der Staat als Träger der primären Verantwortung für soziale Sicherheit angesprochen ist, bleibt der Rahmen für die konkrete Realisation sehr breit. Sowohl die Organisation, wie die materiellen Möglichkeiten differenzieren die Lösungen. In jedem Fall bedingt aber diese Inpflichtnahme des Gemeinwesens zumindest die Einführung und Durchsetzung eines Rechtsrahmens, der dafür sorgt, daß das Recht auf soziale Sicherheit irgendwie (privat, parastaatlich oder wie immer) wahrgenommen wird. Die direkte und ausschließliche Wahrnehmung dieser Sozialrechte durch den Staat im Sinn des vollen Sozialstaates ist jedoch nicht gefordert.

Inhaltlich werden die Rechte, welche Würde und Entfaltung der Person im wirtschaftlichen Bereich sichern sollen, präzisiert durch das Recht auf Arbeit, angemessenen Lohn und Freizeit (Art. 23, 24) und darüber hinaus für den kulturellen Bereich das Recht auf Bildung (Art. 26) und freie Teilhabe an den kulturellen Gütern (Art. 27,1) eigens festgehalten. Für die soziale Sicherheit im engeren Sinn aber verlangt Art. 25: „Jeder Mensch hat Anspruch auf eine Lebenshaltung, die seine und seiner Familie Gesundheit und Wohlbefinden, einschließlich Nahrung, Kleidung, Wohnung, ärztliche Betreuung und die notwendigen Leistungen der sozialen Fürsorge, gewährleistet; er hat das Recht auf Sicherheit im Falle von Arbeitslosigkeit, Krankheit, Invalidität, Verwitwung, Alter oder von anderweitigem Verlust seiner Unterhaltsmittel durch unverschuldete Umstände"; Mutter und Kind sind unabhängig von der Ehelichkeit der Geburt des Kindes zu schützen.

Die Sicherung dieser Rechte kann dann auf verschiedene Weise erfolgen, etwa in mehr oder weniger ausgeprägt sozialistischer Form durch sozialstaatliche Maßnahmen, was den Vorteil einer für den einzelnen einfachen und lückenlosen Versorgung hat und dem Betroffenen im Bedürfnisfall praktisch keine zusätzliche Belastung bringt; auch kann die Finanzierung durch die der jeweiligen Finanzkraft angepaßten Steuern gerechter erfolgen. Umgekehrt aber ist der Verwaltungsapparat in diesem Modell relativ groß und teuer; zudem wirkt das Fehlen jeder Konkurrenz im anonymen Apparat für die persönliche Initiative oft lähmend und schreckt entsprechend dynamische Menschen von der Mitarbeit ab. Als reines Gegenstück zu solcher Sozialisierung könnte man sich daher auch ein rein auf privater Initiative aufbauendes System denken, dessen soziale Einrichtungen wie teilweise in alten Kulturen bis heute ausschließlich auf der Solidarität von Großfamilie und Sippe beruhen oder wie im mittelalterlichen Gemeinwesen vom guten Willen einzelner abhängig waren. Trotz der starken Betonung der persönlichen moralischen Verpflichtung kann jedoch dieser Ansatz für die modernen, komplexen und mobilen Industriegesellschaften kaum mehr als realistisch wirksam in Frage kommen. Dagegen liegt eine mittlere Lösung bei Mischformen, wo Staat und private Initiative zusammenarbeiten. D.h. etwa, der Staat schreibt Rahmenrichtlinien vor und garantiert zugleich eine minimale Grundleistung; sonst aber überläßt er die Organisation der freien Initiative des privaten Versicherungswesens, das er u.U. noch zusätzlich stützt und so ebenfalls für einen Lastenausgleich sorgt. Dadurch ist auf der einen Seite dem Prinzip der Solidarität Rechnung getragen und subsidiär trotzdem der Einzelinitiative Raum gelassen. Die so erhaltene Konkurrenz unter verschiedenen Institutionen verhindert zudem die Verfestigung des Beamtenapparates und eine unnötige Machtkonzentration. Die Versorgung der Bevölkerung ist gesichert, eine sinnlose Überbenutzung eher vermieden. Voraussetzung für eine solche Regelung ist allerdings, daß ein gewisser materieller Standard der Bevölkerung gewährleistet ist, wie auch, daß dank einer ausreichenden staatsbürgerlichen Bildung die eher komplexen Mechanismen solcher Mischformen verstanden werden können. D.h. aber auch, daß diese Lösung für Gesellschaften mit hoher Unterbeschäftigung oder Analphabetismus die soziale Sicherheit nur schwer zu gewährleisten vermöchte. Ethisch gefordert sind somit, wie diese Beispiele deutlich lehren, nicht bestimmte, sondern angepaßte Maßnahmen, um in einer bestimmten soziokulturellen Umwelt die soziale Sicherheit beim Ausfall der eigenständigen Versorgungsfähigkeit (Krankheit, Alter etc.) zu gewährleisten. Daß neben diesen Maßnahmen auch solche zur Erhaltung von Gesundheit und Wohlfahrt zu den von Gemeinwesen zu erbringenden Verpflichtungen, also Hygienemaßnahmen, Impfungen, Volksmedikation gehören können, versteht sich dann von selbst.

Während in diesen Belangen wohl allein die öffentliche Hand Organisation und Mittel zur Grundversorgung bereitzustellen vermag und diese notwendigen Aufgaben ihr daher auch sinnvollerweise überlassen werden sollten, darf ein auch noch so dichtes Geflecht sozialer Sicherheit jedoch nicht darüber hinwegtäuschen, daß es nie lückenlos werden kann. Gerade darum bleiben private Initiativen, wie sie die Nachbarschaftshilfe, kirchliche und gemeinnützige Organisationen u.ä. zu bieten vermögen, nötig, um gegebenenfalls mit Fantasie und Originalität in die Lücke zu springen. Ihnen den nötigen Spielraum offen zu halten und wo nötig entsprechende Unterstützung zu leisten, gehört daher ebenfalls zu den sozialethisch begründeten Aufgaben des Gemeinwesens.

Von der aus den Menschenrechten stammenden Verpflichtung zur Gewährung sozialer Sicherheit wird eine politische Ethik daher zunächst darauf achten, daß entsprechende Strukturen geschaffen und erhalten werden. Da es sich um Erfordernisse von Humanität vor allem in menschlichen Notlagen handelt, wird sich hier eine christlich inspirierte Ethik sogar besonders wachsam zu verhalten haben, damit übersehene oder vernachlässigte Not nicht übergangen wird. Ohne sich zum vornherein ideologisch auf bestimmte (selbst bewährte) Formen der sozialen Sicherung festzulegen, wird sie außerdem stets neu die Frage nach möglichen Verbesserungen stellen, die aber durchaus nicht unbedingt in Richtung höherer Organisation und größerer Verstaatlichung zu suchen sind. Von einer christlichen Ethik sollte daher in erster Linie der kritische und originelle Impuls drängender Menschlichkeit in allen Belangen einer Sozialpolitik ausgehen. Darüber hinaus aber sollte sie auch selber immer wieder neu konkrete Initiativen ergreifen, wo die Sorge der öffentlichen Hand noch aussteht oder nicht die tauglichen Mittel hat. Denn wie seinerzeit die meisten Sozialeinrichtungen (Spitäler, Behindertenheime, Fürsorgeeinrichtungen aller Art) auf christliche Einzel- oder Gruppeninitiativen von Orden, Bruderschaften usw. zurückgingen, so sollten auch heute solche den Bedürfnissen entsprechende Initiativen gefunden werden (etwa für Drogenhilfsstellen oder die Betreuung von Selbsthilfegruppen usw.).

Was einst aus persönlicher Initiative und der moralischen Verpflichtung an sozialer Sicherheit aus christlichem Impuls entstand und sich nicht bloß auf die eigenen Verwandten, sondern auf jeden Mitmenschen bezog, ist heute aus dem Bereich der motivierenden Nächstenliebe und ihrem direkten Appell herausgetreten und zur Sozialpolitik in Staat und Gesellschaft mit entsprechenden Organisationen und Mitteln geworden; in seiner allgemein menschlichen Verpflichtung der Menschenrechte motiviert, sind diese Maßnahmen auch rechtlich abgesichert. Die Impulse aus dem Evangelium haben als Sauerteig dabei mitgewirkt und darin liegt ihr Sinn, der aber als stetes Verbesserungspotential weiter wirksam bleiben sollte.

Wirtschaftliche Ordnung

Neben der Sozialpolitik kommt der Wirtschaftspolitik hinsichtlich der Gewährleistung von Lebensunterhalt, Wohlstand und Vollbeschäftigung besonders in den modernen Industrie-Staaten eine vordringliche Bedeutung zu. Denn eine hochgradig arbeitsteilige Produktion mit ungleicher Verteilung von Macht und Einfluß trägt zudem in besonderer Weise auch die Gefahren des Mißbrauchs und der Ausbeutung in sich, denen entsprechend eine wache Sozialethik ihre besondere Aufmerksamkeit wird schenken müssen. Zwar war gerade eine christliche Ethik im Verlauf ihrer Geschichte mehrfach mit solchen Fragen konfrontiert, so vor allem mit der Sklaverei, gegen die immer wieder neu als der christlichen Brüderlichkeit grundsätzlich widersprechend angegangen werden mußte und Rückschläge nicht nur in der Praxis, sondern sogar in der Theorie nicht ausblieben wie auch ähnlich in der Zinsproblematik, wo der Zins auf lebensnotwendigen Konsumgütern als entwürdigender Profit von einem berechtigten Zins auf Investitionsgütern abgehoben und ethisch unterschieden werden mußte.

Dennoch wird die christliche Sozialethik aus solchen geschichtlichen Beispielen keine fertigen Anweisungen für ihr heutiges Vorgehen beziehen können. Wohl aber ergeben sich daraus zwei grundsätzliche, zeitübergreifende Hinweise, nämlich erstens, daß der Mensch als Bruder nicht einfach als ein Mittel und d. h. hier als Produktionsfaktor ausgenutzt werden darf, bzw. daß die stete und noch so sublime Versuchung dazu stets neu kritisch aufzudecken ist. – Und zweitens, daß es nicht genügt, solche Mißbräuche zu denunzieren und durch Verbote zu unterbinden, sondern daß sie auch durch eigene originelle Ideen zu verbessern sind. Unter diesen Vorzeichen muß sich eine christliche Sozialethik denn auch für eine moderne Wirtschaftspolitik mitverantwortlich wissen.

Zwar sind die heute anstehenden Probleme sehr vielfältig geworden und betreffen keineswegs nur Verfügbarkeit und Eigentum an Produktionsmitteln (also die Frage nach Kapitalismus oder Sozialismus), sondern ebenso die Organisation des Güteraustauschs (also Marktwirtschaft oder Planwirtschaft) und die entsprechenden unterschiedlichen Produktionsweisen. Darüber hinaus stellen sich aber auch vermehrt internationale Probleme von Abhängigkeiten, die nach einer neuen „Weltwirtschaftsordnung“ rufen und die Frage nach adäquater Partizipation aller Beteiligten am ganzen industriellen Produktionsgeschehen (Gewinnbeteiligung, Vermögensbeteiligung, Mitbestimmung auf allen, auch der unternehmerischen Ebene) aufwerfen. Daß der Staat sich an diesen Problemen nicht einfach als „Nachtwächterstaat“ unter Berufung auf die Selbstregulierung durch den Markt desinteressieren kann, weil sich gemäß einer aufklärerisch optimistischen Sicht so alles von selbst zum besten wende, versteht sich angesichts der geschichtlichen Erfahrung mit dem Wirtschaftsliberalismus von selbst. Aber selbst wenn eine solche Ordnung, die letztlich nur das Recht des Stärkeren schützt, ethisch nicht in Frage kommen kann, so bedeutet dies wiederum nicht die Forderung nach dem Gegenteil, nämlich einer Verstaatlichung der gesamten Wirtschaft. Vielmehr ist es auch hier in erster Linie die Aufgabe der staatlichen Autorität, durch gesetzliche Rahmenbedingungen dem freien Spiel der Kräfte die Regeln zu einem fairen Zusammenspiel zu setzen, so etwa durch die Beschränkungen, welche Arbeits- und Fabrikgesetze zum Schutz der Arbeiter vor Ausbeutung setzen, oder durch die Gewährleistung an sich frei partnerschaftlicher Abmachungen wie z. B. Gesamtarbeitsverträge unter verschiedenen Interessengruppen. Dabei ist gemäß dem Subsidiaritätsprinzip einmal mehr diesen freien Abkommen vor den gesetzlich auferlegten ethisch der Vorzug zu geben, da so nicht nur die stets nur schwer zu kontrollierende Macht der öffentlichen Verwaltung nicht vergrößert wird, sondern auch sehr viel flexiblere, den einzelnen Umständen angepaßtere Lösungen möglich sind. Dies aber setzt voraus, daß einerseits auch unter belastenden Umständen von allen Beteiligten „Treu und Glaube“ strikt bewahrt bleiben und andererseits eine Bereitschaft zu Gespräch und Verhandlung auch dann gepflegt wird, wenn umständehalber eine Interessengruppe allein das Sagen haben könnte, bzw. wenn Probleme noch nicht so verhärtet sind, daß nur mehr der außenstehende Gesetzgeber eine Lösung beibringen kann. Entsprechend groß ist dann auch die sozialethische Verpflichtung zur Schaffung von solchen Voraussetzungen eines fairen Gesprächs- und Verhandlungsklimas.

Schließlich kommt aber dem Staat eine solche Steuerfunktion nicht nur über die Durchsetzung solcher Rahmenbedingungen zu, sondern er hat auch eine aktive Rolle in der Wirtschaftspolitik zu spielen, die etwa über Steuern und Abgaben unerwünschtes Verhalten reduziert (wie z. B. mit einer Energiesteuer gegen deren Verschwendung oder mit der Belangung von Erstverursachern gegen die Übernutzung sozialer Güter, wie z. B. gegen eine zu große Luft- oder Lärmbelastung), bzw. über Subventionen sozial nötige Werte fördert (etwa in der Förderung der Berglandwirtschaft gegen die gefährliche Vergandung). Da zudem in modernen Staaten gewisse infrastrukturell besonders wichtige Betriebe wie das Fernmeldewesen, Bahnen u. ä. oft und auch sinnvollerweise staatlich monopolisiert sind, verfügt die öffentliche Hand über ihre eigenen Betriebe stets auch über ein erhebliches Investitionsvolumen, über welches ebenfalls eine steuernde Einflußnahme möglich ist. Außerdem hat vor allem in den letzten Jahren die Geldpolitik der Zentralbanken ebenfalls eine Steuerungsmöglichkeit erschlossen, deren Bedeutung laufend zunimmt. Schließlich bleibt in extremen Fällen auch dort, wo dies nicht aus vorgefaßten ideologischen Gründen geschieht, die Verstaatlichung von Betrieben als ein wirtschaftspolitisches Mittel.

Ziel all dieser Maßnahmen muß es aber immer sein, langfristig die größtmögliche Gerechtigkeit unter allen Wirtschaftspartnern so zu sichern, das nicht einer die Kosten der Wohlfahrt der andern zu tragen hat und etwa Vollbeschäftigung über Überschuldung (d. h. auf Kosten nachfolgender Generationen) oder über Inflation (d. h. weitgehend auf Kosten der Rentner und Sparer, deren Wohlfahrt am stabilen Geldwert hängt) zu erreichen versucht wird.

Dabei kann es nicht Aufgabe der Sozialethik sein, in diesen äußerst komplexen Belangen fertige Lösungen anzubieten, wohl aber durch ihren steten Hinweis auf Solidarität in Subsidiarität an politischen Lösungen mitzuarbeiten: durch Ermunterung zu von einzelnen Gruppen und Partnern selbst-erarbeiteten Verhaltensregeln im Sinn von Ehrenkodizes, durch kritische Begleitung der gesetzgeberischen Arbeit wie der ökonomisch politischen Tagesmaßnahmen unter den Vorzeichen einer umfassenden Solidarität, aber auch durch den entsprechenden Dialog mit allen Betroffenen hinsichtlich einer Bereitschaft zu einem umfassenden Dialog wie zu einer je größeren, weltweiten Gerechtigkeit, sogar dann noch, wenn diese einige Abstriche vom gegebenen Wohlstand erfordern sollte.

Internationale Beziehungen und Verantwortungen

Immer mehr wird die Welt zu einer Schicksalsgemeinschaft, die allgemein politisch, vor allem aber wirtschaftlich in großer gegenseitiger Abhängigkeit lebt. Die Idee vom antiken Staat, der allen Bedürfnissen seiner Bevölkerung zu genügen vermag, ist undenkbar geworden, und die Weiterführung dieser Idee zu Beginn des Industriezeitalters, welche sich mit Kolonien vor allem für die Sicherung der Rohstoffe diese Autarkie zu bewahren suchte, erwies sich trotz einiger guter Nebeneffekte (z. B. in Stammesbefriedigung oder im Gesundheitswesen) letztlich doch als Ausbeutung und Unterdrükkung. Autarkie kann somit keine politische Zielsetzung mehr darstellen. Internationale Beziehungen sind zu einer notwendigen Lebensbedingung geworden, zumal neben den diplomatischen Beziehungen der staatlichen Autoritäten die internationalen Handelsbeziehungen zunehmend an Gewicht gewinnen. Enge internationale Beziehungen sind so ein Erfordernis für jedes moderne staatliche Gemeinwesen. Da zudem verschiedene seiner gesellschaftlichen Untergruppierungen, vor allem Konzerne und Verbände, aber auch seit jeher die Kirche, ebenfalls grenzüberschreitend existieren und diese Interdependenzen sogar zunehmen, kann der Staat nicht umhin, diesen Beziehungen auch selber vermehrtes Interesse zu schenken, wenn er seiner Aufgabe der Wahrnehmung des Gemeinwohls wirkungsvoll nachkommen will. Mit den modernen Kommunikationsmitteln sind solche Kontakte zugleich auch vielfach möglich geworden, so daß sich vor allem die Frage stellt, nach welchen ethischen Kriterien und in welchen Belangen solche internationale Verantwortlichkeiten wahrzunehmen sind.

Dabei versteht sich, daß diese Kriterien im Licht der Forderungen einer ausgleichenden Gerechtigkeit zu suchen sind, die nicht nur das eigene staatliche Gemeinwohl im Auge hat, sondern unter dem Anspruch einer Art Weltgemeinwohl stehen muß, das gerade auch dem je schwächeren Partner subsidiär und solidarisch seine eigene Identität läßt und entfalten hilft. „Solidarität und Selfreliance" sind die ethischen Kriterien-Stichworte, die dafür wegleitend geworden sind. Was ferner die Sachbelange solcher internationaler Beziehungen betrifft, so liegen diese prinzipiell auf drei Ebenen, nämlich als multilaterale Beziehungen auf der Ebene des einzelnen Staates zu überstaatlichen Zusammenschlüssen und in den bilateralen Beziehungen von Staat zu Staat, die sich danach unterscheiden, ob die Partner politisch-wirtschaftlich einigermaßen gleichrangig sind oder aber ob der eine Partner, aus was für Gründen immer, irgendwie auf ein Entgegenkommen angewiesen ist.

Die zwischenstaatlichen Kontakte unter souveränen Gemeinwesen gehören dabei über alle weiteren Unterschiede hinweg zu den klassischen Formen der internationalen Beziehungen, sei es in temporären Kontakten, wie sie aus dem Altertum und schon vom Alten Testament berichtet werden und meist Handels- oder Bündniszwekken dienten – oder sei es durch ständige Botschaften, wie sie die klassische Diplomatie kennt. Weitgehend zu einem professionell institutionalisierten Instrumentarium der internationalen Kontakte ausgebaut, ist diese Form des Kontaktes durch die raschen Verkehrsverbindungen und durch die direkten Begegnungen von regierenden Staatsmännern etwas aus dem Licht der Öffentlichkeit gerückt. Auch haben der etwas antiquierte Stil und die scheinbar oft nur geringen Ergebnisse dem Ansehen der klassischen Diplomatie geschadet. Geringe Öffentlichkeit und „diplomatische" Vorsicht lassen viele sogar mißtrauisch werden. Dennoch erfüllt diese normale Diplomatie noch immer wesentliche Kontaktfunktionen. So erfüllt sie mit ihren Konsulardiensten für viele geschäftliche und kulturelle Kontakte die Funktion des Schrittmachers, Garanten und Rückhaltes und dient so einer menschheitsweiten Kontaktnahme. Ebenso hat die konstante Präsenz eine wichtige wechselseitige Informationsfunktion, die gerade auch beim Aufkommen bilateraler Konflikte rasch die Möglichkeit zur Bereinigung erschließt und deren Eskalation verhindert. Dazu kommen noch, vor allem für anerkannte neutrale Kleinstaaten, die sog. „guten Dienste", welche für Dritte im Konfliktfall die Kontakte nicht ganz abreißen lassen. Zusammengenommen stellt so der diplomatische Dienst ein echtes Mittel des internationalen Kontakts und Ausgleichs dar, der gerade unter dem Gesichtspunkt menschlicher Gerechtigkeit im personalen wie im staatlichen Bereich wie zur Friedenssicherung ethisch bedeutsam ist, und entsprechend aufgebaut und bewahrt zu werden verdient.

Daß solche bilateralen Beziehungen nie eine völlige Gleichheit zur Voraussetzung haben können, versteht sich, sind sie doch auch dann noch sinnvoll, wenn im übrigen die Unterschiede in der Staatsauffassung kaum noch Verbindungen zulassen, weil sie aller Erfahrung nach zur Rettung von Resten an Gerechtigkeit noch immer gute Dienste zu erbringen vermögen. Aber auch Ungleichgewichte im wirtschaftlich-politischen Potential sind kein Hindernisgrund für paritätische diplomatische Beziehungen und völkerrechtliche Abmachungen, wie dies die guten und von beidseitigem Respekt getragenen Verhältnisse zwischen Kleinstaaten und größeren Mächten deutlich machen. Allerdings erschweren existentielle Abhängigkeiten und das mit ihnen meist verbundene gestörte Gerechtigkeitsgleichgewicht paritätische Beziehungen doch in einem erheblichen Maß, besonders dann, wenn politisch-militärisch-wirtschaftlich die eine Macht das alleinige Bestimmungsrecht für sich beansprucht und entsprechend die Unabhängigkeit des andern nur noch vorgespiegelt ist. Weniger offensichtlich, aber in mancher Hinsicht nicht weniger belastend ist aber auch die Abhängigkeit zahlreicher sog. Entwicklungsländer von den Industrienationen, welche die diplomatischen paritätischen Beziehungen ebenfalls beinahe zur bloßen Fassade herabwürdigt. Denn eine völlige wirtschaftliche Abhängigkeit läßt politisch kaum eine Eigenständigkeit und damit Partnerschaft zu und reduziert die Diplomatie damit auf das geschickte Lavieren zwischen rivalisierenden Großmächten.

Allein diese wenigen Tatsachen zeigen aber auch, wie unerläßlich für eine die prinzipielle Gleichheit aller Menschen respektierende Gerechtigkeit die Korrektur solcher Ungleichgewichte ist. Während aber auf der Ebene letztlich paritätischer Beziehungen Gerechtigkeit aus gemeinsam erarbeiteten Kompromissen als realistische Zielsetzung erreichbar erscheint, muß sie im zweiten Fall vom Stärkeren solidarisch gewährleistet werden und zwar zumeist unter Verzicht auf momentan erreichbare Vorteile für die eigene Bevölkerung, ein Verzicht, der so zum allerdings meist nicht sehr populären ethischen Postulat wird. Zwar lohnen sich langfristig durch den Abbau von Spannungen wie durch den Gewinn neuer Handelspartner solche rücksichtsvollen Kontakte auch für die eigene Bevölkerung. Vor allem aber sind solche Maßnahmen zur Beförderung einer internationalen Gerechtigkeit ethisch unerläßlich gefordert, weil beim Schwergewicht, das den Staaten in der heutigen Welt-Menschheit trotz aller internationaler Organisationen noch immer zukommt, nur über sie weltweit Gerechtigkeit und Menschenrecht zu sichern sind, was im übrigen private Initiativen zu gerechterem Ausgleich vorab in akuten Notlagen, sowie zur Stützung kleinerer Privatinitiativen und zur Bewußtseinsbildung in Weltverantwortung in keiner Weise überflüssig macht.

Je mehr aber die Weltgesellschaft menschheitsweit trotz aller Hindernisse zur Tatsache wird, desto weniger können sich die internationalen Beziehungen auf diese bilateralen Kontakte von Land zu

Land beschränken. Denn selbst wenn diesbezüglich weit bedeutsamere Verzichte als gewisse materielle Einschränkungen, nämlich das Abtreten von nationalen Souveränitäten erforderlich sein werden, wird eine gerechte Menschheit, die weltweit im Frieden leben will, das Eingehen solcher Bindungen unumgänglich verlangen und zwar zunehmend nicht nur als eine je bessere Lösung, sondern als einzige Alternative zu einer atomaren oder ökologischen Selbstzerstörung. Trotz all ihrer Mängel sind daher überstaatliche Zusammenschlüsse auf technischer, wirtschaftlicher wie politischer Ebene zu fördern, und entsprechend muß es als eine sozialethische Forderung gelten, auf dieser multinationalen Ebene auch unter gewissem Verzicht auf die eigene staatliche Souveränität die Kontakte zu suchen und zu pflegen, bzw. sie wenigstens so festgefügt werden zu lassen, wie sie es in der Diplomatie für die bilateralen Beziehungen geworden sind. Der Christ, der von seinem Glauben her auf eine übernationale Gemeinschaft hin ausgerichtet ist, sollte daher, aller nationalegoistischen Tradition zum Trotz, sogar in einer besonderen Weise für eine solche Internationalisierung als Triebkraft und Ferment im öffentlichen Leben wirken.

Friedenssicherung

Daß in den internationalen Beziehungen, auf der bilateralen wie auf der multilateralen Ebene der Friedenssicherung eine erstrangige Bedeutung zukommt, wurde eben gerade betont. Dabei sei vorausgesetzt, daß Friede nicht einfach statisch-negativ als momentanes Schweigen der Waffen verstanden werden darf, sondern allgemein menschlich und vor allem in einem christlichen Verständnis als „Schalom" im Sinn des Alten Testaments, d. h. als geordnetes Wohlergehen des Menschen, das im heilsgeschichtlichen Verständnis sogar als Vorzeichen der endzeitlichen Heilserfüllung zu verstehen ist.

Stetes Bemühen um weltweite Gerechtigkeit auf der innerstaatlichen Ebene wie im internationalen Bereich gehört damit zur ethischen Aufgabe der Friedenssicherung genauso wie die Bereitschaft zu gütlicher Regelung von Konflikten in fairer Auseinandersetzung sowie die Bereitschaft zur Bereitstellung der entsprechend notwendigen Mittel. Das alte geflügelte Wort vom Krieg als „der Fortsetzung der Politik mit anderen Mitteln" muß daher einer gerechten, also auf Friedenssicherung bedachten politischen Ethik als Greuel vorkommen.

Trotzdem gehören aber neben politischen Maßnahmen, neben Dialog und Diplomatie auch Polizei und Verteidigungsmaßnahmen als letzte Mittel zur Eindämmung rücksichtsloser Gewalt zum Bereich der Friedenssicherung, und wäre es auch nur, um nicht durch einen romantischen, aller geschichtlichen Erfahrung widersprechenden Pazifismus einer expansiven usurpatorischen Politik geradezu Einladung zu Gewalt und Erpressung zu bieten. Deshalb muß sich eine politische Ethik auch mit diesem extremen Mittel der Friedenssicherung, das aber immer nur Sicherung gegen Gewalt und nie Selbstzweck sein darf, ausdrücklich befassen, ihre Grenzen und Möglichkeiten zu umreißen versuchen und vor allem die Möglichkeiten von Kontrolle der militärischen durch die politisch-zivile Gewalt im Auge behalten. Dazu kommt auf internationaler Ebene stets auch das Bemühen um Verminderung der Waffenbedrohung bzw. um eine multinationale und ausgeglichene Abrüstung oder doch wenigstens um eine Rüstungskontrolle. Bedingungen, Grenzen und Möglichkeiten zu Minimalisierung und Kontrolle einer defensiven militärischen Friedenssicherung, aber auch die Möglichkeiten einer aufbauenden Friedensforschung gehören somit wesentlich zur Problematik einer politischen Ethik und müssen daher im einzelnen aufgearbeitet werden.

Folgende Punkte scheinen dazu vordringlich bedacht werden zu müssen:

Obwohl die Suche nach Frieden zu den Urzielen der Menschen gehört, gibt es neuerdings Elemente, welche eine eigene *Friedensforschung* herausfordern. So sind Kriege mit dem modernen, besonders dem atomaren Waffenpotential zu einer Gefahr der Vernichtung der ganzen Menschheit geworden. Der Friede ist damit durch ein bloßes Schweigen der Waffen nicht ausreichend gesichert, sondern nur durch einen Konflikte rechtzeitig aufarbeitenden gerechten Gesellschaftszustand. Dieser Zustand darf sich jedoch nicht bloß auf einzelne Staaten oder Nationen beschränken, sondern muß, um wirkkräftig zu sein, die ganze Menschheit umfassen, was heute dank der vielfältigen technischen Möglichkeiten in hohem Grad realisierbar ist und damit zu einem eindeutigen ethischen Anspruch wird. Auch wer als Christ überzeugt ist, daß ein solcher Zustand noch weit vom endzeitlichen Frieden entfernt ist, darf sich von der innerweltlich-machbaren Dimension des Aufbaus von Frieden nicht dispensiert fühlen. Aus diesen Einsichten ergibt sich dann als erste Folgerung, daß militärische Leitbilder für wahre Männlichkeit und noch mehr für die Größe Gottes wie auch Grundsätze, daß Rüstung (allein) den Frieden sichere oder daß Gerechtigkeit nur über gewaltsame Revolutionen erreichbar sei, äußerst fragwürdig sind. Zweitens gilt es, mit den Mitteln der Humanwissenschaften Aggressionsstrukturen z.B. zwischen Minderheiten oder Rassen zu erkennen und ihr Konfliktpotential rechtzeitig abzubauen zu versuchen; drittens muß schließlich einer rein militärischen Friedenssicherung kritisch gegenübergetreten werden, um ihre Einseitigkeiten und Gefahren wie ihren Nutzen nüchtern abschätzen zu können. Schließlich gilt es, alles, was irgendwie einer Verherrlichung von Gewalt Vorschub leisten könnte, bis hin zu Kriegsspielzeug und sog. sportlichem Schaukampf mit dem klaren Risiko von erheblichen körperlichen Verletzungen, wie etwa bei Boxkämpfen, als prinzipiell friedenswidrig zu denunzieren und in der öffentlichen Meinung zu ächten.

Damit wird Friedensforschung aber selber gesellschaftskritisch politisch und damit bei aller Notwendigkeit auch ideologieanfällig. D.h. sie bedarf selber der Kontrolle und der demokratischen Abstützung. Ja, realistische Friedensarbeit ist unter diesen Umständen auf die Unterstützung gesellschaftlich übergreifender Organisationen angewiesen, wobei die Kirche von der Friedensbotschaft Christi her aber zugleich in Selbstkritik zur eigenen Geschichte dazu einen erheblichen Beitrag leisten könnte. Interdisziplinär und nüchtern hat Friedensforschung dann allgemein in der Politik und besonders auch hinsichtlich einer Verteidigungspolitik das Moment des Konflikt- und Gewaltabbaus einzubringen.

Dies bedeutet dennoch nicht, daß ein Gemeinwesen nun um des Friedens willen auf eine angemessene *bewaffnete Verteidigung* einfach zu verzichten hätte. Ein solcher Verzicht könnte nämlich im Gegenteil sogar selber friedensgefährdend werden, weil anders als im Tierreich die Aggression eines skrupellosen Angreifers durch „Demutsgesten" demonstrativer Wehrlosigkeit gerade nicht instinktmäßig gestoppt, sondern eher noch angeheizt wird. Entsprechend stellt eine Verteidigungsbereitschaft, die als letztes Mittel und nur als solches die Gewalt von Waffen durch die Polizei im Innern des Gemeinwesens wie durch die Armee nach außen einzusetzen bereit ist, ein echtes Mittel zur Friedenssicherung dar, das insofern dem endzeitlichen Zielgebot der Gewaltlosigkeit des Evangeliums entspricht, als es wirksam zur Gewaltminimierung in dieser Zeit und Welt beiträgt.

Wenn somit eine bewaffnete Friedenssicherung auch im Licht des Evangeliums als letzte Notwehr gegen willkürliche Gewalt verantwortet werden kann, so bedeutet dies dennoch in keiner Weise einen beliebigen Freipaß zur Gewaltanwendung oder auch nur zur Rüstung. Vielmehr hat diese, um christlich ethisch verantwortet werden zu können, stets nachweislich unter dem Zeichen der Gewaltminimierung zu stehen. D.h. ihre abschreckende Wirkung darf nicht bei der Androhung der Zerstörung von Land und Leuten beim möglichen Gegner etwa durch Massenvernichtungswaffen (als sog. „de-terrence") ansetzen, sondern hat den „Preis" beim Eindringen in das eigene Territorium hochzuhalten (sog. Dissuasion). Dabei genügt es selbstverständlich nicht, daß eine solche Verteidigungspolitik einfach behauptet wird. Vielmehr gilt es in konkreten politischen Taten deren effektive Wirklichkeit unter Beweis zu stellen. Folgende Momente scheinen dabei als *ethische Kontrolle* von besonderer Bedeutung zu sein: Einmal müssen Polizei und Armeeführung strikt den zivilen demokratischen Behörden unterstellt bleiben, damit das erhebliche Machtpotential dieser Institutionen sich nicht eigenmächtig entfalten kann. Alsdann sind Abwehrdispositive und Bewaffnung stets neu darauf zu überprüfen, ob sie wirklich nur im Sinne der genannten Dissuasion eingesetzt werden können. Drittens ist darauf zu achten, daß die gesamte Politik in Wirtschaft, Sozialwesen, internationalen Beziehungen auf Friedenssicherung und -förderung angelegt ist und diese nicht nur der bewaffneten Macht anvertraut wird. Schließlich sollte jede Form militärischer Glorifizierung (Paraden, Ehrenformationen, Zapfenstreiche u.ä.) unterbleiben, da eine Armee in reiner Schutzfunktion nicht für das Gemeinwesen als repräsentativ vorgestellt werden darf.

Wo daher eine bewaffnete Verteidigung eines Gemeinwesens vorgesehen wird, hat die Sozialethik stets wachsam darauf zu achten, daß diese Kautelen eingehalten werden, um dann aber auch eine solche bewaffnete Schutzfunktion im Zeichen der Gewaltminimierung bejahen zu können.

Die Gewährleistung des Rechtsschutzes

Die Rechtssicherheit des einzelnen, die ihn vor der Willkür der Mächtigen schützen soll, gehört zu den ältesten menschenrechtlichen Forderungen überhaupt, ja schon der alttestamentliche Dekalog verurteilt das falsche Zeugnis vor Gericht als Bundesbruch und ächtet den ungerechten Richter. Die UNO-Menschenrechtscharta sichert im gleichen Sinn dem einzelnen seine Anerkennung als Rechtsperson und die Gleichheit vor dem Gesetz zu (Art. 6 u. 7) und will auch den Rechtsschutz für die hier festgelegten Grundrechte gewährleisten (Art. 8). Außerdem verbietet sie willkürliche Haft (Art. 9) und sichert jedem Angeklagten ein billiges und öffentliches Verfahren vor einem unabhängigen Gericht zu (Art. 10). Ebenso werden rückwirkende Gesetze und voreilige Schulderklärung als rechtswidrig (Art. 11) erklärt.

Ein Gemeinwesen, das diese Grundsätze hochhalten will, muß folglich dafür die nötigen Mittel bereitstellen und entsprechend für ein geachtetes *Gerichtswesen und eine Schutzpolizei* sorgen, weil andernfalls Femegerichte und Spontansanktionen wie z.B. Lynchjustiz Platz greifen und unter dem Anspruch Gerechtigkeit herzustellen zumeist noch größeres Unrecht bewirken. Wenn irgendein Belang des gesellschaftlichen Lebens somit nicht der privaten Organisation überlassen werden kann, so ist es dasjenige der Rechtssicherung. Denn hier wirken sich auch schon relativ geringfügige Eingriffe, etwa das Sammeln von Personalinformationen als Verunsicherung aus, was z.B. angesichts der Möglichkeiten der Computerspeicherung im Sinn des Rechtsschutzes auch nach gesetzlichen Maßnahmen zum Datenschutz ruft.

Klar geregelte, öffentliche Gerichte, die über eine ausreichende persönliche und fachliche Ausrüstung verfügen, um Rechtsfälle rasch zu erledigen, stellen daher ein grundlegendes politisch-ethisches Postulat dar, wobei das Tagen hinter „verschlossener Tür" nur für klar umschriebene Ausnahmen zugelassen werden darf und auch da, etwa durch die Zusammensetzung des Richterkollegiums eine Kontrolle gewährleistet sein muß. Öffentlich kontrollierbar muß aber nicht nur das Gericht, sondern das Strafrechtswesen überhaupt sein. Gesetzliche Sanktionen müssen klar umschrieben, Rechtsweg und Verteidigung auch dem Mittellosen zugesichert werden. Informelle Sanktionen (Ächtung in der öffentlichen Meinung, z. B. durch die Sensationslust des Publikums) gilt es zu minimalisieren.

Für die Durchsetzbarkeit von Rechtsschutz und innerer Sicherheit muß der Staat ferner auch über ausreichende Druckmittel verfügen. Diese sind zwar nicht als normales Instrumentar zu verstehen (dazu sollte die Autorität der von den Bürgern bejahten Ordnung und der von ihnen demokratisch bestellten Amtsträger ausreichen), sondern als letztes Mittel gegen den Rechtsbrecher, der seine Interessen auf Kosten anderer oder zumindest ohne jede Rücksicht durchzusetzen gewillt ist. Polizeilicher Schutz sollte daher nie präventiv eingesetzt werden, sondern erst dort, wo staatsbürgerliche Einsicht fehlt und der persönliche Schutz anders nicht mehr zu gewährleisten ist. Der Polizeistaat mag zwar einige Risiken ausschalten, er stellt aber das Gemeinwesen unter das Regime der Gewalt, was, wie gezeigt, der Menschlichkeit widerspricht. Entsprechend verlangt eine Ethik der Rechtssicherheit auch, daß Kompetenz und Eingriffsmöglichkeiten der Polizei klar und möglichst eng begrenzt sind, aber auch, daß diese Kompetenzen gegebenenfalls auch wirklich durchgesetzt werden, selbst wenn es staatszerstörerischen Elementen immer ein erstes Anliegen sein wird, den Polizeiapparat durch Verleumdung zu unterlaufen, wenigstens solange es nicht gelingt, ihn selber in die Hand zu bekommen. Schwäche ist in dieser Hinsicht fast, wie die Geschichte immer wieder lehrt, ebenso zerstörerisch wie volle Härte. Auch hier gilt somit die Forderung der möglichsten, aber effektiven Gewaltminimierung, die nur bei legal klarer Kompetenzumschreibung und unabhängiger Kontrolle durch die demokratische Meinungsbildung befriedigend zu gewährleisten ist und so sozialethisch auch zur Pflicht wird. Daß unter diesen Voraussetzungen die Folter unter keinen Umständen ein Mittel zur Durchsetzung von Recht und Ordnung darstellen kann, ist trotz aller gegenteiligen geschichtlichen Erfahrung ethisch eine Selbstverständlichkeit.

Neben diesem Schutz vor grobschlächtigen Übergriffen ohne jede

Rücksicht auf andere erfordert aber auch ganz allgemein das menschliche Zusammenleben gewisse Verhaltensregeln und Normen, deren Einhaltung jede Gesellschaft entsprechend durchsetzt, bzw. deren Verletzung sie durch *Sanktionen* ahndet. Dabei können solche Sanktionen informell über gewisse Formen der Ächtung bis zum Ausschluß aus der Gesellschaft gehen oder aber formell gesetzlich festgelegt sein. Da die informellen Formen leicht in emotional unkontrollierte Willkür umschlagen, ist jedoch eine gesetzliche Regelung durch ein allgemeines, öffentliches und von unabhängiger richterlicher Instanz gehandhabtes *Strafrecht* ohne Zweifel vorzuziehen. Nur darf dann ein solches Strafrecht zumindest unter christlichem Anspruch nicht im Sinn eines Sühnestrafrechtes verstanden werden, in welchem durch die von einem menschlichen Gericht auferlegte Strafe eine persönliche Sünde gesühnt würde. Obwohl der einzelne eine solche zivile Strafe persönlich als Sühne verstehen und daran zu einer inneren Umkehr wachsen kann, kann nicht dies der Zweck des öffentlichen Strafrechtes sein. Denn nicht weniger als der einzelne steht auch ein staatliches Gericht unter dem biblischen Anspruch, daß es dem Menschen nicht zusteht, über den Menschen zu richten.

Obwohl menschliche Gerichte seit jeher sich gern auch durch das äußere Auftreten von Richtern u. ä. zu sakralisieren versuchten und auch unter Christen die Meinung vertreten wurde, das menschliche Gericht hätte teil an Gottes Gericht und würde dieses sozusagen stellvertretend für ihn auf Erden verwalten, liegt darin menschliche Vermessenheit. Mit diesem kritischen Hinweis ist jedoch keine Ablehnung von Strafrecht und Gericht gemeint, sondern nur deren Beschränkung auf die Funktionen des Gemeinwohlschutzes. Konkret heißt dies, daß Strafe die Funktion des Schutzes unschuldiger Dritter, der Reedukation und Resozialisierung sowie in gewissem Maß des Ausgleichs (im Sinn eines erweiterten Schadenersatzes) hat. Darüber hinaus hat sie auch eine allerdings nicht zu überschätzende sittenbildende, präventive Funktion der Abschreckung, obwohl diese Funktion niemals das eigentliche Motiv für ein Strafmaß sein darf; denn damit würde ja ein einzelner Mensch, als welcher auch der Verbrecher unbedingt zu achten ist, als Mittel zur Volkserziehung gebraucht. Angesichts der Vorurteile, die in der Bevölkerung Strafgefangenen wie Maßnahmen zur Vermenschlichung des Strafvollzugs oft entgegengebracht werden, versteht es sich, wie wichtig diese Einsichten für ein wirklich menschliches politisches Ethos sind, hinsichtlich des überheblichen Anspruchs, daß man Sünder eben zu bestrafen habe, wie hinsichtlich der materiellen Zurückhaltung, die bei aller Bemühung zur Verbesserung des Strafvollzugs festzustellen ist.

Aus all diesen Überlegungen ergibt sich schließlich auch nochmals die schon erwähnte ethische Beurteilung der Todesstrafe: Als Sühnestrafe kann sie überhaupt nicht in Frage kommen; als irreversible Maßnahme kann sie aber auch hinsichtlich Reedukation oder Ausgleich keine Rolle spielen, und als Abschreckungsmittel ist sie ethisch gesehen nicht zu verantworten, weil dadurch das Leben eines Menschen als bloßes Mittel verzweckt würde. Damit liegt der einzige sittlich denkbare Berechtigungsgrund der Todesstrafe tatsächlich nur auf der Ebene des Lebensschutzes unschuldiger Dritter, wobei freilich auch da, wie oben schon dargelegt, mit größter Zurückhaltung vorzugehen ist, eine Zurückhaltung, wie sie nicht nur im Sinn des Lebensschutzes liegt, sondern auch wie sie in der Anwendung aller staatlichen Machtmittel als ethische Forderung deutlich geworden ist.

Die Bewahrung des ökologischen Gleichgewichts

Während in der vorindustriellen Zeit Umweltzerstörungen nur vereinzelt vorkamen, vor allem durch das unkontrollierte Abholzen von Wäldern, hat durch die Nutzung der Energieträger, vor allem von Kohle und Erdöl, die Luftverschmutzung sowie die Belastung der Gewässer durch Abfälle in einer Weise zugenommen, daß unrettbare Schädigungen von Umwelt und damit von Lebensqualität und Gesundheit zu befürchten sind. Einseitige landwirtschaftliche Nutzung von Böden und Übernutzung der Wälder mit nachfolgender Erosion, die in ihren Risiken noch nicht voll abschätzbare Nutzung der Atomkraft, die Gefährdungen durch nicht abbaubare Chemikalien sogar in den Bereichen von Pflanzenschutz und Hygiene kommen dazu. Zusammengenommen haben sie die ökologische Frage zu einem *ethischen Problem von für die Menschheit existentieller Bedeutung* werden lassen, das trotz seiner hohen Dringlichkeit aber keine einfachen und raschen Lösungen zuläßt.

Immerhin scheinen folgende Faktoren besonderer Beachtung zu bedürfen: Einmal erfolgt der Verbrauch von Ressourcen auf allen Ebenen höchst ungleich, indem die relativ wenigen hochentwickelten Gebiete der Erde, deren Bevölkerungsdichte sich zudem weitgehend stabilisiert hat, den prozentual weitaus höchsten Pro-Kopf-Anteil verbrauchen, während es anderswo am nötigsten, d.h. lebensnotwendigen fehlt. Damit kann zwar als wirklich allgemeines ethisches Postulat ein sorgfältiger, jede Verschwendung vermeidender Umgang mit allen Rohstoffen, vorab auch den Energieträgern festgehalten werden, nicht aber eine gleicherweise allgemeine Forderung nach Einsparungen vorab durch einen anderen, weniger aufwendigen Lebensstil, der sich hier fast ausschließlich an die Bevölkerung reicher Nationen, bzw. lokaler Oberschichten richtet. Dort aber sind dann aus ethischer Sicht trotz aller Schwierigkeit ihrer konkreten Durchsetzbarkeit gegebenenfalls auch Zwangsmaßnahmen keinesfalls auszuschließen, obwohl ethisch gesehen eine andere Einstellung im genannten Sinn von Askese und „neuem" Lebensstil natürlich wesentlich besser wäre.

Alsdann dürfte es, so sehr Vereinfachungen psychologisch verständlich sind, der sachlichen Komplexität der anstehenden Probleme keineswegs entsprechen, einen einzelnen Bereich als Schlüsselproblem allein ins Zentrum zu rücken, weil sich so die Belastungen zumeist nur verlagern. So könnte etwa die Zurückhaltung im Atomsektor weltweit leicht eine wohl noch gefährlichere Luftbelastung durch Wärmekraftwerke zeitigen, oder ein rascher Verzicht auf Agrochemie Hunger zur Folge haben, also Belastungen auslösen, deren Kosten dann wieder die benachteiligsten Teile der Weltbevölkerung zu tragen hätten.

Als *konkrete sozialethische Forderung* ergeben sich aus diesen Tatbeständen folgende Postulate:

Erstens ist die noch längst nicht ausreichende Bewußtseinsbildung hinsichtlich der ökologischen Probleme als Voraussetzung für die wirksame Durchsetzung konkreter Maßnahmen auf breiter Basis voranzutreiben. Zweitens sind alle Vorkehrungen zum sparsamen Umgang mit Rohstoffen möglichst weltweit zu fördern im Vermeiden von Verschwendung, hinsichtlich größtmöglicher Wiederverwertung („Recycling") wie im Abbau von unnötigem Verbrauch. Dazu dürften allerdings die Marktkräfte bzw. die durch Verteuerung eingeleitete Verbrauchsverminderung allein kaum ausreichen und politische Entscheide auf internationaler Ebene unerläßlich und dringend werden. Dies trotz aller besonders auch der nationalen Egoismen als sittliches Postulat herauszustellen, gehört damit zu den wesentlichen Aufgaben der Sozialethik. Drittens sind vor allem auf nationaler Ebene gesetzgeberische Maßnahmen vorzusehen, welche die Aufarbeitung von Umweltbelastungen nach dem Verursacherprinzip als soziale Kosten ohne Privilegierung den Produktionsbetrieben wie den privaten Verbrauchern direkt anlasten und zwar so, daß angesichts der Dringlichkeit der ökologischen Probleme andere, sozialethisch ebenfalls bedeutsame Werte wie Arbeitsbeschaffung, Erhaltung des Lebensstandards u.ä. in einer vernünftigen existentiellen Güterabwägung u. U. zurückgestellt werden können, bzw. kurzfristige Egoismen mit den dazugehörenden politischen Opportunismen auch angesichts einer betroffenen Wählerschaft nicht den Ausschlag geben dürfen. Selbstverantwortete Selbstbeschränkung oder aber, was angesichts der personalethischen Werte der Demokratie äußerst unerwünscht wäre, autoritäre Planung lautet wohl langfristig die unerwünschte Alternative, auf die eine verantwortungsbewußte Sozialethik nüchtern und in stetem interdisziplinärem Dialog mit den einschlägigen Sachwissenschaften wird hinweisen müssen.

Da die menschliche Ausbeutung sich aber keineswegs nur auf die unbelebte Natur beschränkt, sondern oft sogar skrupellos aus reinem Gewinnstreben, ja sogar aus bloßer Putzsucht ganze Tierarten gefährdet oder sie in tierquälerischer Haltung als Produktionsfaktoren oder als Versuchsmaterial für Experimente braucht, gehört zu einer ökologischen Verantwortung im weiteren Sinn auch die Sorge um einen angemessenen *Tier- und Pflanzenschutz*, der zwar nicht in falscher Romantik (und dann selten innerlich kohärent) jeden Einsatz von Tieren zum Nutzen der Menschen ablehnt, der lebenden Kreatur aber doch einen eigenen Anspruch auf größtmögliche Schonung zuerkennt. Ethisch bedingt dies dann im persönlichen Gebrauch den Verzicht auf gewisse Annehmlichkeiten, wie z.B. Pelzmäntel oder billige Produkte aus nicht tiergerechter Massenhaltung; es verlangt aber auch, besonders wo, wie etwa bei Experimenten mit Tieren, Übergriffe verdeckt erfolgen können, die Sensibilisierung der öffentlichen Meinung hinsichtlich einer u.U. auch durch gesetzliche Vorschriften verstärkten Ablehnung eines solchen Mangels an Achtung vor der Kreatur.

Die Gewährleistung von Bildung

Bildung ist für den in seinem Verhalten kaum instinktmäßig festgelegten Menschen zu seiner Selbstverwirklichung unerläßlich und entsprechend hat er auch einen menschenrechtlichen Anspruch darauf. In diesem Sinn fordert denn auch die UNO-Charta das grundsätzliche Recht auf Bildung in obligatorischen und unentgeltlichen Grund-, sowie in frei zugänglichen höheren Schulen und präzisiert anschließend: „Die Ausbildung soll die volle Entfaltung der menschlichen Persönlichkeit und die Stärkung der Achtung der Menschenrechte und Grundfreiheiten zum Ziel haben. Sie soll Verständnis, Duldsamkeit und Freundschaft zwischen allen Nationen und allen rassischen oder religiösen Gruppen fördern und die Tätigkeit der Vereinten Nationen zur Aufrechterhaltung des Friedens begünstigen", wobei den Eltern das Recht „die Art der ihren Kindern zuteil werdenden Bildung zu bestimmen" zukommt (Art. 26). Damit wird Bildung offensichtlich nicht bloß intellektuell oder handwerklich-technisch, sondern ganzmenschlich verstanden und eine konkret nicht näher umschriebene Zusammenarbeit von Elternhaus und der vom Gemeinwesen zu stellenden Schule gefordert. Jedenfalls aber ist damit im Sinn der allein menschenwürdigen Subsidiarität ein totalitärer Schulanspruch des Staates ebenso abgelehnt wie ein die privilegierten Schichten meist besonders begünstigendes und damit die Solidarität belastendes reines Privatschulsystem. Was angestrebt werden muß, sind daher den konkreten geschichtlich kulturellen Umständen angepaßte, irgendwie föderative Mischformen, die dann gerade auch die besonderen Bedürfnisse der Behinderten oder sonstwie Benachteiligten (Kinder aus Randregionen u. ä.) nicht vernachlässigen dürfen.

Ebensowenig darf aber hinsichtlich einer gesamtpersonalen Bildung ein von den staatlichen Behörden bis ins einzelne gehender Lehrplan strikt vorgeschrieben werden, noch können die Bildungsziele einfach dem freien Ermessen überlassen werden. Vielmehr sollten kulturell bedingte Rahmenordnungen als allgemeine Lehrpläne festgelegt werden, die einerseits das nötige Basiswissen umschreiben und andererseits der gesamtpersönlichen Bildung Raum schaffen. Da jedoch auch so noch große Möglichkeiten zu Bildungsmanipulation offen bleiben, ist außerdem auf eine öffentliche Bekanntmachung und Transparenz der Lehrpläne zu achten, damit die Möglichkeit zur Kritik vor allem seitens der betroffenen Eltern bleibt. Dies gilt in noch stärkerem Maß, wo es aus z. B. sozio-ökonomischen Gründen unumgänglich wird, daß die Lehrmittel ebenfalls vom Staat und damit notwendigerweise einheitlich herausgebracht werden und so trotz allenfalls bester Absicht einem Meinungspluralismus zu wenig Rechnung getragen wird, wie dies etwa auch für die im übrigen durchaus von humanitären Zielsetzungen geleitete Methode von P. Freire, der sogenannten „Conscienciacion", zur Alphabetisierung breiter Volksschichten in Entwicklungsländern zutrifft.

Was aber somit hinsichtlich Organisation und Inhalt für das Bildungswesen auf der Stufe der Schule, also des heranwachsenden Menschen aus sozialethischer Sicht festgehalten werden muß, gilt in angepaßter Weise für alle Formen der Bildung, auch für die in den modernen sehr mobilen Gesellschaften zunehmend unerläßliche Fort- und Weiterbildung: Gegen die vor allem in totalitären Einheitsstaaten festzustellende Tendenz zu einer völligen Vereinnahmung des gesamten Bildungswesens ist aus der Sicht einer personalen Sozialethik selbst dann entgegenzutreten, wenn sie behauptet, im Dienst christlicher Werte zu stehen, und zwar weil sie entgegen allen Prinzipien der Subsidiarität und Toleranz das erste Recht der Person selber, bzw. der erstverantwortlichen Eltern zu wenig achtet und für eine angemessene Berücksichtigung der Bedürfnisse des Gemeinwohls die genannten Rahmenbedingungen durchaus genügen würden.

Nimmt man nach diesen Überlegungen zu einzelnen Feldern der politisch gesellschaftlichen Gestaltung des Gemeinwesens die grundlegenden Erkenntnisse nochmals zusammen, so ergibt sich, daß diese Gestaltung immer wieder in der Suche nach dem Gleichgewicht zwischen Subsidiarität und Solidarität, zwischen dem persönlichen Entfaltungsanspruch des einzelnen und dem Gemeinwohl aller steht. So entstehen menschenrechtlich begründete Ansprüche an das Gemeinwesen, die dieses angemessen und das heißt nie totalitär und unkontrolliert wahrzunehmen hat. Dies aber bedingt stets und zugleich, daß die politische Verantwortlichkeit dafür nicht auf die „Politiker", d.h. auf die Machtträger abgeschoben werden kann, sondern wesentlich von den einzelnen mitgetragen werden muß, was entsprechende sozialethische Ansprüche an ihn ebenfalls mitbedingt.

III. Ansprüche an den einzelnen – die „bürgerlichen Tugenden"

Die bisherigen Überlegungen zu einer politischen Ethik beschäftigten sich vor allem mit gesellschaftlichen Gruppierungen und Zielsetzungen, um sie in einer Zusammenschau der Interessen in die Gesamtordnung der Menschheitsgesellschaft einzuordnen. Nur gelegentlich konnte darauf hingewiesen werden, wie solche politischen Ordnungen das Ergebnis von Entscheidungen einzelner sind, sei es, daß sie als politische Führerpersönlichkeiten direkt auf das politische Geschehen Einfluß nehmen, sei es aber vor allem, daß sie über Wahlen und Abstimmungen oder ganz einfach als Mitträger der öffentlichen Meinung den politischen Entscheidungsrahmen mitbestimmen. Während sich für den direkten politischen Entscheid die Rahmenbedingungen durch die sozialethischen Gemeinwohlprinzipien als organisatorische Richtlinien und die Menschenrechte als inhaltliche Weisungen einigermaßen abstecken lassen, sind es im allgemeinen demokratisch-politischen Bereich vor allem Haltungen und Einstellungen, die sich prägend, d.h. verhindernd oder fördernd auswirken. Obwohl der Ausdruck der „bürgerlichen Tugenden" heute abgegriffen tönt, gibt es doch eine ganze Reihe solcher Einstellungen, die für ein geregeltes Zusammenleben im Gemeinwesen besonders wichtig sind und daher – hier verknüpft sich die Sozialethik mit der Individualethik – eine vollmenschliche Persönlichkeitsbildung auszeichnen sollten.

1. Toleranz

Einer christlichen Ethik müßte vom Evangelium her, welches das Unkraut auszureißen verbietet, weil man so leicht auch die guten Sprößlinge mit ausreißen könnte, ja welches sogar verbietet, das geknickte Rohr noch ganz zu brechen, Toleranz als mitmenschliche Haltung eigentlich selbstverständlich sein. Trotzdem haben sich die Christen und ihre Kirchen in einem verbissenen Einheitsabsolutismus z. T. bis in die Neuzeit dem Gedanken von Toleranz und Gewissensfreiheit entgegengestellt, wie es denn überhaupt eine seltsame, aber z. B. in den vielen Religionskriegen aller Jahrhunderte immer wieder zu beobachtende Erscheinung ist, daß Menschen in ihren innersten und heiligsten Überzeugungen eng und intolerant werden. Besonders bedenklich aber wird eine solche fanatische Verhärtung der eigenen Überzeugung, wenn sie eine Religion betrifft, deren Grundeigenheit mitmenschliche Liebe und damit auch umfassende Toleranz ist.

Da solche Toleranz im gegenseitigen Verhältnis zwischen Juden und Griechen schon den ersten Christen nicht leicht fiel, gilt es als erstes, diese Nähe auch der Liebesreligion zur Selbstherrlichkeit für sich als einzelnen wie für die kirchliche Gemeinschaft ehrlich einzugestehen. Als zweites ist sodann Toleranz als ethischer Auftrag anzuerkennen, der zunächst den einzelnen betrifft, insofern er persönliche Interessen und Vorlieben zurückzustellen lernen muß, dann aber auch vor allem kleinere und größere Gruppen von Gleichgesinnten in Pflicht nimmt, insofern diese ein Anrecht auf ihre Meinung, nicht aber auf deren Ausschließlichkeit haben. Ein besonderer Dienst an der Toleranz, also an der Einheit in der Vielfalt kommt schließlich all jenen zu, die Führungsverantwortung in einer Gemeinschaft zu tragen haben und diese nach dem Grundsatz des großen Bischofs und Kirchenlehrers Augustinus: „Im Notwendigen Einheit, wo man noch zweifeln kann, Freiheit, in allem aber Liebe“ wahrzunehmen hätten.

Dieser Grundsatz muß aber über den religiösen Bereich hinaus auch das allgemeine gesellschaftliche Zusammenleben prägen, wo die Pluralität, gerade auch in weltanschaulicher Hinsicht besonders groß ist und eine Vielfalt von Meinungen und Interessen doch einen echten Vorteil darstellt, weil sie Einseitigkeiten verhindern und Auswüchse beschneiden hilft. Von solcher Toleranz gegenüber politischen Zielvorstellungen dispensiert damit weder ehrliche Absicht, noch vermeintlich richtigere Erkenntnisse von Sachzusammenhängen, noch besonderes Engagement; Verunglimpfungen und Verdächtigungen verraten im Gegenteil nicht nur einen schlechten politischen Stil, sondern meist auch einen mehr oder weniger latenten Hang zum Totalitarismus, vor welchem kaum rechtzeitig genug gewarnt werden kann. Denn selbst wenn Toleranz gelegentlich eher den bestehenden Strukturen zu nützen scheint und allenfalls Neuerungen sogar verzögert, weil man sich dazu ja die Zustimmung wenigstens einer Mehrheit erwerben muß, so ist doch die Intoleranz, ob christlich, marxistisch oder liberalistisch motiviert, in jedem Fall der Beginn von Herrschaft ohne Kritikmöglichkeit, also von Totalitarismus.

Konkreter auf den Bereich des politischen Entscheidungsfindungsprozesses angewandt, bedeutet Toleranz dann vor allem Bereitschaft zum Kompromiß, in welchem zwar nicht das als Ideal angesehene eigene Beste, wohl aber das im Interessenkonflikt Bestmögliche verwirklicht wird. Trotz dieser Einschränkung ist der Kompromiß als erster Schritt zur besseren und von allen unterstützten Lösung immer noch besser als eine durch Macht auferlegte Ideallösung. Entsprechend gehört dann zu solcher Toleranz und Kompromißbereitschaft auch die Bereitschaft zu einer zwischenmenschlichen Partnerschaft, die versucht, Interessengegensätze möglichst nicht in harter Auseinandersetzung von Machtpositionen durchzufechten, sondern in Verhandlungen zu für alle tragbaren Abmachungen zu kommen. Dies setzt allerdings voraus, daß man nicht nur die gegenseitigen Unterschiede kennt und sie als berechtigte anerkennt, sondern auch, daß man der Überzeugung ist, daß über alle Gegensätze hinaus die gemeinsamen Interessen größer sind und Kampfmaßnahmen beiden Teilen nur Schaden zufügen würden, bzw. Toleranz und Partnerschaft allen menschlich zum Nutzen gereichen.

2. *Dienstbereitschaft*

Ähnlich wie die Toleranz gehört als soziale Haltung auch die Dienstbereitschaft dem Gemeinwesen gegenüber zu den sozialethischen Grundhaltungen des in seinem ganzen Wesen gemeinschaftsbezogenen Menschen. Dennoch treibt die unüberschaubare moderne Gesellschaft, in der man zwar über die Massenmedien eine bisher nie erreichte Fülle von Information vermittelt erhält, aber dadurch die Transparenz des Ganzen erst recht zu verlieren droht, viele Menschen in den engen Raum der eigenen Privatheit. Selbst wo die politischen Möglichkeiten zur Mitgestaltung groß sind, wie etwa in direkten Demokratien, nimmt, wie die Zahlen der Stimm- und Wahlbeteiligungen deutlich machen, die Tendenz zu solcher Privatisierung zu; dies gilt umso mehr, wenn der Eindruck entsteht, daß der eigene Beitrag nur Fassade sei, während die eigentlichen Entscheidungen längst schon im kleinen Gremium der Mächtigen gefällt worden seien und diese Mächtigen nicht einmal im Feld der öffentlichen Politik, sondern im Hintergrund von Verwaltungsräten multinationaler Konzerne, Versicherungen oder Verwaltungen gesucht werden müßten, wo sie aber nie eigentlich greifbar würden. So berechtigt vieles an diesen Einwänden sein mag, ethisch-politisch ist der daraus gefolgerte Rückzug in die Privatheit trotzdem nicht bloß unklug, sondern falsch. Denn einmal ist kein Netz politischer Entscheidungen selbst in totalitären Staaten je so fein, daß nicht ein sorgfältiges Bemühen um Information Zusammenhänge und Grenzen erkenntlich werden ließe und so auch Möglichkeiten zur Einflußnahme erschlösse. Vor allem aber bedingt die Tatsache wesentlicher sozialer Abhängigkeit des Menschen stets neu die ethische Verpflichtung zum Dienst an der Gemeinschaft, nicht zuletzt, weil der unkritisch-bequeme Rückzug in die Privatheit unkontrolliertem Machtstreben Tür und Tor öffnet. Seit jeher ist politisches Desinteresse der beste Nährboden für Diktaturen und entsprechend sozialethisch unverantwortlich.

Interesse am öffentlichen Leben, Information mit entsprechendem Aufwand an Zeit und Energie gehören so neben der Toleranz zu den unerläßlichen politischen Einstellungen. Aus ihnen muß sich dann jene Dienstbereitschaft nähren, die bereit ist, gelegentlich auf eigenen Nutzen und auf gewisse Bequemlichkeiten zugunsten eines größeren Ganzen zu verzichten nach dem Prinzip, daß „Gemeinnutz vor Eigennutz“ geht und der Einsatz in der Öffentlichkeit wirklich und gerade auch im christlichen Sinn Dienst ist und nicht bloß Teil der eigenen Karriere in Selbstbestätigung, Einfluß oder Macht. Ob dann ein solcher Dienst eher in Teilbereichen (Verbänden, Gemeinden, Kirchen) oder in den größeren Zusammenhängen von politischen Parteien oder dem Staat erfolgt, ist weniger bedeutsam als das ethische Bewußtsein einer Verantwortlichkeit für das Gemeinwesen nach Maßgabe der eigenen Fähigkeiten und Möglichkeiten. Was sozialethisch also gefordert ist, ist weniger diese oder jene aktive Tätigkeit, sondern eine politische Haltung engagierter Verantwortlichkeit, die nicht gleich nach Profit und direktem Nutzen fragt. Wie sehr gerade unter Christen eine solche Haltung es verdiente, gepflegt zu werden, versteht sich selbst dann, wenn aus den kleinen neutestamentlichen Gemeinden dafür wenig konkrete Verhaltensmodelle vorliegen. Denn es geht um eine Grundhaltung sozialer Verantwortung und Dienstbereitschaft, die es zu pflegen gilt, nicht nur bei Eliten, sondern entsprechend dem demokratischen Selbstverständnis bei jedem Glied des Gemeinwesens.

3. Kritische Weltoffenheit

Eng mit solcher Dienstbereitschaft und der dazu vorausgesetzten Informiertheit verbunden ist eine weitere politisch-ethische Grundhaltung, die man am besten mit dem Stichwort einer kritischen und unbegrenzten Weltoffenheit und -verantwortung umschreibt. Gemeint ist damit zunächst ein waches Interesse an den politischen Belangen und Zusammenhängen, in welchen wir weltweit leben und von denen jeder, zumindest wirtschaftlich abhängt. Nur geht es dann nicht nur um eine Kenntnisnahme, sondern um ein „interessiertes Interesse“, das Werte kritisch wahrzunehmen gewillt ist und zwar nicht nur, um sie tolerant gelten, sondern um sich von ihnen auch selber in Frage stellen zu lassen. Solche Weltoffenheit meint somit stets auch Bereitschaft zu Selbstkritik, als Frage nach verkappten, längst etablierten Privilegien und entsprechenden Ungerechtigkeiten, eine Bereitschaft, die sich vom leichten Argument des „wo käme man hin, wenn …“ und „Das war schon immer so“ nicht blenden läßt, sondern mutig nach der stets möglichen Verbesserung im menschlichen Sinn zu fragen wagt, selbst dann, wenn solche Kritik auf Reserve und Ablehnung stößt. Dabei wird der Christ unter der Dynamik und Fantasie des Liebesgebotes sogar ein besonders waches Auge für solche weltoffene Kritik haben müssen, nicht zuletzt, weil ihm von seinem Glauben her die Sorge um die irgendwie Benachteiligten in ganz besonderer Weise aufgetragen ist. Auch wird gerade er in Rechnung zu stellen haben, daß solcher Einsatz nicht mit Ruhm und Anerkennung wird rechnen können. Vielmehr steht er im Zeichen der Entäußerung und der Kreuzesnachfolge; d.h. er wirkt wie der Sauerteig im Verborgenen, ohne innerweltlich besondere Erfolge nachweisen zu können und doch unter dem Anspruch der Geduld im neutestamentlichen Sinn eines beharrlichen Durchhaltens trotz aller Widerwärtigkeiten.

Solche kritische Weltoffenheit kann sich dann aber auch nicht einfach am Bestehenden oder legalistisch an vorliegenden Normen orientieren. Ebensowenig darf sie jedoch Sachstrukturen in Sachzwängen wie in Normierungen einfach übergehen. Vielmehr muß sie sich an einer politischen Klugheit messen lassen, die über diplomatisches Geschick und politisches Flair hinaus jene Koordinationsfähigkeit bezeichnet, die bestehende Strukturen mit innovativen Möglichkeiten zu verbinden weiß und zugleich den Mut zur konkreten politischen Initiative aufbringt, flexibel im einzelnen aber sicher in den menschlichen Zielsetzungen. In diesem Sinn wurde „Klugheit" in der mittelalterlichen Ethik als „auriga virtutum" bezeichnet, als ein Wagenlenker, der alle wertvollen Eigenschaften einer menschlichen Persönlichkeit auf ein Ziel hin zu koordinieren und zu aktivieren versteht. Tatsächlich hat sie Risikofreude mit Kritik, Initiative mit beharrlicher Geduld, Zivilcourage mit sachlicher Umsicht zu koordinieren. Wenn Klugheit damals dennoch nicht nur als eine natürliche und geistgewirkte Begabung, sondern auch als eine „erworbene Tugend" betrachtet wurde, so zeigt dies, daß es um eine Fähigkeit geht, die auch gelernt und eingeübt werden muß. Dies gilt heute nicht weniger, nur kann sie sich heute ebensowenig wie andere politische Eigenschaften auf eine Elite von führenden Persönlichkeiten beschränken, sondern muß jeden erfassen: Manipulation durch wirtschaftliche und politische Propaganda oder verantwortliche, aktive Eigenbestimmung lautet hier mehr denn je die Alternative, und eine menschliche Gestaltung der Welt hängt wesentlich davon ab, ob hier die Weichen richtig gestellt werden.

Zu solcher Klugheit gehört ferner, wie ebenfalls die antike Ethik schon hervorhob, die sog. Tugend des Maßes, die letztlich in der menschlichen Einsicht seiner eigenen Endlichkeit gründet und darum weiß, daß der Mensch „nicht alles darf, was er kann".

So eindrücklich diese ethische Erkenntnis hinsichtlich jeder frevelhaften Hybris schon damals dargestellt wurde (etwa hinsichtlich des Verwandtenmordes zur Beförderung der eigenen Karriere), so erhält sie wohl doch erst heute mit den durch die Technik erschlossenen praktisch grenzenlosen Möglichkeiten ihre eigentliche Tragweite. Wo der Mensch nicht nur durch sein Waffenpotential, sondern auch durch seinen Komfort-Konsum sich selber zu zerstören fähig ist, wird Maß und damit Verzicht wie unter den Stichworten von Askese, Ökologie u. ä. schon betont, zum Gebot der Stunde. Denn die Erfahrungen mit der Energie-, Nahrungs- und Raumverknappung, die Exzesse in Medizin und Verkehr usw. deuten alle in die gleiche Richtung einer dringenden, lebensnotwendigen Forderung nach Beschränkung und entsprechendem Konsumverzicht, der, wenn er nicht aus freier Einsicht gestaltet wird, nur allzu bald in einen politischen Sachzwang und von dort in die verschiedensten Formen des direkten, gewaltsamen Verzichtzwanges, bzw. der Unterdrückung umschlagen könnte. Entsprechend gehört die Verzichtbereitschaft zu jenen unerläßlichen politisch-ethischen Einstellungen des einzelnen, die gerade heute unumgänglich sind.

Toleranz, politische Dienstbereitschaft, kritische Weltoffenheit verbunden mit Klugheit und Verzichtbereitschaft sind somit wesentliche Eigenschaften, die den Menschen auszeichnen müßten, wenn er, wie es seinem personalen, also eigenverantwortlichen Wesen entspricht, gesellschaftsgestaltend, also politisch aktiv werden soll. Auf die Notwendigkeit ihrer Bildung und Pflege hat eine politische Ethik deshalb ebenso hinzuweisen, wie auf die Pflichten, die dem einzelnen aus der Tatsache seines Lebens in der Gemeinschaft eines Staates erwachsen und daher seine Bereitschaft zur Mitverantwortung fordern.

4. Bereitschaft zur Mitverantwortung

Die Tatsache der völligen Abhängigkeit des einzelnen von der Gemeinschaft verpflichtet diesen gerechterweise ebenfalls, seinen Beitrag zum Gemeinwohl zu leisten. Das sog. „Gemeinwerk" oder der Frondienst früherer Jahrhunderte brachte dies sichtbar zum Ausdruck. Denn nur aus gemeinsamem, kombiniertem Einsatz ließen sich Werke wie Straßen, Kirchen, Befestigungen usw. verwirklichen. Eine komplexere Gesellschaft kann aber in ihrem vielfältigen Austausch von Waren und Dienstleistungen mit so einfachen Strukturen ihre sozialen Aufgaben nicht mehr wahrnehmen. Deshalb ist sie darauf angewiesen, die Organisation durch einen eigenen Dienstleistungssektor mit entsprechenden Spezialisten und mit einer eigenen Verwaltung wahrzunehmen und deren Kosten über Steuern zu decken. Entsprechend sind Steuern, die zur Aufrechterhaltung solcher für das Gemeinwohl unerläßlicher materieller wie sozialer Infrastrukturen und Organisationsinstitutionen dienen, ebenfalls ein Beitrag zur Erhaltung dieses Gemeinwohls; ihre Entrichtung ist entsprechend verpflichtend. Steuern dienen somit nicht einfach der Erhaltung des Staates und seiner Machthaber als einer fremden und äußerlichen Autorität, sondern dem von allen zu tragenden Gemeinwesen.

Wo Steuern dagegen nur unkontrollierte Abgaben an Behörden sind, bleiben sie zwar hinsichtlich einer gewissen Ordnung irgendwie sinnvoll; in sich aber sind sie sittlich sehr fragwürdig. Entsprechend darf dann eine Sozialethik auch nicht, wie es in der klassischen Kasuistik nur zu oft geschah, von einer solchen letztlich absolutistischen Staatsform und ihrem Steuersystem her denken, wo Steuern zum vornherein als übersetzt und willkürlich, wenn auch als teilweise nötig gelten und daher keine innere Verpflichtung darstellen. Vielmehr ist davon auszugehen, daß in einem demokratisch organisierten Gemeinwesen die Steuern von legitim gewählten Volksvertretern im Interesse des Ganzen festgelegt werden und ihre Erhebung wie ihre Verwendung ebenfalls unter demokratischer Kontrolle erfolgt, daß also Mängel prinzipiell korrigierbar sind und entsprechend die Entrichtung von Steuern eine sittliche Pflicht bzw. ihre Hinterziehung eine Schädigung am Gemeinwohl darstellt. Da diese Schädigung meist auf Kosten der wirtschaftlich Schwächeren geht, ist sie noch zusätzlich unsittlich.

Ausgehend von diesem Grundsatz muß dann wiederum nach den Grundsätzen von Solidarität und Subsidiarität stets neu überlegt werden, welche sozialen Aufgaben der privaten Initiative oder der freien Gemeinnützigkeit überlassen bleiben können und welche sinnvollerweise vom Staat übernommen und damit aus Steuermitteln finanziert werden sollten. Auch wenn sich bei dieser Übertragung von Aufgaben an den Staat aus allen bisherigen Überlegungen eine gewisse Zurückhaltung aufdrängt, bleibt in den modernen komplexen Gesellschaften doch eine erhebliche Zahl von Dienstleistungen, vor allem auch im Bereich des sozialen Ausgleichs, die nur über die staatlichen Institutionen wahrgenommen werden können und für die daher die entsprechenden Mittel bereitgestellt werden müssen. Die Steuerpflicht erweist sich so als strikte Forderung der allgemeinen Gerechtigkeit, wobei nicht übersehen werden darf, daß solche allgemeine Gerechtigkeit nie jeden konkreten Härtefall zu erfassen und zu beheben vermag und die zwischenmenschlichen Verpflichtungen zur gegenseitigen Hilfe keinesfalls einfach durch die Erfüllung der Steuerpflicht abgegolten werden können.

Auch steht mit diesem Hinweis noch nicht fest, wie solche gerechterweise erhobenen Steuern auf die einzelnen Glieder einer Gesellschaft verteilt werden sollen. Gerade das sittliche Bemühen um die Gerechtigkeit von Steuern ruft nach einer entsprechenden Verteilgerechtigkeit, für welche verschiedene Formen sich anbieten, unter denen freilich einige, besonders wenn sie ausschließlich zum Tragen kommen, leicht Ungerechtigkeiten nach sich ziehen können. So ist etwa eine sog. Kopfsteuer, die von jedem gleichviel verlangt und damit für Menschen sehr unterschiedlicher wirtschaftlicher Stärke überhaupt keine Unterschiede macht, nur unter weitgehend Gleichen (etwa für Vereinsmitglieder an deren Zentralverband) wegen ihrer einfachen Handhabung angängig, aber schon als pauschale Minimalsteuer wird sie fragwürdig, genauso wie eine egalitäre Konsumsteuer, die als indirekte Abgabe den weniger Bemittelten stärker trifft als den Begüterten, es wäre denn, Basisgüter würden weniger, Luxusgüter mehr besteuert. Ähnlich ungleich treffen ferner Steuergesetze, die nur entweder Vermögen und Besitz oder nur das wirkliche Einkommen besteuern, oder die dies mit stets gleichem Anteil, also ohne sog. „Progression“ tun, weil den Schwächeren der gleiche prozentuale Steueranteil an seinem Einkommen noch immer härter trifft als den wirtschaftlich Stärkeren. Aus solchen Überlegungen ergibt sich, daß für die Festsetzung und Erhebung von Steuern nur ein Mischsystem einen gerechten Ausgleich zu gewährleisten vermag, wobei gleichzeitig stets auch die Möglichkeit zu beachten ist, daß soziale Verschiebungen ein ehemals gerechtes System später als untauglich, ja ungerecht erweisen können und somit Steuersysteme wie alle positiven Gesetze stets zeitbedingt und überprüfungsbedürftig sind.

Auf einer völlig anderen Ebene als derjenigen der Steuergerechtigkeit liegt dagegen ein Steuerausgleich, wenn das Steuersystem nicht nur zur gerechten Mittelbeschaffung für den Staat dient, sondern zugleich einer Umverteilung der Vermögen zu dienen hat. Was für einzelne Fiskalabgaben auf Erbschaften oder Luxusgütern als Ausgleichsmaßnahme sinnvoll ist, kann nicht zugleich vom Steuersystem als ganzem auf einmal geleistet werden. Denn neben der fast unvermeidbaren Folge, daß so der Staat in der straffen und sinnvollen Verwendung seiner Mittel zu wenig kontrolliert wird, führt ein solches System auch leicht zur Abschreckung von Leistung, wodurch das Gemeinwesen letztlich sogar Schaden zu nehmen droht. In ähnlicher Weise erklärt sich auch, wie das planwirtschaftlich-sozialistische System des Staatskapitalismus, wo der Staat als alleiniger Unternehmer seine Bedürfnisse direkt an der Quelle deckt, den Besitz an Vermögen weitgehend über die Verwaltung bewirtschaftet und Planlöhne zahlt, zu einem unkontrollierten Monopol führt, dessen wirtschaftliche Effizienz bei großer und weitgehend unkontrollierter Machtkonzentration in einer Zentralverwaltung gering ist. Aus all diesen Überlegungen ergibt sich somit klar, daß in Ergänzung zur Verpflichtung zum persönlichen und materiellen Beitrag an das Funktionieren des Gemeinwesens mittels der Steuern auch die zusätzliche politisch-ethische Aufgabe der kritischen Auseinandersetzung mit den konkreten Steuersystemen unter dem Gesichtspunkt einer flexiblen ausgleichenden Gerechtigkeit sozialethisch zu beachten ist.

Neben diese ethische Verpflichtung mittels finanziellem Beitrag das Gemeinwesen zu erhalten, können außerdem je nach Umständen noch Forderungen zu weiteren Dienstleistungen am Gemeinwesen treten. So wird etwa dessen Sicherung gegen einen äußeren Angriff im genannten Sinn einer auf Gewaltminimierung bedachten Landesverteidigung zwar auch einem Berufsheer anvertraut werden können, aus verschiedenen Gründen aber, vor allem auch zur Verhinderung unerwünschter Machtkonzentrationen, mit Vorteil durch eine allgemeine Wehrpflicht wenigstens gewisser Teile einer Bevölkerung abzudecken sein. So sehr dabei eine staatliche Gemeinschaft gut daran tun wird, gegenteilige Gewissensentscheide einzelner auch dann zu achten, wenn die Landesverteidigung ethischer Kritik durchaus standhält, so handelt es sich hier doch um eine echte sozialethische Verpflichtung der Gemeinschaft gegenüber, wie sie ähnlich in kleineren Gemeinwesen etwa für die Feuerwehr u. ä. dem einzelnen ebenfalls abverlangt wird.

Schließlich erwachsen dem einzelnen aber vor allem auch hinsichtlich der menschenrechtlichen Forderung nach demokratischer Mitgestaltung am Gemeinwesen sozialethische Verpflichtungen und zwar zunächst hinsichtlich des aktiven Wahlrechts als der Pflicht zur Teilnahme, außer wenn aus persönlicher Abwägung fallweise gute Gründe dagegen sprechen. Obwohl ein eigentlicher, gesetzlicher Zwang zur Beteiligung als dem Gedanken der Demokratie zuwiderlaufend kaum als wünschbar erscheint, widerspricht eine Abstinenz aus Bequemlichkeit oder gar Opportunismus doch klar dem sozialethischen Anspruch und zerstört langfristig durch so entstehende Machtverschiebungen sogar die Demokratie, welche wesentlich auf der Beteiligung aller aufbaut. Da zudem zweitens jede Gemeinschaft Führungskräfte und Funktionäre braucht, gehört es ebenso zur staatsbürgerlichen Pflicht jedes Bürgers, sich der Frage zu stellen, ob nicht nach Fähigkeit und Bedürfnis seine persönliche Verfügbarkeit für ein Amt geboten sein könnte, dies selbst dann, wenn die Funktion weder dem persönlichen Prestige noch materiellen Ambitionen entgegenkommt. Daß dann das Amt nicht als Machtposition, sondern als Dienst am sozialen Ganzen verstanden werden muß, versteht sich nach allen bisherigen Ausführungen und vollends in einem christlichen Horizont, wo jede Herrschaft zuerst und vor allem Dienst zu sein hat, eigentlich von selbst.

Da schließlich drittens in der komplexen modernen Gesellschaft der einzelne leicht den Überblick über die sozialen Zusammenhänge verliert und sich von da aus in die politische Abstinenz, in die Resignation oder gar in die unkontrollierte Auflehnung zurückzieht, gehören aktives persönliches Engagement, vor allem aber auch ein Bemühen um Information und politische Bildung wesentlich zu den politischen Bürgerpflichten des modernen Menschen. Mitdenken und Mitreden, um mitbestimmen zu können, ist eine Devise, die zwar nicht bequem, aber für das Überleben der Demokratie unerläßlich ist. Sonst wird die demokratische Form rasch zur bloßen Fassade, hinter welcher totalitäre Oligarchien zu herrschen beginnen können, ohne kontrolliert zu sein, was stets auch die sozial-ethische Dimension der personalen Partnerschaft im Gemeinwesen gefährdet.

Zusammengenommen bedeuten so diese Pflichten des einzelnen dem Gemeinwesen gegenüber das sozialethische Gegenstück zu den Ansprüchen, die aus der Sicht der größtmöglichen personalen Entfaltung von einzelnen an das Gemeinwesen gestellt werden, wobei beide Sichten sich wesentlich ergänzen und nur so Menschlichkeit im vollen Sinn garantiert wird – jene Menschlichkeit, der durch ihre reflektierende Klärung zu dienen, Zweck jeder ethischen Überlegung ist.

Weiterführende Literatur

Die notwendigerweise unvollständige Auswahl der hier aufgeführten Bücher (Artikel in Zeitschriften, Sammelwerken und Festschriften werden, da nicht so leicht greifbar, nicht eigens genannt) soll einen Überblick über die aktuelle moraltheologische Forschung in den einzelnen angesprochenen Problemkreisen bieten und damit den Einstieg in ein vertiefendes Studium ermöglichen. Gleichzeitig sind die einzelnen Bücher zusammen mit den dort jeweils angeführten, ausführlichen Literaturverzeichnissen Hinweis auf die unseren Darlegungen zugrunde liegenden Quellen, wobei fremdsprachige Werke hier nicht eigens genannt werden und die Tatsache, daß ein Werk hier aufgeführt ist, Meinungsverschiedenheiten nicht ausschließt.

Allgemeine Übersichten

Handbücher und Nachschlagewerke

B. Häring, Frei in Christus. Moraltheologie für die Praxis christlichen Lebens, 3 Bde., Freiburg i. Br. 1979–1981.

A. Hertz, W. Korff, T. Rendtorff, H. Ringeling (Hrsg.), Handbuch der christlichen Ethik, 3 Bde., Freiburg i. Br., 1978–1982.

K. Hörmann (Hrsg.), Lexikon der christlichen Moral, Innsbruck 1976 (2).

A. Klose, W. Mantl, V. Zsifkovits (Hrsg.), Katholisches Soziallexikon, Innsbruck/Graz 1980 (2).

W. Kreck, Grundfragen christlicher Ethik, München 1975.

T. Rendtorff, Ethik – Grundelemente, Methodologie und Konkretionen einer ethischen Theologie, 2 Bde., Stuttgart 1980/81.

T. Schober, M. Honecker, H. Dalhaus (Hrsg.), Evangelisches Soziallexikon, Stuttgart 1980 (7).

B. Stoeckle (Hrsg.), Wörterbuch christlicher Ethik, Freiburg i. Br. 1975.

H. Thielicke, Theologische Ethik, 3 Bde., Tübingen 1965–1968.

Fundamental – Moraltheologie

F. Böckle, Fundamentalmoral, München 1977.
F. Furger, Anspruch Christi und Handeln des Menschen, Freiburg i. Ue. 1972.
ders., Sittliche Praxis, Augsburg 1973.
ders., Was Ethik begründet, Zürich 1984.
H. Rotter, Grundgebot Liebe, Innsbruck 1983.
A. K. Ruf, Grundkurs Moraltheologie, 2 Bde., Freiburg i. Br. 1975/77.

Dekalog

A. Exeler, In Gottes Freiheit leben. Die Zehn Gebote, Freiburg i. Br. 1981.
F. Furger, Die Zehn Gebote, Freiburg i. Ue. 1983.
M. Limbeck, Aus Liebe zum Leben. Die Zehn Gebote als Weisungen für heute, Stuttgart 1981.
J. M. Lochman, Wegweisung der Freiheit, Abriß der Ethik in der Perspektive der Freiheit, Gütersloh 1979.
O. H. Pesch, Die Zehn Gebote, Mainz 1976.

Teil A: Der individuelle Lebensbereich

I. Verantwortung für die eigene Persönlichkeit

Körperlichkeit: Gesundheit – Krankheit – Sterben

C. Bruaire, Medizin und Ethik. Von der ärztlichen Verantwortung zur moralischen Verpflichtung, Düsseldorf 1982.
A. Deeken, Altsein ist lernbar, Kevelaer 1973 (3).
U. Eibach, Medizin und Menschenwürde. Ethische Probleme der Medizin aus christlicher Sicht, Wuppertal 1976.
V. Eid/P. Becker (Hrsg.), Begleitung von Schwerkranken und Sterbenden, Mainz 1984.
I. Illich, Die Enteignung der Gesundheit. Medical Nemesis, Hamburg 1975.
P. Jakobi / H. E. Rösch (Hrsg.), Christliche Perspektiven im Sport, 6 Bde., Mainz 1977–1982.
E. Kübler-Ross, Was können wir noch tun?, Stuttgart 1974.
H. Schaefer (Hrsg.), Der gesunde kranke Mensch, Düsseldorf 1980.
P. Sporken, Die Sorge um den kranken Menschen, Düsseldorf 1977.
ders., Hast du denn bejaht, daß ich sterben muß?, Düsseldorf 1981.
P. Sporken / C. M. Genewein, Mensch sein – Mensch bleiben im Krankenhaus, Düsseldorf 1979.
P. Sporken (Hrsg.), Was Sterbende brauchen, Freiburg i. Br. 1982.
R. M. A. Suchenwirth, Warum krank? Wege zur Bewältigung körperlicher und seelischer Leiden, Freiburg i. Br. 1982.
K. Thomas, Warum Angst vor dem Sterben?, Freiburg i. Br. 1980.
G. Virt, Sucht und Flucht, Freiburg i. Ue. 1980.

Suizid

J. Amery, Hand an sich legen, Stuttgart 1976.
A. Holderegger, Suizid und Suizidgefährdung, Freiburg i. Ue. 1979.
ders., Sehnsucht nach dem eigenen Tod, Freiburg i. Ue. 1981.
I. Meidinger-Geise (Hrsg.), Komm süßer Tod, Freiburg i. Br./Heidelberg 1982.

A. Reiner, Ich sehe keinen Ausweg mehr, München/Mainz 1975.
W. Thomas, Warum weiter leben?, Freiburg i. Br. 1977 (2).

Psychische Ausgeglichenheit

R. Affemann, Krank an der Gesellschaft, Freiburg i. Br. 1980 (2).
L. Dembicki, Der verlorene Spielraum. Lebensangst aus Lebensenge, Freiburg i. Br. 1978.
V. E. Frankl, Ärztliche Seelsorge, München 1975 (8).
G. Hentrich, Geborgen in uns selbst, Freiburg i. Br. 1981.
ders., Ermutigung zur Liebe. Ein Weg zu den andern, zu sich selbst und zu den Dingen, Freiburg i. Br. 1983.
V. Packard, Die geheimen Verführer, Düsseldorf 1958.
A. Plack, Die Gesellschaft und das Böse, München 1968 (3).
R. Reeves, Werbung ohne Mythos, München 1963.

Bildung geistig-intellektueller Fähigkeiten

D. Bäuerle / H. Kramer, Ethisch denken und handeln. Grundlegung christlicher Erziehung und Lebenspraxis, Düsseldorf 1980.
R. Fischer-Wollpert, Wege ins Wirkliche. Selbstverwirklichung und Grund-Tugenden, Trier 1979.
H. Klomps, Tugenden des modernen Menschen, Augsburg 1969.
A. J. Nowak, Gewissen und Gewissensbildung heute. In tiefenpsychologischer und theologischer Sicht, Freiburg i. Br. 1978.
P. Schmitz, Menschsein und sittliches Handeln, Würzburg 1980.

Spirituelle Dimensionen

H. Huber, Geist und Buchstabe der Sonntagsruhe, Salzburg 1957.
K. Rahner, Betrachtungen zum ignatianischen Exerzitienbuch, München 1965.
ders., Praxis des Glaubens, Zürich/Freiburg i. Br. 1982.
M. Rotter, Die Berufung. Elemente christlicher Spiritualität, Wien 1983.
A. Rotzetter (Hrsg.), Seminar Spiritualität 1–4, Zürich 1979–1982.
J. Sudbrack, Geistliche Führung, Freiburg i. Br. 1981.
ders., Beten ist menschlich, Freiburg i. Br. 1981 (2).

II. Beruf und Arbeit

A. Auer, Christsein im Beruf, Düsseldorf 1966.
F. Furger, Der Beruf. Selbstverwirklichung in Welt und Gesellschaft, Freiburg i. Ue. 1969.
C. Gremmels / F. Segbers (Hrsg.), Am Ort der Arbeit. Berichte und Interpretationen, München/Mainz 1981.
Johannes Paul II., Laborem exercens: Der Wert der Arbeit und der Weg zur Gerechtigkeit (mit einem Kommentar von *O. v. Nell-Breuning*), Freiburg i. Br. 1981.
W. Kerber (Hrsg.), Arbeitswelt im Umbruch, Düsseldorf 1984.
J. Moltmann (Hrsg.), Recht auf Arbeit – Sinn der Arbeit, München 1979.
M. Oraison, Berufsfindung und Berufung. Soziale und psychologische Grundlagen, Frankfurt 1972.
A. Rich / E. Ulrich (Hrsg.), Arbeit und Humanität, Königstein 1978.
P. Schobel, Dem Fließband ausgeliefert, München/Mainz 1981.
P. Spescha, Arbeit – Freizeit – Sozialzeit, Bern 1981.
A. Wolkinger, Arbeit – Last und Sinn, Freiburg i. Ue. 1982.

III. Sexualität

Allgemeine Übersichten

E. Bleske, Konfliktfeld Ehe und christliche Ethik, München 1981.
F. Böckle (Hrsg.), Menschliche Sexualität und kirchliche Sexualmoral, Düsseldorf 1977 (2).
J. Burri, Als Mann und Frau schuf er sie, Zürich 1977.
A. Comfort, Der aufgeklärte Eros, Hamburg 1968.
J. Duss / G. Hauser, Das Buch von Liebe und Ehe, Olten 1970.
E. Ell, Dynamische Sexualmoral, Zürich 1972.
E. Ell / H. Klomps, Jugend vor der Ehe, Limburg 1968.
A. Elsässer, Die sittliche Ordnung des Geschlechtlichen, Aschaffenburg 1973.
C. S. Ford / F. A. Bead, Formen der Sexualität. Das Sexualverhalten bei Mensch und Tier, Hamburg 1968.
B. Fraling, Ehe und Partnerschaft, Freiburg i. Ue. 1982.
E. Fromm, Die Kunst zu lieben, Stuttgart 1971.
A. Greely, Sexualität, Graz 1978.
F. Furger / G. Hauser, Fragen der menschlichen Sexualität, Luzern 1972.
I. Illies, Schöpfung, Scham und Menschenwürde, Kassel 1977.
W. Kasper, Zur Theologie der christlichen Ehe, Mainz 1977.
E. Kennedy, Handbuch der Sexualberatung, Graz 1979.
A. C. Kinsey u. a. (Hrsg.), Das sexuelle Verhalten des Mannes, bzw. der Frau, 2 Bde., Berlin – Frankfurt 1967.
G. Koch / W. Breuning, Die Ehe des Christen, Freiburg i. Br. 1981.
H. Kramer, Ehe war und wird anders, Düsseldorf 1982.
C. Mewes, Ehe – Alphabet, Freiburg 1973.
D. Mieth, Die Kunst, zärtlich zu sein, Freiburg i. Br. 1982.
W. Molinski, Theologie der Ehe in der Geschichte, Aschaffenburg 1976.
M. Müller, Grundlagen der katholischen Sexualethik, Regensburg 1968.
S. Pfürtner, Kirche und Sexualität, Hamburg 1972.
H. Rotter, Fragen der Sexualität, Innsbruck 1979.
ders., Spannungsfeld Ehe und Familie, Innsbruck 1980.
ders., Sexualität und Verantwortung, Freiburg i. Ue. 1982.
A. Ruf / E. J. Cooper, Grundkurs Sexualmoral, 2 Bde., Freiburg i. Br. 1982/83 (Bd. 2 nur von Cooper).
P. Schmitz, Der christliche Beitrag zu einer Sexualmoral, Mainz 1972.
H. J. Thilo, Ehe ohne Norm? Eine evangelische Eheethik in Theorie und Praxis, Göttingen 1978.
J. von Ussel, Sexualunterdrückung. Geschichte der Sexualfeindschaft, Hamburg 1970.
J. Venetz, In der Ehe Gott erfahren, Luzern 1977.
L. Weber, Mysterium Magnum, Freiburg i. Br. 1963.

Spezielle Probleme

G. Bleibtreu-Ehrenberg, Tabu Homosexualität, Frankfurt 1978.
J. H. Court, Pornographie. Anfang oder Ende der Freiheit, Gießen/Basel 1980.
J. B. F. Gottschalk (Hrsg.), Kirche und Homosexualität, München 1973.
N. Huber / G. Katz, Geschlechtserziehung bei geistig Behinderten, Freiburg i. Br. 1975.
A. Husslein, Voreheliche Beziehungen, Wien 1982.
D. Katte, Ohne Trauschein?, München 1982.

K. J. Kluge / L. Sparty (Hrsg.), Sollen, können, dürfen Behinderte heiraten?, Godesberg 1977.
F. Leist, Zum Thema Zölibat, München 1973.
G. Looser, Homosexualität: menschlich – christlich – moralisch, Bern 1980 (Kurzfassung: Gleichgeschlechtlichkeit ohne Vorurteil, Basel 1980).
M. Oraison, Psychologie des ehelosen Lebens, Mainz 1969.
H. Rotter, Ehe ohne Ring, Linz 1980.
R. Ruthe, Formen der Partnerschaft, Freiburg i. Br. 1979.
F. Sandre / H. Raute, Das geistig behinderte Kind. Sexualität und Gefühlswelt in seiner Erziehung, Zürich 1972.
E. Schillebeeckx, Der Amtszölibat, Düsseldorf 1967.
H. v. d. Spijker, Die gleichgeschlechtliche Zuneigung, Olten 1968.
P. Sporken (Hrsg.), Geistig Behinderte, Erotik und Sexualität, Düsseldorf 1974.

Teil B: Der personal-mitmenschliche Bereich

I. Lebensschutz – Bioethik

L. S. Baer, Der Patient soll mitentscheiden. Plädoyer für ein menschenwürdiges Sterben, Düsseldorf 1980.
F. Böckle, Menschenwürdig sterben, Zürich 1979.
ders. (Hrsg.), Schwangerschaftsabbruch, Düsseldorf 1981.
F. Böckle / C. Holenstein (Hrsg.), Die Enzyklika in der Diskussion. Eine orientierende Diskussion zu „Humanae Vitae", Zürich 1968.
U. Eibach, Experimentierfeld: Werdendes Leben, Göttingen 1983.
V. Eid (Hrsg.), Euthanasie oder soll man auf Verlangen töten?, Mainz 1975.
V. Eid / R. Frei (Hrsg.), Sterbehilfe oder wie weit reicht die ärztliche Behandlungspflicht?, Mainz 1978.
F. Furger / K. Koch, Verfügbares Leben?, Bern 1978.
M. Geiger / G. Stratenwerth / H. Sauer, Nein zur Todesstrafe, Basel 1978.
B. Häring, Ethik der Manipulation, Graz 1977.
R. Jungk / H. J. Mundt (Hrsg.), Das umstrittene Experiment, München 1966.
W. Knevels / F. Böckle / E. Schmalenberg, Euthanasie. Hilfe beim Sterben, Hilfe zum Sterben, Hamburg 1975.
K. Koch, Sterbehilfe, Freiburg i. Ue. 1980.
M. Koschorke / J. Sandberger (Hrsg.), Schwangerschaftskonfliktberatung, Göttingen 1978.
H. Ringeling / H. Ruh (Hrsg.), Schwangerschaftsabbruch, Basel 1974.
J. Rötzer, Kinderzahl und Liebesehe, Wien 1965.
R. Sagmeister, Fristenlösung – wie kam es dazu?, Salzburg 1981.
P. Sporken, Hast du denn bejaht, daß ich sterben muß?, Düsseldorf 1981.
H. Tallen, § 218 – Zwischenbilanz einer Reform, Düsseldorf 1980.
J. Wunderli, Euthanasie oder über die Würde des Sterbens, Stuttgart 1974.
I. G. Ziegler (Hrsg.), Ethik der Manipulation, Graz 1977.

II. Wahrhaftigkeit

E. Ansohn, Die Wahrheit am Krankenbett, München 1965.
H. Arendts, Wahrheit und Politik: Phil. Perspektiven I, Frankfurt 1969.
H. Büchele, Politik wider die Lüge. Zur Ethik der Öffentlichkeit, Wien 1982.

F. Furger, Nur die Wahrheit, Freiburg i. Ue. 1980.
K. Jaspers, Von der Wahrheit, München 1947.
E. Jüngel, Der Wahrheit zum Recht verhelfen, Stuttgart 1977.
H. Küng, Wahrhaftigkeit, Freiburg 1968.
P. Ricœur, Geschichte und Wahrheit, München 1974.

III. Wohlfahrt und soziale Gerechtigkeit

A. Biéler, Wahnwitz des Wachstums, Freiburg i. Ue. 1974.
N. Blüm / H. Braun / K. A. Wohlfarth, Leistungsprinzip und soziale Gerechtigkeit, Köln 1983.
H. Erharter (Hrsg.), Prophetische Diakonie. Impulse und Modelle für eine zukunftsweisende Pastoral, Wien 1977.
W. Kerber u. a., Gerechtigkeit: Christlicher Glaube in moderner Gesellschaft 17, Freiburg i. Br. 1981.
V. McRae, Gastarbeiter, Freiburg i. Ue. 1971.
O. v. Nell-Breuning, Soziale Sicherheit?, Freiburg 1979.

IV. Besitz und Eigentum

F. Beutter, Die Eigentumsbegründung in der Moraltheologie des 19. Jahrhunderts, Paderborn 1971.
H. Holzhey / G. Kohler (Hrsg.), Eigentum und seine Gründe, Bern 1983.
O. v. Nell-Breuning / J. H. Müller, Vom Geld und vom Kapital, Freiburg i. Br. 1962.
W. Kerber, Geld und Eigentum, Freiburg i. Ue. 1982.
A. Rich, Mitbestimmung in der Industrie, Zürich 1973.
T. Strohm (Hrsg.), Christliche Wirtschaftsethik vor neuen Aufgaben, Zürich 1980.
W. Schwaderlapp, Eigentum und Arbeit bei O. v. Nell-Breuning, Düsseldorf 1980.

V. Familie

V. Eid / L. Vaskovics (Hrsg.), Wandel der Familie – Zukunft der Familie, Mainz 1982.
F. Furger / F. Günter, Partnerschaft, Ehe, Familie, Luzern 1981.
Johannes Paul II., Familiaris Consortio: Dem Leben in Liebe dienen (mit einem Kommentar von *F. Böckle*), Freiburg i. Br. 1982.
E. Kloehn, Die neue Familie, Hamburg 1982.
B. Liss, Thema Ehe und Familie, Wien 1974.
K. Lüscher / F. Böckle, Familie: Christlicher Glaube in moderner Gesellschaft 7, Freiburg i. Br. 1981.
D. Mieth, Ehe als Entwurf. Zur Lebensform der Liebe, Mainz 1984.
R. Olechowski (Hrsg.), Familienplanung und Sexualmoral, Wien 1976.
J. M. Reuss, Familienplanung und Empfängnisverhütung, Mainz 1975.
U. F. Schmälzle, Ehe und Familie im Blickpunkt der Kirche, Freiburg i. Br. 1979.
B. Schnyder (Hrsg.), Familie – Herausforderung der Zukunft, Freiburg i. Ue. 1982.

Teil C: Der sozial-gesellschaftliche Bereich

I. Prinzipien

Allgemeine Übersichten

W. Dreier, Sozialethik, Düsseldorf 1983.
U. Duchrow, Christenheit und Weltverantwortung, Stuttgart 1970.
F. Furger, Politische Theologie erst heute?, Freiburg i. Ue. 1972.
ders., Christ und Gesellschaft, Freiburg i. Ue. 1978.
W. Harth, Christlicher Dienst an der Welt, Paderborn 1979 (2).
J. Höffner, Christliche Gesellschaftslehre, Kevelaer 1978 (7).
W. Kerber (Hrsg.), Stärkung der Selbstverantwortung, Bad Honnef 1984.
W. Kroh, Kirche im gesellschaftlichen Widerspruch, München 1982.
N. Monzel / J. Stegmann, Die katholische Kirche in der Sozialgeschichte, 2 Bde., München 1980–1983.
O. v. Nell-Breuning, Soziallehre der Kirche, Wien 1978 (2).
ders., Gerechtigkeit und Freiheit. Grundzüge katholischer Soziallehre, Wien 1980.
ders., Worauf es mir ankommt, Freiburg i. Br. 1983.
S. Pfürtner, Politik und Gewissen – Gewissen und Politik, Zürich 1976.
S. Pfürtner / W. Heierle, Einführung in die katholische Soziallehre, Darmstadt 1980.
E. Wolf, Sozialethik, Göttingen 1975.
V. Zsifkovits / R. Weiler (Hrsg.), Erfahrungsbezogene Ethik (für J. Messner), Berlin 1981.

Menschenrechte

Amnesty International, Menschenrechte im Spannungsfeld, Bern 1978.
DBK/EKD – Gemeinsame Erklärung: Grundwerte und Gottes Gebot, Trier/Gütersloh 1979.
H. W. Daigener, Heutiges Menschenrechtsbewußtsein und Kirche, Zürich 1973.
F. Furger / C. Strobel-Nepple, Individuelle und soziale Menschenrechte und christliche Soziallehre, Freiburg/Bern 1984.
G. Gorschenek (Hrsg.), Grundwerte in Staat und Gesellschaft, München 1977.
T. Herr, Naturrecht aus der kritischen Sicht des Neuen Testaments, Paderborn 1976.
J. Höffner, Kolonialismus und Evangelium, Trier 1969 (2).
W. Huber / H. E. Tödt, Menschenrechte, Stuttgart 1977.
G. Hug, Wo liegt die Grenze der persönlichen Freiheit, Zürich 1976.
Johannes Paul II. und die Menschenrechte (*O. Höffe u. a.* Hrsg.), Freiburg i. Ue. 1981.
„Justitia et Pax" Kommission, Die Kirche und die Menschenrechte, München/Mainz 1975.
M. Pilters / K. Walf, Menschenrechte in der Kirche, Düsseldorf 1980.
K. H. Peschke, Naturrecht in der Kontroverse, Salzburg 1965.
A. Ricklin (Hrsg.), Internationale Konvention gegen die Folter, Bern 1979.
H. D. Schelauske, Naturrechtsdiskussion in Deutschland, Köln 1968.
J. Schwartländer (Hrsg.), Menschenrechte eine Herausforderung der Kirche, München/Mainz 1979.
ders., Modernes Freiheitsethos und christlicher Glaube, München/Mainz 1981.

II. Politik als Gesellschaftsgestaltung

Allgemeine Übersichten

W. Grafl, Zwischen Rückzug und Aufbruch. Christ und Politik, Graz 1976.
R. Hauser, Was des Kaisers ist. Zehn Kapitel christlicher Ethik des Politischen, Frankfurt 1968.
A. Klose, Gewissen in der Politik, Graz 1982.
R. Lay, Ethik für Wirtschaft und Politik, Herbig 1983.
A. Rich, Wirtschaftsethik, Gütersloh 1984.
F. M. Schmölz, Zerstörung und Rekonstruktion der politischen Ethik, München 1963.
F. A. Utz, Ethik und Politik, Stuttgart 1970.

Parteien, Verbände, Sozialbeziehungen

U. Altermatt / H. P. Fagagnini (Hrsg.), Die CVP zwischen Programm und Wirklichkeit, Zürich 1979.
K. Forster, Katholik und christliche Partei, Würzburg 1965.
F. Hengsbach (Hrsg.), Aussperrung und Streik – ungleiche Mittel, Mainz 1981.
W. Leisner, Gewerkschaftsprogramm: zwischen Gemeinwohlverpflichtung und Gruppeninteresse, Köln 1980.
A. Rich, Mitbestimmung in der Industrie, Zürich 1973.
A. Sonderegger, Mitbestimmung als Gewerkschaftsforderung, Diessenhofen 1979.
W. Spieler, Kirche und Mitbestimmung, Bern 1976.
H. B. Streithofen, Christliche Ethik und Arbeitskampf, Walberberg 1981.

Frieden

U. Altermatt / R. Preiswerk / H. Ruh, Formen schweizerischer Friedenspolitik, Bern 1982.
A. Battke (Hrsg.), Atomrüstung – christlich zu verantworten?, Düsseldorf 1982.
F. Böckle / G. Krell (Hrsg.), Politik und Ethik der Abschreckung, München/Mainz 1984
DBK, Hirtenwort: Gerechtigkeit schafft Frieden, Bonn 1983.
dies. (Hrsg.), Dienst am Frieden. Stellungnahme der Päpste des II. Vatikanischen Konzils und der Bischofssynode 1963–1980, Bonn 1980.
P. Eicher (Hrsg.), Das Evangelium des Friedens. Christen und Aufrüstung, München 1982.
H. Frankemölle, Friede und Schwert. Frieden schaffen nach dem Neuen Testament, Mainz 1983.
R. Friedli, Frieden wagen, Freiburg i. Ue. 1981.
M. Hättich / I. Fletscher, Herrschaft – Macht – Gewalt; Revolution und Widerstand: Christlicher Glaube in moderner Gesellschaft 14, Freiburg i. Br. 1982.
F. Furger, Bewaffnet gewaltlos?, Freiburg i. Ue. 1981.
N. Glatzel / E. J. Nagel, Frieden in Sicherheit, Freiburg i. Br. 1981.
Justitia et Pax (Schweiz), Militärdienst, Militärdienstverweigerung, Zivildienst, Bern 1981.
dies., Waffenexport und christliche Ethik, Bern 1982.
G. Krell / W. Damm (Hrsg.), Abrüstung und Sicherheit, München/Mainz 1979.
A. Künzli, Tradition und Revolution, Basel 1975.
W. Korff (Hrsg.), Den Frieden sichern, Düsseldorf 1983.

W. Lienemann, Gewalt und Gewaltverzicht, München 1982.
N. Lohfink (Hrsg.), Gewalt und Gewaltlosigkeit im Alten Testament, Freiburg i. Br. 1983.
E. J. Nagel / H. Oberhem, Dem Frieden verpflichtet, München/Mainz 1982.
F. Oser / A. Friemel, Den Frieden lernen, Olten 1973.
T. Rendtorff / H. E. Tödt, Theologie der Revolution. Analysen und Materialien, Frankfurt 1968.
K. Röttgers / H. Sauer (Hrsg.), Gewalt, Basel 1978.
F. M. Schmölz (Hrsg.), Christlicher Friedensbegriff und europäische Friedensordnung, München/Mainz 1977.
E. Stammler (Hrsg.), Sicherung des Friedens – eine christliche Verpflichtung, Stuttgart 1980.
R. Steinweg (Hrsg.), Der gerechte Krieg. Christentum, Islam, Marxismus, Frankfurt 1980.
P. Trummer (Hrsg.), Gedanken des Friedens, Graz 1982.
C. Walther (Hrsg.), Atomwaffen und Ethik, München 1981.
M. Walzer, Gibt es den gerechten Krieg?, Stuttgart 1982.

Ökologie

G. Altner, Leidenschaft für das Ganze, Stuttgart 1980.
A. Auer, Umweltethik, Düsseldorf 1984.
A. J. Buch / J. Splett (Hrsg.), Wissenschaft, Technik, Humanität, Frankfurt 1982.
W. Heintzeler / H. J. Wehrhahn (Hrsg.), Energie und Gewissen, Stuttgart 1981.
G. Friedrich, Ökologie und Bibel, Stuttgart 1982.
K. Hörmann, Atomenergie in Widerstreit von Politik, Ökologie und Ethik, Innsbruck 1981.
W. Korff, Kernenergie und Moraltheologie, Frankfurt 1979.
U. Krolzik, Umweltkrise – Folge des Christentums?, Stuttgart 1980 (2).
D. Meadows, Die Grenzen des Wachstums, Stuttgart 1972.
H. Ruh / R. Campiche / H. B. Peter, Energie, Kirche und Gesellschaft, Bern 1980.
P. Spescha, Energie – Umwelt – Gesellschaft, Freiburg i. Ue. 1983.
C. Stückelberger, Aufbruch zu einem menschengerechten Wachstum, Zürich 1979.
G. M. Teutsch, Soziologie und Ethik der Lebewesen, Bern 1975.
ders., Tierversuche und Tierschutz, München 1983.
M. Thürkauf, Wissenschaft und moralische Verantwortung, Schaffhausen 1977.

Rechtsschutz

B. Brühlmeier (Hrsg.), Reformprogramm zum schweizerischen Strafwesen (Caritas-Vorschläge), Luzern 1983.
G. Kaiser, Strafvollzug im europäischen Vergleich, Darmstadt 1983.
W. Molinski (Hrsg.), Versöhnen statt strafen, Wien/Göttingen 1979.
E. Wiesnet, Die verratene Versöhnung, Düsseldorf 1980.

Sachregister

Während das Inhaltsverzeichnis (vgl. S. 9–13) den systematischen Aufbau dieser Darstellung einer christlichen Ethik aufzeigt, soll das Sachregister neben der Ermöglichung einer Kurzinformation über Einzelfragen vor allem auch die verschiedenen Querverbindungen einzelner Problemkreise durch die verschiedenen Lebensbereiche hindurch erschließen helfen. Die eher engmaschige Aufschlüsselung dient dabei beidem, der Information wie dem Finden der Querverbindungen. Da alle wesentlichen Quellen zu dieser Darstellung im Literaturverzeichnis angeführt sind, wurde auf ein eigenes Namenverzeichnis verzichtet.